国家卫生健康委员会"十三五"规划教材

全国高等学校教材 | 供听力与言语康复学专业用

言语语言康复实训教程

主　编　万　萍

副主编　杜晓新　徐　文

编　者　（以姓氏笔画为序）

丁瑞莹　美国埃姆赫斯大学交流科学和障碍学系

万　萍　上海中医药大学康复医学院

卢海丹　华东师范大学

刘建菊　上海中医药大学康复医学院

杜晓新　华东师范大学教育康复学系

张剑宁　上海中医药大学附属岳阳中西医结合医院

肖永涛　浙江中医药大学医学技术学院

郑　钦　上海市残疾人康复职业培训中心

徐　文　首都医科大学附属北京同仁医院

郭岚敏　佳木斯大学康复医学院

黄　立　上海中医药大学附属岳阳中西医结合医院

谭　洁　湖南中医药大学针灸推拿学院

编写秘书　张梓琴　滨州医学院特殊教育学院

人民卫生出版社

图书在版编目（CIP）数据

言语语言康复实训教程 / 万萍主编 . —北京：人
民卫生出版社，2023.4
　ISBN 978-7-117-29076-0

　Ⅰ.①言… Ⅱ.①万… Ⅲ.①语言障碍 —康复训练 —
教材　Ⅳ.①G762.4

中国版本图书馆 CIP 数据核字（2019）第 230947 号

人卫智网　www.ipmph.com	医学教育、学术、考试、健康，	
	购书智慧智能综合服务平台	
人卫官网　www.pmph.com	人卫官方资讯发布平台	

言语语言康复实训教程
Yanyu Yuyan KangFu Shixun Jiaocheng

主　　编：万　萍
出版发行：人民卫生出版社（中继线 010-59780011）
地　　址：北京市朝阳区潘家园南里 19 号
邮　　编：100021
E - mail：pmph @ pmph.com
购书热线：010-59787592　010-59787584　010-65264830
印　　刷：廊坊一二〇六印刷厂
经　　销：新华书店
开　　本：787 × 1092　1/16　　印张：16
字　　数：349 千字
版　　次：2023 年 4 月第 1 版
印　　次：2023 年 5 月第 1 次印刷
标准书号：ISBN 978-7-117-29076-0
定　　价：79.00 元

打击盗版举报电话：010-59787491　E-mail：WQ @ pmph.com
质量问题联系电话：010-59787234　E-mail：zhiliang @ pmph.com
数字融合服务电话：4001118166　E-mail：zengzhi @ pmph.com

出版说明

为了深入贯彻教育部《国家中长期教育改革和发展规划纲要(2010—2020年)》和卫生部《国家医药卫生中长期人才发展规划(2011—2020年)》，加快落实全国卫生与健康大会精神和《"健康中国2030"规划纲要》，满足人民日益增长的听力言语康复的健康需求，我国听力与言语康复学专业学科发展和人才培养迫在眉睫。2012年教育部正式设立了听力与言语康复学专业(101008T)并将其纳入《普通高等学校本科专业目录》，这标志着听力与言语康复学教育事业步入了更加正规化的发展模式。2015年人力资源和社会保障部将"听力师"作为职业资格纳入了《中华人民共和国职业分类大典》，这标志着"听力师"将成为正式的国家职业需求。按照全国卫生健康工作方针、医教协同综合改革精神，以及传统媒体和新兴媒体深度融合发展的要求，通过对本科听力与言语康复学专业教学实际情况全面、深入而详细的调研，人民卫生出版社于2016年启动了全国高等学校本科听力与言语康复学专业第一轮规划教材的编写，同时本套教材被纳入国家卫生健康委员会"十三五"规划教材系列。

我国的听力与言语康复学专业教育历经二十余载的努力和探索，发展出了一条具有中国特色的听力与言语康复学专业人才培养道路。本套全国高等学校本科听力与言语康复学专业第一轮规划教材的启动，对于我国听力与言语康复学高等教育，以及听力与言语康复学专业的发展具有里程碑式的意义，对促进人民群众听力和言语康复健康至关重要，可谓功在当代、利在千秋。

本轮教材坚持中国特色的医学教材建设模式组织编写并高质量出版，即根据教育部培养目标、国家卫生健康委员会用人要求，由国家卫生健康委员会领导，部委医教协同指导，中国高等教育学会医学教育专业委员会组织，相关教材评审委员会论证、规划和评审，知名院士、专家、教授指导、审定和把关，各大院校积极支持参与，专家教授认真负责编写，人民卫生出版社权威出版的八大环节共筑的中国特色医药教材建设体系，创新融合推进我国医药学教材建设工作。

全国高等学校本科听力与言语康复学专业第一轮规划教材的编写特点如下：

1. **深入调研，顶层设计** 本套教材的前期调研论证覆盖了全国12个省区市，20所院校、医院和研究机构(涵盖9所招生院校，1所停招生院校和1所拟招生院校)，同时我们通过查阅文献政策和访谈专家院士形式，调研了听力与言语康复学专业教育体系较成熟的欧美国家现状。调研论证结果全面展现了我国听力与言语康复学专业学科发展现状、水平和质量，以及人才教育培养的理念、模式和问题，为全面启动并精准打造我国本专业领域首轮高质量规划教材奠定了基础。

2. 权威专家,铸造原创 本套教材由知名院士领衔,编写团队由来自16所院校单位的14名主编、18名副主编和183名编者组成。主编、副主编和编者均为长期从事一线教学和临床工作的听力学和言语康复学领域的著名专家,经历了2年的编写,期间反复审稿、多次易稿,竭力打造了国内第一套原创性和学术价值极高的、总结丰富教学成果的本科听力与言语康复学专业教材。

3. 多次论证,优化课程 经与国内外专家多次论证,确定了本轮教材"11+2"的核心课程体系,即11本理论教材和2本实训教材。11本理论教材包括:①《听力学基础》介绍物理声学、听觉解剖生理和心理声学的听力学理论知识;②《耳鼻咽喉疾病概要》介绍听力与言语康复学相关的耳鼻咽喉疾病;③《诊断听力学》介绍8项听力学与前庭功能检测技术;④《儿童听力学》介绍儿童听觉言语发育、评估技术和听力康复内容;⑤《康复听力学》介绍成人和儿童听觉言语康复训练相关内容;⑥《助听器及其辅助设备》介绍助听器及其辅助设备原理和验配技术;⑦《人工听觉技术》介绍人工耳蜗、人工中耳等人工听觉技术;⑧《宏观听力学与市场营销学》介绍听力学相关宏观政策和市场营销内容;⑨《言语科学基础》介绍言语科学、语音学、语言学相关理论;⑩《言语康复学》介绍9项言语康复技术;⑪《语言康复学》介绍语言康复学相关理论和技术。2本实训教材包括:①《听力学实训教程》介绍听力学和前庭功能检测实操技术,含操作视频;②《言语语言康复实训教程》介绍言语康复和语言康复的实操技术,含操作软件。

4. 夯实理论,强化实践 严格按照"三基、五性、三特定"原则编写教材。注重基本知识、基本理论、基本技能;确保思想性、科学性、先进性、启发性、适用性;明确特定目标、特定对象、特定限制。

5. 整体规划,有机融合 本轮教材通过调整教材大纲,加强各本教材主编之间的交流,进行了内容优化、相互补充和有机融合,力图从不同角度和侧重点进行诠释,避免知识点的简单重复。

6. 纸数融合,服务教学 本轮教材除了传统纸质部分外,还构建了通过扫描教材中二维码可阅读的数字资源。全套教材每章均附习题,2本实训教材附实操视频和软件,供教师授课、学生学习和参考用。

7. 严格质控,打造精品 按照人民卫生出版社"九三一"质量控制体系,编写和出版高质量的精品教材,为行业的发展形成标准和引领,为国家培养高质量的听力与言语康复学专业人才。

全国高等学校本科听力与言语康复学专业第一轮规划教材系列共13种,将于2023年12月前全部出版发行,融合教材的全部数字资源也将同步上线,供教学使用。希望各位专家学者和读者朋友多提宝贵意见和建议,以便我们逐步完善教材内容、提高教材质量,为下一轮教材的修订工作建言献策。

全国高等学校听力与言语康复学教材评审委员会

教材目录

序

听力和言语语言功能是人类生命历程中最重要的不可或缺的生理功能。在漫长的社会进化过程中，人类在与各种疾病的抗争中，对听力和语言的认知已经有了丰富积累，形成了专门学问，构成了知识传承的基石。

近百年来，社会学、生物学、临床医学专家在听力学与言语语言学以及相关康复学研究方面做了大量工作，逐渐形成了比较系统的专业理论知识。深刻理解健康人听力与言语语言功能在社会生活的重要意义，才会对相关疾病带来的危害有正确的认知。

进入新世纪，在国家由温饱型社会向小康社会的发展进程中，在卫生与健康领域，维系健康、防病治病成为健康中国建设的重要任务。良好的听力与言语语言功能作为健康的核心标志，其重要性有了新的提升。

为适应社会的飞速发展，满足人民群众日益增长的医疗健康服务需求、满足医学人才教育、健康普及以及防病治病的客观需求，似乎被纳入边缘学科的听力与言语康复学，作为规划教材中不可缺少的重要组成呼之欲出。

在人民卫生出版社的统一组织安排下，我国首套听力与言语康复学专业教材编撰工作正式启动。我们整合了国家听力与言语康复学领域最有代表性的百余位专家，希望从听力学和言语康复学两个方面，完成这个具有历史意义的系列规划教材撰写任务。

作为一项世纪工程，听力与言语康复学专业 13 本教材代表了国家当今在该领域科研、临床、教学的最高水准。撰写中，专家们不仅注重了历史传承，而且注重了当今科学技术进步对学科发展的巨大影响，更关注了今后发展的大趋势，是一套具有时代特点的国家规划教材。希望这套新教材的出版发行，在国家听力与言语康复的标准化体系建设中，像一面高高飘扬的旗帜，带领学科进步，引领时代发展。

新时代新发展，大数据、互联网、人工智能带来的新技术、新手段、新方法不断涌现。这套教材力求尽善尽美，要求内容客观准确，囊括时代进步的完整知识结构，然而美中不足的感觉时隐时现，挥之不去，也许会留有缺憾。好在再版还有机会，尽善尽美的追求永远在路上……

韩德民

2019 年 9 月

前　言

言语语言康复实训是一门实践性很强的课程。《言语语言康复实训教程》教材主要从言语、语言、听力、吞咽功能障碍的评定、诊断和治疗的角度出发,侧重于采用实验和案例教学的模式,形式生动,帮助学生将前期所学的理论知识融会贯通,为学生进入临床学习与工作奠定良好的基础。

本教材共分为五章:第一章为言语语言康复实训概述,是针对本教材所涉及的言语、语言、听力、吞咽障碍进行简单介绍;后面四章分别针对4类障碍的评定和治疗展开具体阐述。第二章首先对言语障碍评估诊断与训练治疗相关的实训操作进行详细讲解,然后对临床上常见的疾病(脑卒中、脑性瘫痪、孤独症、腭裂、脑外伤等)出现言语障碍之后如何进行评定、诊断与康复治疗的实践过程以案例分析的方式进行重点介绍;第三章首先讲解儿童和成人语言康复相关的实训操作,再以案例分析的方式重点介绍临床常见疾病(精神发育迟滞、孤独症、脑卒中等)出现语言障碍之后如何进行评定、诊断与康复治疗;第四章同样在对听力听觉障碍的康复实训操作进行讲述后,通过案例教学来重点介绍临床常见疾病(感音神经性听力损失儿童或成人)出现听力障碍之后如何进行评定、诊断与康复治疗;第五章首先对吞咽障碍评估的实验操作进行讲解,再通过案例教学对临床常见疾病(脑卒中、鼻咽部肿瘤、脑性瘫痪等)出现吞咽障碍之后如何进行评定、诊断与康复治疗的实践过程进行重点介绍。本教材所附网络增值中提供了相关仪器的简版软件,可供开展简单的实训操作。

本教材在定稿过程中非常荣幸地得到了黄昭鸣教授、孙喜斌教授等的悉心指导与斧正。本教材适用于听力与言语康复学专业、康复治疗学专业、针灸推拿专业康复方向等本科和研究生教学,也可供康复科医师和治疗师、特殊教育学校教师,以及临床医师(神经内科、儿童保健科、耳鼻咽喉科等)以及护士等阅读参考。

本教材即将付梓之际,我们首先感谢本套教材评审委员会的主任委员韩德民院士及人民卫生出版社的支持与厚爱,同时感谢本教材编委们辛勤与不懈的努力。由于编者水平有限,本教材疏漏之处还望有关专家同仁多提宝贵意见!

万　萍
2019 年 8 月

目　录

第一章 言语语言康复实训概述

言语语言康复是康复医学的重要组成部分,主要是针对言语、语言、听力听觉以及吞咽功能障碍进行评定、诊断、治疗和研究的科学。本书以言语语言康复为理论基础,以实训和案例为线索进行整理,旨在启发康复实践思维。

言语(speech)是表达语言思维的一种方式,是有声语言(口语)形成的机械过程,是神经和肌肉组织参与的发声器官机械运动的过程,即口语表达。言语以语音为代码,是人们最常用、最快捷、最基本的交流工具。语言(language)是思维的外壳,是人类社会中约定俗成的符号系统,人们通过应用这些符号达到交流的目的。其表现包括符号的运用(表达)和接受(理解)。符号包括口头语、书面语、姿势语(手势、表情及手语)等。不同国家、地区、民族的语言不同,应用的符号系统和符号组合的规则也不相同。

一、言语障碍

从言语和语言概念的差异来看,言语障碍和语言障碍是有所不同的。当言语异常偏离正常足够远时,将会导致:①引起充分的重视;②使交流受到干扰;③使听者或说者感到沮丧。这可视为广义的言语障碍,即不限定何种病因,包括器质性、功能性和神经运动性病变。临床上常见的言语障碍,也称为运动性构音障碍,主要是由于神经病变,导致与言语有关的肌肉麻痹、收缩力减弱或运动不协调,其病理基础是运动障碍,该障碍可以单独发生,也可以与其他语言障碍同时存在,如失语症伴构音障碍等,这可视为狭义的言语障碍。这两种定义均强调言语障碍的功能表现,即呼吸、发声、共鸣、构音、音韵方面的运动改变。言语障碍从病因的角度看,可以分为器质性、功能性以及神经运动性言语障碍 3 大类;从临床的角度看,言语障碍主要分为嗓音障碍、构音障碍、口吃和听力言语障碍 4 大类;从言语功能的角度看,言语障碍主要分为呼吸障碍、发声障碍、共鸣障碍、构音障碍和音韵障碍 5 大类。

二、语言障碍

美国言语语言听力协会(American Speech-Language-Hearing Association, ASHA,1993)将语言障碍定义为"理解方面和(或)口语、书面语和(或)其他符号系统运用性的损伤。该障碍可能涉及:①语言的形式(音位、词法和句法);②语言的内容(语义);和(或)③语言的综合交流功能(语用学)"。成人语言障碍多为获得性,即已有语言能力的丧失或受损,表现为听、说、读、写、手势等多通道障碍,其病因主要是脑血管意外(脑梗死或脑出血)、脑外伤等,因损伤了相应的语言中枢(Broca 区、Wernicke 区等)而导致失语症。儿童语言障碍的病因包括认知局限或智力落后、听力损伤、脑及神经病变、行为障碍、环境剥夺等,儿童语言障碍多表现为发育性语言能力落后,少数是一些疾病(如脑炎等)所导致的已有语言能力丧失或受损,即儿童失语症。

三、听力障碍

听功能在人们的言语交流过程中起着极其重要的作用。听力是人们听声音的能力,听觉是人们听清、听懂声音的能力,是人们对听到的声音进行理解、记忆、选择后形成声音概念的能力。听力主要依赖完整的听觉传导通路,而听觉是在具备听音能力的基础上,协调运用多种感官功能、认知功能等,在大脑皮层高级中枢的参与下对声音进行综合处理的过程。听力是先天具有的,而听觉需要后天听觉方面的学习才能不断地成熟和完善。在语言发育和交流的过程中,听力是听觉的基础和前提,只有听到声音,才能进一步听清、听懂声音。听觉是指通过后天学习获得的感知声音的能力,尤其是感知言语声的能力。听觉发育主要经过听觉察知、听觉分辨、听觉识别和听觉理解 4 个连续的过程。

按照我国《GB/T 26341—2010　残疾人残疾分类和分级》,听力障碍(dysaudia)定义为听觉系统中的感音、传音以及听觉中枢发生器质性或功能性异常,而导致听力出现不同程度的减退。

四、吞咽障碍

吞咽障碍是指食物从口腔至胃贲门运送过程中受阻而产生的咽部、胸骨后或食管部位的梗阻停滞感觉,患者同时会伴有吞咽后食物残留在口腔、咽部,严重的吞咽障碍患者会有误吸,食物进入气管,进而引发肺炎,对患者造成生命危险。与吞咽障碍有关的几个重要概念包括:①喉部渗入(laryngeal penetration)指食物进入喉前庭,但并未低于声带水平;②误吸(aspiration)指口咽部或胃内食物误入喉前庭并到达声带以下;③无症状性误吸(silent aspiration)指食物误吸入声门下,但患者并无自发反应。

吞咽障碍的主要病因包括脑血管意外(或称脑卒中)、老年性精神障碍(老年性痴呆)、帕金森病、肌萎缩侧索硬化尤其是延髓型、头颈部肿瘤、儿童神经系统疾病(如脑瘫)、唇腭裂修复前、肌病、免疫系统疾病、骨骼系统疾病(如颈椎病)等。经过改良吞钡检查以后,患者的吞咽障碍可以分为 4 类:①口期吞咽障碍;②咽期吞咽障碍;③口咽期吞咽障碍;④食管期吞咽障碍。言语语言康复师可以治疗口期和咽期的吞咽障碍,食管期吞咽障碍一般需要医学方面的治疗,包括药物治疗和手术治疗。具体的治疗策略要根据检查结果和患者的具体情况综合考虑。很多情况下治疗方案是综合应用多种治疗策略,以达到最佳的康复效果。按治疗策略的不同,吞咽障碍也可分为成年人吞咽障碍和儿童吞咽障碍。由于工作环境等因素,言语语言康复师在工作中会侧重于某一特定人群的干预,如有些康复师只治疗成年人吞咽障碍,有些只治疗儿童吞咽障碍。根据吞咽障碍产生的机制,可以将吞咽障碍分为神经系统相关的吞咽障碍和结构缺失相关的吞咽障碍 2 大类。

本书以言语障碍、语言障碍、听力障碍以及吞咽障碍 4 个模块为线索,每个章节首先介绍实训内容然后整理了数例常见的、多发的实践案例,基本按照观察、评定、康复、再次评定的线索对每个案例进行整理,供阅读参考。

（万　萍）

第二章 言语障碍康复实训

言语是语言的口头表达，尽管言语不是表达语言思维的唯一工具（身体姿势、手势、图片以及书面符号均可表达语言思维），然而言语是最快捷有效的语言交流工具。言语运动的产生包括 5 个相互独立但又相关联的过程：呼吸、发声、共鸣、构音、音韵。临床上有许多疾病伴随言语障碍，有些是单纯的言语构音障碍，有些则是言语障碍伴随认知语言障碍。在临床实践中对于存在言语障碍的患者开展言语治疗时，首先需要对其言语功能进行评估和测量，确定其存在的问题，再针对所存在的言语问题开展针对性训练。

本章首先以言语治疗常用的评估工具和训练设备为平台，重点介绍言语康复的实验目的、实验步骤，和 8 例临床常见疾病（脑卒中、儿童脑性瘫痪、孤独症、腭裂、脑外伤、唐氏综合征等）伴随言语障碍的评定与康复治疗过程，旨在帮助学生运用理论知识获得解决临床问题的能力。

本章所涉及的用于言语康复的医疗康复仪器设备主要包括：言语障碍测量仪、言语障碍矫治仪、构音障碍测量仪、构音障碍康复训练仪、语音障碍（音韵障碍）测量仪、语音障碍（音韵障碍）康复训练仪、鼻音测量与训练仪、嗓音功能检测仪和言语重读干预仪。其中，言语障碍测量仪和鼻音测量与训练仪主要用来对存在言语障碍的患者进行呼吸、发声、共鸣功能的评估和训练；言语障碍矫治仪则主要适用于言语障碍患者呼吸、发声、共鸣功能的训练；构音障碍测量仪和构音障碍康复训练仪主要可用于进行构音功能的评估和训练；语音障碍（音韵障碍）测量仪和语音障碍（音韵障碍）康复训练仪则主要可用于进行音韵功能的评估和训练；嗓音功能检测仪主要用于言语嗓音功能的评估；而言语重读干预仪主要用于言语嗓音障碍的治疗。在本章第三节案例分析中，大多数案例都借助言语障碍测量仪、嗓音功能检测仪、构音障碍测量仪、构音障碍康复训练仪等设备开展评估与治疗。

第一节 言语功能评估的临床实训

一、以呼吸、发声、共鸣功能为基础的言语功能评估的临床实训

【实验目的】

1. 掌握如何使用"言语障碍测量仪"进行呼吸、发声、共鸣功能的评估。

2. 掌握呼吸、发声、共鸣功能评估结果的记录和分析。

3. 熟悉"言语障碍测量仪"的基本操作方法。

【实验内容】

1. 测量最长声时。

2. 测量最大数数能力。

3. 测量言语基频和强度。

4. 提取核心韵母的第一、第二共振峰。

【实验仪器及用品用具】

言语障碍测量仪　通过对言语、构音、语音、鼻音信号进行实时检测处理，用于言语障碍的功能评估。包括：通过实时多维建模技术为言语功能检测提供技术参数，可开展：①言语呼吸、发声、共鸣、构音、语音功能的实时测量（音域图、聚焦图等）；②采用单一被试技术对言语康复效果进行评估和全程监控，为言语、构音、语音的诊断提供相关信息，以及康复过程的监控。

【实验步骤】

1. 准备工作

（1）开机并打开"言语障碍测量仪软件"，点击"继续"按钮后，打开麦克风。将前置放大器打开，并进行调制：若采样频率选择 11 025Hz，则滤波器选择 5kHz 挡；若采样频率选择 22 050Hz，则滤波器选择 5kHz、10kHz 挡；若采样频率选择 44 100Hz，则滤波器选择 5kHz、10kHz、20kHz 挡。

（2）进行背景噪声设置和言语等级设置，完成下列设置后，点击"确定"。

背景噪声设置：在安静的环境下不发声，检测背景噪声，噪声等级应控制在两根绿线以下。

言语等级设置：发音在正常范围内，言语等级应设置在两根绿线之间。

快速设定：主要用于查找文件、记录数据等，评估和训练时不主张采用此设置。

（3）新建用户记录：点击"新建"菜单，进入"个人档案"，根据患者实际情况填写各项内容，然后点击"继续"，完成新建用户记录。

（4）进行录音和播放设置：点击"设置"菜单，选择"录音和播放设置"，设置倒计时时间、采样频率和录音时间，然后点击"确定"。

（5）录音准备：向评估对象讲解录音的角度，如录音时麦克风与嘴的距离10cm，两者成 45° 角，并按要求进行发音。

要求：了解实时训练项目设置和分析参数设置的意义和作用。

2. 测量最长声时（maximum phonation time，MPT）

要求患者深吸气后，测量持续、稳定发 /ɑ/ 音的最长时间。评估者对音频进行截取，要求取其中幅度和基频均匀一致且持续时间相对长的一段声波，双击鼠标左键进行起止端定位，获得该次测量的最长声时数据（图 2-1-1）。在临床实际工作当中，要对患者进行 2 次最长声时测量，将结果填入以下表格中（表 2-1-1），并取其中最大的一个值作为本次测量的最终结果。

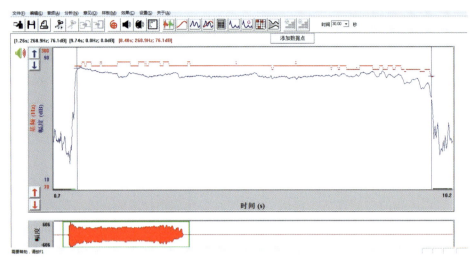

图 2-1-1 最长声时测量

表 2-1-1 最长声时测量填表示例(女,6岁)

日期	第1次测 MPT/s	第2次测 MPT/s	MPT(取较大值)/s	MPT 状况(偏小/正常)	MPT 最小要求/s	相对年龄/岁	实际年龄/岁	是否为腹式呼吸
7月3日	3.2	3.4	3.4	偏小	6.2	4	6	是

将数据与参考标准值对比:了解最长声时的临床意义。如果最长声时没有达到参考标准,则可能存在以下几种异常:

(1)呼吸方式异常(如胸式呼吸)。

(2)呼吸支持不足(呼吸功能减弱,如肺活量下降)。

(3)嗓音功能异常(如声门闭合控制能力减弱)。需结合 s/z 比(the ratio of maximum phonation time)、接触率(contact quotient, CQ)和声门关闭程度来进一步判断。

(4)呼吸和发声运动不协调(如吸气时发音)。需结合最大数数能力来进一步判断。

(5)起音方式异常(如硬起音或软起音)。需结合基频微扰和 CQ 来进一步判断是否存在硬起音,或结合噪声能量(normalized noise energy, NNE)和 CQ 来判断是否存在软起音。

3. 测量最大数数能力(maximum counting ability, MCA) 要求患者深吸气后,测量持续说"1"或"5"的最长时间。评估者对音频进行截取,要求取其中变化最平稳的一段声波,进行起止端定位并双击,获得该次测量的最大数数能力的数据(图 2-1-2)。在临床实际工作当中,要对患者进行 2 次最大数数能力测量,将结果填入以下表格中(表 2-1-2),并取其中最大的一个值作为本次测量的最终结果。将数据与参考标准值对比:了解最大数数能力的临床意义:如果最大数数能力明显低于参考标准,提示呼吸和发声的不协调。

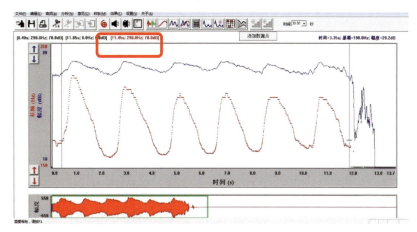

图 2-1-2　最大数数能力测量

表 2-1-2　最大数数能力测量的填表示例（6 岁，女）

日期	第 1 次测 MCA/s	第 2 次测 MCA/s	MCA（取较大值）/s	MCA 状况（偏小/正常）	MCA 最小要求 /s	相对年龄 /岁	实际年龄 /岁	是否腹式呼吸
9 月 2 日	2.2	2.6	2.6	偏小	5.7	4	6	否

4. 测量言语基频（fundamental frequency, F_0）和强度（intensity）　交谈时询问"姓名及年龄"等。若评估对象认知能力较差，则可让其阅读（或跟读）"妈妈爱宝宝，宝宝爱妈妈"。

评估者在副窗口中通过绿框选取所需片段，或通过在主窗口上对声音文件进行剪切，得到所需片段。选择"分析"菜单中的统计报告，显示基频和强度的相关数据（图 2-1-3）。将评估对象的平均基频等结果填入以下表格中（表 2-1-3）。最终将数据与参考标准值对比，了解平均基频、平均强度、基频标准差、强度标准差的临床意义及评估对象的水平。

图 2-1-3　统计报告：基频和强度的相关数据

表 2-1-3　言语基频及其标准差测量的填表示例（9 岁，男）

日期	言语基频 (F_0)/Hz	F_0 状况（偏低、正常、偏高）	F_0 标准差 $(F_0 SD)$/Hz	$F_0 SD$ 状况（偏小、正常、偏大）	相对年龄/岁	实际年龄/岁	听感音调是否正常
1月9日	330	偏高	40	偏大	7	9	高音调

5. 提取核心韵母的共振峰

如果评估对象是儿童，则在"分析参数设置"中选择"LPC 阶数"为 12。如果评估对象是成人，则一般在"分析参数设置"中选择"LPC 阶数"为 14（图 2-1-4）。在低阶数的情况下，获得的共振峰值较少失真，阶数越大，失真则越大。因此，一般选择低阶数进行共振峰提取。特殊情况下，提取共振峰有困难时，可以适当地增加 LPC 阶数，直至能提取共振峰为止，其余选项选择"默认值"即可。

图 2-1-4　分析参数设定 -LPC 阶数

测量的材料一般为极点单元音（如 /ɑ/、/i/、/u/）。在正常人发音 /ɑ/ 的第一共振峰一般大于 500Hz，小于 500Hz 的共振峰，可能是基频共振峰，而并非第一共振峰。评估者在主窗口上分别选择最明显的前两个峰，定位并双击，左上角自动呈现所选各峰值（图 2-1-5），并将评估对象各核心韵母的共振峰等结果填入以下表格中（表 2-1-4）。

表 2-1-4　共振峰和共振峰频率扰动测量的填表示例（6 岁，男）

共振峰和共振峰频率扰动测量			听感评估
询问发 /i/ 时是否存在后位聚焦，如是进入测试	共振峰频率 F_2/Hz 2 900	共振峰幅度 A_2	后聚、严重吗 是、否
询问发 /u/ 时是否存在前位聚焦，如是进入测试	共振峰频率 F_2/Hz	共振峰幅度 A_2	前聚，严重吗 否
	共振峰频率扰动 F_2 f/i/	共振峰幅度扰动 A_2 f/i/	刺耳、严重吗 否

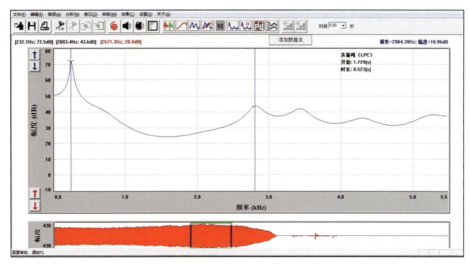

图 2-1-5　共振峰

二、嗓音功能评估的临床实训

【实验目的】

1. 熟悉嗓音功能检测仪的基本操作方法。

2. 掌握如何使用嗓音功能检测仪来进行嗓音音质的评估。

3. 熟悉嗓音功能评估的内容。

【实验仪器及用品用具】

嗓音功能检测仪　将嗓音声学信号和电声门图信号数据化,对嗓音功能进行定量测量分析,对嗓音音质、声门关闭程度和声带振动规律进行客观判断。功能包括:①嗓音功能的实时测量(微扰程度、声门关闭程度等);②电声门图测量。

 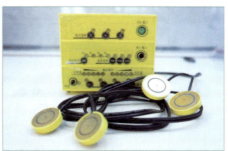

图 2-1-6　嗓音功能检测仪和电声门图仪

【实验步骤】

1. 准备工作　进行背景噪声设置和嗓音音量

(1)开启前置放大器,将 input 调到"声波""EGG"或"声波和 EGG",放大倍数为低或中,滤波器选择 20kHz 挡,打开麦克风,并且将电极置于患者的甲状软骨两侧声带振动处,同时发元音 /æ/(类似于"唉"),查看信号是否处于之间位。

（2）点击"音频"，选择"背景噪声设置"，点击"背景噪声设置"选项，噪声测定期间不能出声，且噪声等级应设定在两根绿线以下，校正完毕后点击确定。

（3）再次点击"音频"，选择"噪音音量设置"，点击"噪音音量设置"选项，要求被测者坐姿端正，发一个元音"唉"持续5s，并保持其音量在两根绿线之间，设置完毕后点击确认。

说明：如果在"录音和播放设置"时，将"输入选择"设定为"声波"，则前置放大器选择"声波"；如在"输入选择"设定为"EGG波"，则前置放大器选择"EGG"；如在"输入选择"设定为"声波和EGG波"，则前置放大器选择"声波和EGG"。

2. 噪音测量和结果分析

（1）录音

1）录音时，麦克风与嘴的距离10cm，成45°。

2）如需电声门图测量，则将电极置于患者的甲状软骨两侧声带振动处。

3）被测者坐姿端正，尽可能稳定地发测试音 /æ/，持续时间在3~5s。

（2）获得噪音分析结果：用绿框选取稳定波形后，点击菜单栏中的"分析"按钮，分别选择"噪音数据分析""噪音质量评估"等，获得噪音分析结果（图2-1-7，表2-1-5，表2-1-6）。

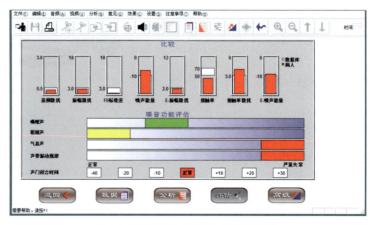

图2-1-7 噪音分析结果 - 数据和评估

表 2-1-5　声学微扰测量的填表示例（11 岁，女）

日期	尽可能响地发 /æ/ 音，类似英文发音			听感评估
	噪音基频（F_0）/Hz	基频标准差（F_0SD）/Hz	频段能量集中率（E_c）	是否噪音误用
	163.30	1.99	44.3%	否
	基频微扰	幅度微扰	声门噪声（NNE）/dB	是否噪音滥用
	0.23%	3.02%	−6.43	是
8月3日	粗糙声（R）	嘶哑声（H）	气息声（B）	是否噪音漏气
	0	1	3	是
	基频震颤（F_{0t}）/Hz	幅度震颤 /Hz		是否喉腔共鸣失调
	10	9		是

表 2-1-6　电声门图测量的填表示例（25 岁，男）

日期	尽可能响地发 /æ/ 音，类似英文发音			听感评估
	声带接触率（CQ）	声带接触幂（CI）	声门闭合程度	是否挤压喉部
5.6	21.21%	−0.29%	−20	否
	声带接触率微扰（CQP）	声带接触幂微扰（CIP）	声带振动规律性	是否声带振动失调
	1.15%	11.85%		否

三、鼻腔共鸣功能评估的临床实训

【实验目的】

1. 熟悉"鼻音测量与训练仪"的基本操作方法。

2. 熟悉"鼻音测量与训练仪"模块的组成。

3. 掌握如何使用"鼻音测量与训练仪"进行鼻腔共鸣功能的评估。

【实验仪器及用品用具】

鼻音测量与训练仪主要用于鼻腔共鸣功能异常的测量与矫正，也可以用于腭裂患者修复术后的发音训练，以及鼻构音功能障碍的矫治。它通过对鼻音信号进行实时检测处理，用于鼻音障碍的功能评估与康复训练（图 2-1-8）。

【实验步骤】

1. 准备工作

（1）将配套的隔板接入前置放大器"Nasal View"面板上的"N/O"输入口，然后将前置放大器的"输入选择和输出指

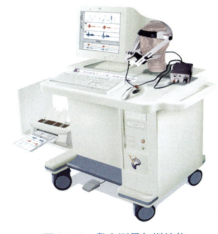

图 2-1-8　鼻音测量与训练仪

示"一层的"电源"开关调至打开状态,并将"输入选择"切换到"N/O"一挡。

(2)按动前置放大器"Nasal View"面板上的增益(dB)放大选择按钮,将增益预设置为15dB。调解前置放大器的滤波选项:若采样频率选择11 025Hz,则滤波器选择5kHz挡;若采样频率选择22 050Hz,则滤波器选择5kHz、10kHz挡;若采样频率选择44 100Hz,则滤波器选择5kHz、10kHz、20kHz挡(表2-1-7)。

表2-1-7 采样频率和滤波器选择

采样频率 /Hz	滤波器可选频率挡 /kHz
11 025	5
22 050	5、10
44 100	5、10、20

(3)将隔板放置在前置放大器顶端的支架上,准备进行校准。

(4)打开"鼻音测量与训练仪",点击"继续"按钮后,按下前置放大器"Nasal View"面板上的"校音"功能按钮,听到持续的"嘟……"的声音后,点击"校准音量",进行音量校准,持续5s,口、鼻通道的音量结果均应介于上下两根绿线之间。

(5)关闭校音功能,点击"背景噪声设置",应将背景噪声控制在第一根绿线以下。

(6)让被试坐在正对计算机屏幕的椅子上,调节合适的高度,保证被试舒适的坐姿。将隔板正确佩戴在被试的头部,注意确保隔板与上颌皮肤紧密接触,不留缝隙。

2. 测量鼻流量

(1)录音:分别录制"妈妈你忙吗?"以及"我和爸爸吃西瓜"测试语料,录音时,被试头部保持稳定、直立,不要随意晃动。

1)"妈妈你忙吗?"。

本句子中含有大量的鼻辅音,如果患者在朗读(或跟读)的过程中出现鼻音过少的现象,一般可诊断为鼻音功能低下。

2)"我和爸爸吃西瓜"。

本句子中不含鼻辅音。如果患者在朗读(或跟读)的过程中出现了大量的鼻音,一般可诊断为鼻音功能亢进或鼻音同化。

(2)获得鼻流量的分析结果:在副窗口中通过绿框选取所需片段或通过在主窗口上对声音文件进行剪切,得到所需片段(图2-1-9,表2-1-8,表2-1-9)。

表2-1-8 鼻流量和鼻口共鸣比测量的填表示例(6岁,男,鼻音功能亢进)

日期				听感评估
5月11日	发 /ɑ/ 时是否存在鼻腔共鸣,如是进入测试	鼻流量(NL)/Hz	鼻口共鸣比(NOR)	亢进、严重吗
		56.32		是、是
	发 /m/ 时是否存在鼻腔共鸣不足,如是进入测试	鼻流量(NL)/Hz	鼻口共鸣比(NL)	低下、严重吗

表 2-1-9　鼻流量和鼻口共鸣比测量的填表示例(5岁,女,鼻音功能低下)

日期				听感评估
6月7日	发 /ɑ/ 时是否存在鼻腔共鸣,如是进入测试	鼻流量(NL)/Hz	鼻口共鸣比(NOR)	亢进、严重吗
	发 /m/ 时是否存在鼻腔共鸣不足,如是进入测试	鼻流量(NL)/Hz	鼻口共鸣比(NOR)	低下、严重吗
		20.88		是、是

图 2-1-9　鼻流量的相关数据统计报告

四、构音语音功能评估的临床实训

【实验目的】

1. 了解正常儿童构音能力发展的规律。

2. 熟练掌握构音障碍测量与康复训练仪的操作。

3. 熟练分析构音语音能力的评估结果并能制订针对性的训练方案。

【主要实验】

1. 构音语音能力评估。

2. 口部运动功能评估。

【实验仪器及用品用具】

构音障碍测量与康复训练仪适用于听觉障碍、脑性瘫痪、语言发育迟缓、智力发育迟缓、自闭症等伴随有构音障碍的人群。测量部分包括口部运动功能评估和构音语音能力评估两个版块,通过对口部运动、声母构音、韵母构音、声调构音、音位对构音等能力进行评估和检测,为构音障碍的诊断和康复、疗效监控提供相关信息。可借助该部分进行构音能力和口部运动功能的精准评估,并得出数据分析报告,为详细填写患者的构音功能评估表提供定量的数据,从而为康复方案的制订提供依据(图 2-1-10)。

图 2-1-10 构音障碍测量与康复训练仪界面

【实验原理和步骤】

（一）构音语音能力评估

构音语音能力评估采用汉语构音语音能力测验词表,该词表由 52 个单音节词组成,包含了 21 个声母、13 个韵母和 4 个声调。配以简单、易懂、生动活泼的卡通或实物图片,让患者能在轻松的环境下自然发音或模仿发音。系统提供"正确""遗漏⊖""歪曲⊗""替代 – 实发音"4 个判别结果,评估者可以实时评分。系统将自动生成声母音位习得情况,给出构音语音清晰度、相对年龄以及相应的错误走向(表 2-1-10)。

表 2-1-10 音位习得评估记录表

序号	词	目标音	序号	词	目标音	序号	词	目标音	序号	词	目标音
1	包 bāo	b	7	闹 nào	n	13	七 qī	q	19	紫 zǐ	z
2	抛 pāo	p	8	鹿 lù	l	14	吸 xī	x i	20	粗 cū	c
3	猫 māo	m	9	高 gāo	g	15	猪 zhū	zh	21	四 sì	s
4	飞 fēi	f	10	铐 kào	k	16	出 chū	ch	22	杯 bēi	b
5	刀 dāo	d	11	河 hé	h	17	书 shū	sh	23	泡 pào	p
6	套 tào	t	12	鸡 jī	j i	18	肉 ròu	r	24	稻 dào	d

续表

序号	词	目标音	序号	词	目标音	序号	词	目标音	序号	词	目标音
25	菇 gū	g	32	蓝 lán	an	39	鹅 é	e	46	鼻 bí	i
26	哭 kū	k	33	狼 láng	ang	40	一 yī	i	47	蛙 wā	1
27	壳 ké	k	34	心 xīn	in	41	家 jiā	ia	48	娃 wá	2
28	纸 zhǐ	zh	35	星 xīng	ing	42	浇 jiāo	iao	49	瓦 wǎ	3
29	室 shì	sh	36	船 chuán	uan	43	乌 wū	u	50	袜 wà	4
30	字 zì	z	37	床 chuáng	uang	44	雨 yǔ	ü	51	酪 lào	l
31	刺 cì	c	38	拔 bá	a	45	椅 yǐ	i	52	入 rù	r

[实验原理]

1. 音位习得分析 将患者的年龄和音位习得结果与声母音位习得顺序进行对比,可以观察出患者当前本应习得却未习得的音位。正常儿童声母音位习得顺序,大约可分为五个阶段。表 2-1-11 中的纵轴为 21 个声母音位,横轴为该音位的习得年龄,彩色底纹表示所有正常儿童中 90% 能正确发出目标音的年龄。对于儿童患者,康复过程强调遵循发育顺序的原则,即遵循正常儿童声母音位习得的顺序。

表 2-1-11 不同年龄正常儿童声母音位习得评估分析表

阶段	声母	声母音位 习得与否	错误 走向	2.5~<3 岁	3~<3.5 岁	3.5~<4 岁	4~<6 岁	6~<6.5 岁 (<90%)
第一阶段	b							
	m							
	d							
	h							
第二阶段	p							
	t							
	g							
	k							
	n							

续表

阶段	声母	声母音位习得与否	错误走向	2.5~<3岁	3~<3.5岁	3.5~<4岁	4~<6岁	6~<6.5岁（<90%）
第三阶段	f							
	j							
	q							
	x							
第四阶段	l							
	z							
	s							
	r							
第五阶段	c							
	zh							
	ch							
	sh							
声母音位习得个数				____/（21个）				

注：阴影部分为正常儿童声母音位习得顺序。

2. 音位对比分析 根据音位习得的评判结果，可以完成以下音位对比能力评估记录表，进一步考察汉语中 19 项音位对比、38 对最小音位对（包括 25 对声母音位对、10 对韵母音位对和 3 对声调音位对）的习得情况。通过最小语音对的比较，给出对比结果：若同一语音对中的两个音位发音均正确，则认为该语音对已经习得，记为 1 分；若同一语音对的两个音位中有一个音位发音错误，则认为该语音对未习得，记为 0 分。例如，语音对序号 1 中，/b/ 和 /p/ 若同时正确，则记为 1 分，若有一个错误则记为 0 分。注意：符号"*"代表常见问题。

（1）声母音位对比（10 项）

C1. 送气塞音与不送气塞音（替代）

语音对序号	最小音位对	卡片编号	目标音	实发音	对比结果	错误走向
1 双唇音	送气	2	p			☐1 ☐2 ☐3
	不送气	1	b			
2 舌尖中音	送气	6	t			☐1 ☐2 ☐3
	不送气	24	d			
3 舌根音	送气	26	k			☐1 ☐2 ☐3
	不送气	25	g			

错误走向：1. 送气化，送气音替代不送气音；2. 替代送气*，不送气音替代送气音；3. 其他。

C2.送气塞擦音与不送气塞擦音（替代）

语音对序号	最小音位对比	卡片编号	目标音	实发音	对比结果	错误走向
4 舌面音	送气	13	q			□ 1　□ 2　□ 3
	不送气	12	j			
5 舌尖后音	送气	16	ch			□ 1　□ 2　□ 3
	不送气	15	zh			
6 舌尖前音	送气	31	c			□ 1　□ 2　□ 3
	不送气	30	z			

错误走向：1.送气化，送气音替代不送气音；2.替代送气*，不送气音替代送气音；3.其他。

C3.塞音与擦音（替代）

语音对序号	最小音位对比	卡片编号	目标音	实发音	对比结果	错误走向
7 舌根音	塞音	27	k			□ 1　□ 2　□ 3
	擦音	11	h			
8 唇音	塞音	22	b			□ 1　□ 2　□ 3
	擦音	4	f			

错误走向：1.塞音化*，塞音替代擦音；2.替代塞音，擦音替代塞音；3.其他。

C4.塞擦音与擦音（替代）

语音对序号	最小音位对比	卡片编号	目标音	实发音	对比结果	错误走向
9 舌面音	塞擦音	12	j			□ 1　□ 2　□ 3
	擦音	14	x			
10 舌尖后音	塞擦音	15	zh			□ 1　□ 2　□ 3
	擦音	17	sh			
11 舌尖前音	塞擦音	30	z			□ 1　□ 2　□ 3
	擦音	21	s			

错误走向：1.塞擦音化，塞擦音替代擦音；2.替代塞擦音，擦音替代塞擦音；3.其他。

C5.塞音与鼻音（替代）

语音对序号	最小音位对比	卡片编号	目标音	实发音	对比结果	错误走向
12 双唇音	塞音	1	b			□ 1　□ 2　□ 3
	鼻音	3	m			
13 舌尖中音	塞音	24	d			□ 1　□ 2　□ 3
	鼻音	7	n			

错误走向：1.鼻音化，鼻音替代塞音；2.替代鼻音，塞音替代鼻音；3.其他。

C6. 擦音与无擦音 (遗漏)(/h/)

语音对序号	最小音位对比	卡片编号	目标音	实发音	对比结果	错误走向
14 舌根音	擦音	11	h			☐1　☐2
	无擦音	39	无擦音			

错误走向：1. 声母 /h/ 遗漏 *；2. 其他。

C7. 不同构音部位的送气塞音 (替代)

语音对序号	最小音位对比	卡片编号	目标音	实发音	对比结果	错误走向
15 送气塞音	双唇音	23	p			☐1　☐2　☐3
	舌尖中音	6	t			
16 送气塞音	双唇音	23	p			☐1　☐2　☐3
	舌根音	10	k			
17 送气塞音	舌尖中音	6	t			☐1　☐2　☐3
	舌根音	10	k			

错误走向：1. 前进化 *，舌尖中音前进化，舌根音前进化；2. 退后化，舌尖中音退后化，双唇音退后化；3. 其他。

C8. 不同构音部位的不送气塞音 (替代)

语音对序号	最小音位对比	卡片编号	目标音	实发音	对比结果	错误走向
18 不送气塞音	双唇音	1	b			☐1　☐2　☐3
	舌尖中音	5	d			
19 不送气塞音	双唇音	1	b			☐1　☐2　☐3
	舌根音	9	g			
20 不送气塞音	舌尖中音	5	d			☐1　☐2　☐3
	舌根音	9	g			

错误走向：1. 前进化 *，舌尖中音前进化，舌根音前进化；2. 退后化，舌尖中音退后化，双唇音退后化；3. 其他。

C9. 舌尖前音与舌尖后音 (替代)

语音对序号	最小音位对比	卡片编号	目标音	实发音	对比结果	错误走向
21 不送气塞擦音	舌尖后音	28	zh			☐1　☐2　☐3
	舌尖前音	19	z			
22 送气塞擦音	舌尖后音	16	ch			☐1　☐2　☐3
	舌尖前音	20	c			
23 擦音	舌尖后音	29	sh			☐1　☐2　☐3
	舌尖前音	21	s			

错误走向：1. 卷舌化，舌尖后音替代舌尖前音；2. 替代卷舌 *，舌尖前音替代舌尖后音；3. 其他。

C10. 不同构音方式与部位的浊音（替代）

语音对序号	最小音位对比	编号	目标音	实发音	对比结果	错误走向
24 浊音	鼻音	7	n			☐1　☐2　☐3
	边音	51	l			
25 浊音	舌尖后音	52	r			☐1　☐2　☐3
	舌尖中音	8	l			

错误走向：1.边音化，边音替代鼻音、舌尖后音；2.鼻音化，鼻音替代边音；3.其他。

（2）韵母音位对比（6项）

V1. 前鼻韵母与后鼻韵母（替代）

语音对序号	最小音位对比	卡片编号	目标音	实发音	对比结果	错误走向
26 开口呼	前鼻韵母	32	an			☐1　☐2　☐3
	后鼻韵母	33	ang			
27 齐齿呼	前鼻韵母	34	in			☐1　☐2　☐3
	后鼻韵母	35	ing			
28 合口呼	前鼻韵母	36	uan			☐1　☐2　☐3
	后鼻韵母	37	uang			

错误走向：1.鼻韵母前进化[*]，后鼻韵母前进化；2.鼻韵母退后化，前鼻韵母退后化；3.其他。
监控：鼻流量。

V2. 鼻韵母与无鼻韵母（遗漏）

语音对序号	最小音位对比	卡片编号	目标音	实发音	对比结果	错误走向
29 齐齿呼	前鼻韵母	34	in			☐1　☐2
	无鼻韵母	14	i			
30 齐齿呼	后鼻韵母	35	ing			☐1　☐2
	无鼻韵母	14	i			

错误走向：1.鼻韵母遗漏[*]；2.其他。
监控：鼻流量。

V3. 三元音、双元音与单元音（遗漏）

语音对序号	最小音位对比	卡片编号	目标音	实发音	对比结果	错误走向
31 双元音	三元音	42	iao			☐1　☐2
	双元音	41	ia			
32 单元音	双元音	41	ia			☐1　☐2
	单元音	12	i			

错误走向：1.韵母遗漏[*]；2.其他。
监控：F_1，F_2。

V4. 前元音与后元音（替代）

语音对序号	最小音位对比	卡片编号	目标音	实发音	对比结果	错误走向
33 高元音	前元音	40	i			☐1　☐2　☐3
	后元音	43	u			

错误走向：1. 单元音前进化*，后元音前进化；2. 单元音退后化，前元音退后化；3. 其他。
监控：F_1，F_2。

V5. 高元音与低元音（替代）

语音对序号	最小音位对比	卡片编号	目标音	实发音	对比结果	错误走向
34 前中元音	高元音	46	i			☐1　☐2　☐3
	低元音	38	ɑ			

错误走向：1. 单元音升高化*，低元音升高化；2. 单元音下降化，高元音下降化；3. 其他。
监控：F_1，F_2。

V6. 圆唇音与非圆唇音（替代）

语音对序号	最小音位对比	卡片编号	目标音	实发音	对比结果	错误走向
35 前高元音	圆唇音	44	yu			☐1　☐2　☐3
	非圆唇音	45	yi			

错误走向：1. 圆唇化，圆唇音替代非圆唇音；2. 替代圆唇*，非圆唇音替代圆唇音；3. 其他。
监控：F_1，F_2。

（3）声调音位对比（3项）

T1. 一声与二声（替代）

语音对序号	最小音位对比	卡片编号	目标音	实发音	对比结果	错误走向
36 一、二声	一声	47	1			☐1　☐2　☐3
	二声	48	2			

错误走向：1. 二声化，二声替代一声；2. 替代二声*，一声替代二声；3. 其他。

T2. 一声与三声（替代）

语音对序号	最小音位对比	卡片编号	目标音	实发音	对比结果	错误走向
37 一、三声	一声	47	1			☐1　☐2　☐3
	三声	49	3			

错误走向：1. 三声化，三声替代一声；2. 替代三声*，一声替代三声；3. 其他。

T3. 一声与四声（替代）

语音对序号	最小音位对比	卡片编号	目标音	实发音	对比结果	错误走向
38 一、四声	一声	47	1			☐1　☐2　☐3
	四声	50	4			

错误走向：1. 四声化，四声替代一声；2. 替代四声*，一声替代四声；3. 其他。

　　需将音位对比结果与最小音位对比习得顺序进行比较（表 2-1-12），得出当前年龄段本应习得却未习得的音位对数。该表提示了音位对比习得过程中的难易顺序，在进行训练的过程中应遵循由易至难的原则，设置合理的康复目标和训练内容。

表 2-1-12　不同年龄正常儿童音位对比评估分析表

习得音位对数	最小音位对	2.5~<3岁	3~<3.5岁	3.5~<4岁	4~<6岁	6~<6.5岁
C6	擦音与无擦音（1对）					
V4	前元音与后元音（1对）					
V5	高元音与低元音（1对）					
V6	圆唇音与非圆唇音（1对）					
T1	一声与二声（1对）					
T3	一声与四声（1对）					
V3	三、双、单元音（2对）					
C7	不同构音部位的送气塞音（3对）					
C1	送气塞音与不送气塞音*（3对）					
C3	塞音与擦音（2对）					
C5	塞音与鼻音（2对）					
C8	不同构音部位的不送气塞音（3对）					
C2	送气塞擦音与不送气塞擦音*（3对）					
V1	前鼻韵母与后鼻韵母*（3对）					
V2	鼻韵母与无鼻韵母（2对）					
C4	塞擦音与擦音*（3对）					
T2	一声与三声（1对）					
C9	舌尖前音与舌尖后音*（3对）					
C10	不同构音方式与部位的浊音（2对）					

注：1. 阴影部分从 50% 的正常儿童能正确发出的音位对比开始，到 90% 的正常儿童能正确发出结束。
　　2.“*”为核心音位对比。

　　3. 构音清晰度分析　将声母、韵母、声调音位对比的得分进行计算，即可得到构音清晰度得分，将计算结果填入构音清晰度表（表 2-1-13），与构音清晰度的参考标准进行比较，如果发现患者整体构音清晰度低于同龄水平，则说明存在构音障碍，需要及时进行干预。

　　［实验步骤］

　　1. 点击"评估篇"，选择"构音语音能力评估"，进入构音语音能力的评估板块。

表 2-1-13 构音清晰度及其分析表

声母音位对比		韵母音位对比		声调音位对比	
序号	声母音位对比得分	序号	韵母音位对比得分	序号	声调音位对比得分
C1 不送气塞音与送气塞音	___/（3对）	V1 前鼻韵母与后鼻韵母	___/（3对）	T1 一声与二声	___/（1对）
C2 送气塞擦音与不送气塞擦音	___/（3对）	V2 鼻韵母与无鼻韵母	___/（2对）	T2 一声与三声	___/（1对）
C3 塞音与擦音	___/（2对）	V3 三、双元音与单元音	___/（2对）	T3 一声与四声	___/（1对）
C4 塞擦音与擦音	___/（3对）	V4 前元音与后元音	___/（1对）	声调音位对比合计	___/（3对）
C5 塞音与鼻音	___/（2对）	V5 高元音与低元音	___/（1对）		
C6 擦音与无擦音	___/（1对）	V6 圆唇音与非圆唇音	___/（1对）		
C7 不同构音部位的送气塞音	___/（3对）	韵母音位对比合计	___/（10对）		
C8 不同构音部位的不送气塞音	___/（3对）				
C9 舌尖前音与舌尖后音	___/（3对）				
C10 不同构音方式与部位的浊音	___/（2对）				
声母音位对比合计	___/（25对）				
构音清晰度（%）： ___/（38对）= （%）				康复指导：_____	

2. 点击"新建评估"按钮后进入构音语音能力评估操作流程。

3. 点击进入"例题"，可以向患者演示整个评估的方法，使患者熟悉评估方式。

4. 正式评估及评判：评估者根据患者的发音情况选择"正确""遗漏""歪曲""替代"（一般以3次中的两次发音情况为判断依据），如果患者连续3个以上不同目标音都不能正常发出，则可参考正常构音语音发展的5个阶段，选择前面阶段的内容进行评估（图 2-1-11）。

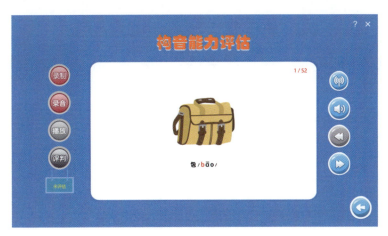

图 2-1-11 开始评估

5. 显示并分析结果。在构音语音能力评估详细结果界面可以查看"评判结果"(图 2-1-12)和"思维导图"(图 2-1-13)切换显示两种不同的结果。点击"导出数据"按钮,则在系统默认路径或选定路径生成 excel 数据文件。

图 2-1-12　评判结果

A.音位习得评估记录表　B.声母音位习得分析表　C.音位对比能力评估记录表

D.音位对比能力评估分析表　E.声母音位对比和构音清晰度分析表

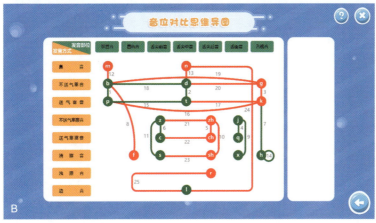

图 2-1-13 思维导图

A.音位习得思维导图　B.音位对比思维导图

说明：结果分析指标主要包括构音总体清晰度、声母音位对比清晰度、韵母音位对比清晰度和声调音位对比清晰度。所有计分都是按音位对计分。若某一对音位中有 1 个错误，则计为 0 分，2 个音位同时正确，则计为 1 分。

（二）口部运动功能评估

下颌、唇、舌是主要的构音器官，其运动异常会直接影响言语的清晰度和可懂度，因此对下颌、唇和舌的口部运动功能进行评估十分必要。

［实验原理］

口部运动功能评估主要包括感觉功能、下颌运动功能、唇运动功能和舌运动功能四个部分，每个部分又包括多个评估子项目，每个评估的子项目都按障碍程度由重到轻的顺序分成 0~4 级，评估的分级标准具体参见附录 2（表 2-1-14）。口部感觉指口部感受器对环境刺激的反应，它是口部运动发育的前提，评估项目涉及颊部、鼻部、唇部、牙龈、硬腭、舌前、舌中、舌后触觉反应。而下颌、唇、舌运动功能评估的目的是评估这些构音器官在自然放松状态、模仿口部运动状态和言语状态下的生理运动是否正确，判断运动异常的类型，分析导致运动异常的原因，为治疗提供依据。

表 2-1-14 口部运动功能评估表

感觉功能		下颌运动功能		唇运动功能		舌运动功能			
项目	得分	项目	得分	项目	得分	项目	得分	项目	得分
颊部触觉反应	___/4	自然状态	___/4	自然状态	___/4	自然状态	___/4	舌尖左右交替	___/4
鼻部触觉反应	___/4	咬肌肌力	___/4	流涎	___/4	舌肌力检查	___/4	舌尖前后交替	___/4
唇部触觉反应	___/4	向下运动	___/4	唇面部肌力	___/4	舌尖前伸	___/4	舌尖上下交替	___/4
牙龈触觉反应	___/4	向上运动	___/4	展唇运动	___/4	舌尖下舔颌	___/4	马蹄形上抬模式	___/4
硬腭触觉反应	___/4	向左运动	___/4	圆唇运动	___/4	舌尖上舔唇	___/4	舌两侧缘上抬模式	___/4
舌前部触觉反应	___/4	向右运动	___/4	圆展交替运动	___/4	舌尖上舔齿龈	___/4	舌前部上抬模式	___/4
舌中部触觉反应	___/4	前伸运动	___/4	唇闭合运动	___/4	舌尖上舔硬腭	___/4	舌后部上抬模式	___/4
舌后部触觉反应（呕吐反射）	___/4	上下连续运动	___/4	唇齿接触运动	___/4	舌尖左舔嘴角	___/4		
		左右连续运动	___/4			舌尖右舔嘴角	/4		
触觉总分	___%（___/32）	下颌总分	___%（___/36）	唇总分	___%（___/32）	舌总分			___%（___/64）
口部运动功能总分		___%（___/164）							

［实验步骤］

1. 进入口部运动功能评估板块。可以将受检者口部运动的表现通过系统自带的摄像头记录下来（图 2-1-14）。评估者根据受检者的表现给予相应等级的评分（图 2-1-15），系统将自动保存该得分。

2. 结束后，查看评估结果，以舌部运动为例（图 2-1-16），进入"口部运动功能评估记录表"。记录表包括口部感觉、下颌运动、唇部运动、舌部运动评估记录。点击"导出数据"，则将完整的评估结果以 excel 的形式保存到系统默认的路径或选定路径。

3. 通过录像分析，判断某患者下颌、唇、舌运动功能评估各自的主观评估平均得分，并书写结果分析。

［讨论］

讨论口部运动与构音的关系。

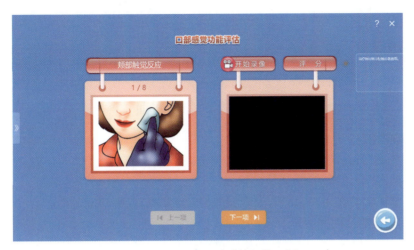

图 2-1-14　口部运动功能评估示例

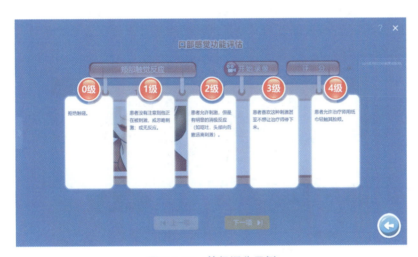

图 2-1-15　等级评分示例

图 2-1-16　评估结果示例

第二节 言语功能康复的临床实训

一、呼吸、发声、共鸣功能康复的临床实训

【实验目的】

1. 熟悉"言语矫治仪"的基本操作方法。

2. 熟悉"言语矫治仪"模块的组成。

3. 掌握如何使用"言语矫治仪"进行呼吸、发声、共鸣功能矫治。

【实验仪器及用品用具】

言语矫治仪是融实时治疗与视听反馈技术为一体的言语矫治设备,为各类言语异常的矫治提供了有效的手段。它提供 75 个实时的,可以激发言语产生的声控卡通游戏,以及 200 多个卡通游戏,为建立综合发音能力奠定基础。在患者玩游戏的同时,言语治疗师就能获得其特征曲线图和统计报告。这套设备具有实时录放的功能,可以提高治疗效果(图 2-2-1)。

图 2-2-1 言语矫治仪

【实验原理】

(一)呼吸功能康复

1. 呼吸放松训练 其指将节律的呼吸与放松运动相结合,通过手臂和肩部的运动带动肋间肌群和肩部肌群运动,使这些肌群乃至全身都得到放松,从而促进呼吸系统整体功能的提高。呼吸放松训练主要适用于呼吸功能异常。在进行呼吸放松训练时,患者与治疗师动作应自然、放松,并与呼吸相结合。

2. 生理腹式呼吸训练 生理腹式呼吸训练指通过不同的体位让患者体验非言语状态下呼吸中呼和吸的过程,帮助患者建立正确、自然、舒适的生理腹式呼吸方式,为言语呼吸奠定基础,其主要适用于呼吸方式异常的患者。生理呼吸训练分四节、九个步骤:第一节为仰位训练,包括四个步骤——闭目静心、腹部感觉、胸腹同感、口腹同感;第二节为侧位训练;第三节为坐位训练;第四节为站位训练,包括基本的站位训练、同步训练和交替训练。

3. "嗯哼"法 从言语产生的过程来看,吸气和呼气不是两个不相干的运动,而是一个持续的运动。嗯哼法是指通过有节奏地移动步伐来控制呼吸,并在呼气时发出"嗯哼"的声音,从而促进生理腹式呼吸到言语腹式呼吸的过渡。这种方法其主要适用于呼吸方式异常,也适用于呼吸与发声不协调。言语呼吸主要在于呼吸与发声之间的协调配合,而嗯哼法便是训练其协调配合能力的一种很有效的方法。

4. 拟声法 拟声法是在建立了生理腹式呼吸的基础上,通过模拟简单有趣的声音帮助患者从生理腹式呼吸过渡到言语腹式呼吸,其主要适用于呼吸方式异常。当患者初步掌握了拟声法的概念后,言语治疗师可将拟声法与声时实时反馈训练相结合。如图 2-2-2A 所示,当患者模仿马跑发出 /da-da-da/ 的声音时,小熊敲起了小鼓,不同的声音产生不同的运动,如果是间断的声音,小熊敲鼓也是间断的。也可结合实时视听反馈设备进行声波模式下的拟声法训练(图 2-2-2B),当患者模仿猫跑发出 /miao——miao——/ 的声音时,产生声波图像。不同长度的发声产生不同长度的声波,如果发声是间断的,产生的声波图像也是间断的;如果发声是连续的,产生的声波也是连续的。

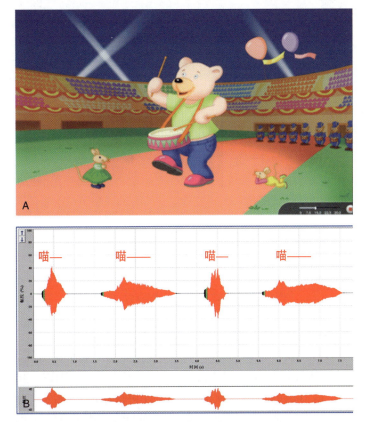

图 2-2-2 拟声法结合声音实时反馈训练
A. 发音时,小熊打鼓 B. 声波长短随发音长短变化

5. 数数法 数数法指通过有节奏地移动步伐来控制呼吸,并在呼气的同时数

数,从而促进从生理腹式呼吸到言语腹式呼吸的过渡,其主要适用于呼吸方式异常,也适用于呼吸与发声不协调。当患者可以进行数数时,撤去步伐的提示,让患者通过声音感知与数数法相结合进行,如图 2-2-3A 所示,发"1"时,小猴从一棵树跳到另一棵树,发"1,2"时,小猴从一棵树跳到另一棵树再跳回原来的树,快速发出"1、2、3、4、5"时,跷跷板连续出现运动。数数的速度不同,动画的运动速度也相应发生改变。也可结合实时视听反馈设备进行声波模式下的数数法训练,如图 2-2-3B 所示,当患者发"1"时,产生第一段声波图像,紧接着发"2"时产生第二段声波图像。数数越多,声波段的数量也随之增加。

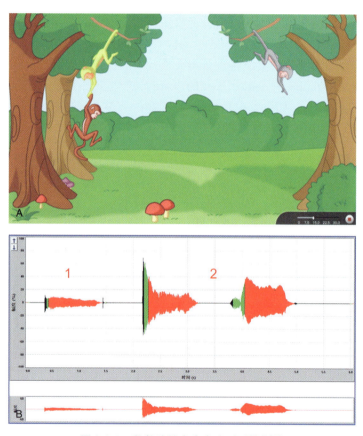

图 2-2-3　数数法结合声音实时反馈训练
A.发音时,小猴在跳　B.声波数量随发音数量增加

6. 快速用力呼气法　快速用力呼气法指首先尽量用鼻子深吸气,然后用力将气流快速地从口中呼出,从而增加肺活量,提高言语呼吸支持能力,其主要适用于呼吸支持不足。该方法的动作要领是,深吸气,再快速用力呼出。当患者可以进行快速用力呼气并发声时,让患者通过起音感知与快速用力呼气法相结合进行训练(图 2-2-4A),发"爬"时第一只地鼠从洞里出来,发"兔"时第二只地鼠从洞里出来,发"渴"时第三只地鼠从洞里出来。正确起音时才会产生动画出现地鼠,硬起音或软起音时无动画反馈。也可结合实时视听反馈设备进行声波模式下的快速用

力呼气法训练(图 2-2-4B),当患者发 /p/ 时,产生第一段声波图像,紧接着发 /t/ 时产生第二段声波图像。声波段中绿色部分代表清音部分,红色代表浊音部分。发音时气流冲出声门越多,声波的振幅越大。

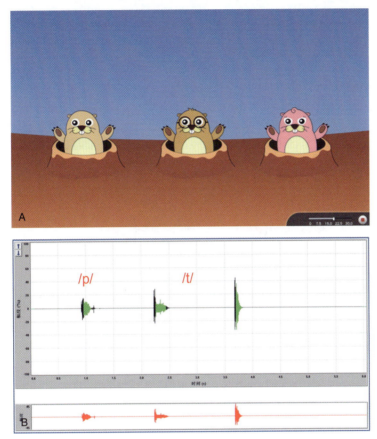

图 2-2-4　快速用力呼气法结合起音实时反馈训练
A.快速起音时,地鼠跳出来　B.快速用力发塞音

7. 缓慢平稳呼气法　缓慢平稳呼气法指让患者深吸气后,缓慢平稳持续地发音,来提高患者言语时对呼气的控制能力,从而为患者的言语提供稳定持久的呼吸支持,其主要适用于呼吸支持不足。该方法的动作要领是深吸气后呼气,呼气时气流必须平缓、均匀,并注意控制声时。当患者可以进行缓慢平稳呼气并发声时,让患者通过最长声时游戏与缓慢平稳呼气法相结合进行训练(图 2-2-5A),患者发 "喝" 时,延长发音,发音时间越长,小海豚向前游得越远。也可结合实时视听反馈设备进行声波模式下的缓慢平稳呼气法训练(图 2-2-5B),当患者发 "孵" 时,产生第一段声波图像,延长声母部分(绿色声波段),紧接着发 "喝" 时产生第二段声波图像。发音时缓慢平稳呼出气流的时间越久,声波的长度越长。

8. 逐字增加句长法　逐字增加句长法指通过让患者一口气连贯地朗读词句,并循序渐进地增加句长,来增强患者的言语呼吸支持能力,提高其呼吸与发声的协调性。这种训练方法主要适用于呼吸支持不足,也适用于呼吸与发声不协调。

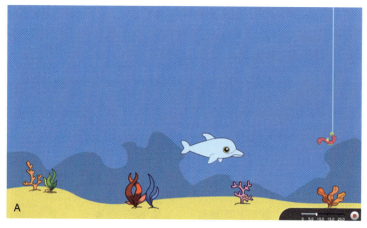

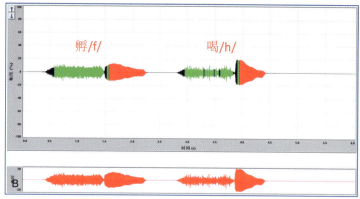

图 2-2-5　缓慢平稳呼气法结合声时实时反馈训练
A.持续发音时,小海豚一直往前游　B.缓慢平稳发塞擦音

9. 唱音法　唱音法是通过让患者连续地发长音、短音、或者发长音和短音交替发音,来提高患者言语呼吸支持能力,促进患者呼吸与发声的协调,提高其言语时灵活控制气流的能力,从而轻松地发音,主要适用于呼吸与发声不协调,也适用于呼吸支持不足。当患者掌握唱音法的要领时,可以让患者通过最长声时游戏与唱音法相结合进行训练(图 2-2-6A),患者持续发唱音 /a——, ya——, da——/ 时,让患者逐渐延长一口气的发音时间,时间越长,小象往前走得越远。也可结合实时视听反馈设备进行声波模式下的唱音法训练(图 2-2-6B),当患者一口气发长短交替的音 /ya——ya——ya　ya/ 时,观察声波图像,维持声波图像的稳定,并进行正确的起音。发音过程中不可换气、漏气,保持声波前后连贯。

10. 啭音法　啭音法通过发音调和响度连续起伏变化的旋转式发音,促进患者呼吸与发声功能的协调,提高其言语时声带的控制能力,进而打破其固有的错误发声模式,建立新的、舒适的发声模式,改善其音质。这种方法主要适用于呼吸与发声不协调。当患者掌握啭音法的要领时,可以让患者通过音调感知与啭音法相结合进行训练(图 2-2-7A),患者用音调和响度连续变化的音发啭音 /i/ 时,热气球随着发啭音过程中音调的起伏进行上下飞行,音调增高,热气球向上飞,音调下降,热气球向下降。也可结合实时视听反馈设备进行基频模式下的啭音法训练

（图2-2-7B），当患者用音调和响度连续变化的音发啭音 /i/ 时，观察基频曲线的高低起伏，帮助患者控制自己的音调起伏变化。发音过程中保持基频曲线的连贯，一口气发啭音，尽量不间断。

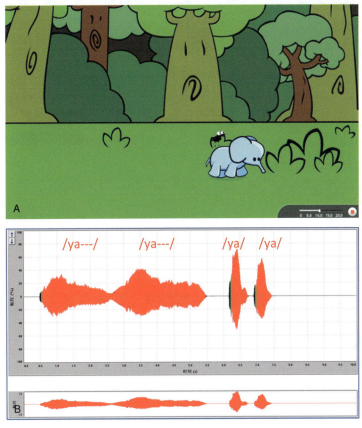

图 2-2-6　唱音法结合声时实时反馈训练
A. 延长发音时，小象一直往前走　B. 长短交替发音，声波变化

11. 气息式发音法　气息式发音法通过采用气息式的发音帮助放松声带和咽缩肌，从而建立正常的起音方式，其主要适用于硬起音，以及由硬起音导致的高音调。

12. 甩臂后推法　甩臂后推法指让患者在甩臂后推的同时突然发音来提高声门闭合能力，减少软起音，帮助其建立正确的起音方式。这种方法主要适用于软起音。

（二）发声功能康复

1. 发声放松训练　发声放松训练是通过颈部放松训练或者声带放松训练使患者的发声器官及相关肌群得到放松，为获得自然舒适的嗓音奠定基础。主要包括"颈部放松训练"和"声带放松训练"两部分。"颈部放松训练"是通过颈部肌群紧张和松弛的交替运动，使患者的颈部肌群（即喉外肌群）得到放松。"声带放松训练"是通过打嘟的形式，让患者体会发声过程中声带的放松，进而放松整个发声器官甚至颈部肌群，主要适用于发声障碍。

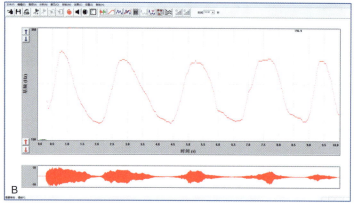

图 2-2-7 嗓音法结合音调实时反馈训练
A.嗓音时，热气球忽上忽下 B.嗓音时，声波上下连续变化

当患者掌握声带放松训练的要领时，可以让患者通过音调感知与声带放松训练相结合进行训练（图 2-2-8A），患者进行平调快速旋转打嘟时，飞机随着发打嘟过程中音调的起伏进行上下飞行，音调增高，飞机向上飞，音调下降，飞机向下降。也可结合实时视听反馈设备进行基频模式下的声带放松训练（图 2-2-8B），当患者进行平调慢速旋转打嘟时，观察基频曲线的高低起伏，帮助患者控制自己的音调起伏变化和打嘟的速度。发音过程中保持基频曲线的连贯，一口气进行打嘟，尽量不间断。

2. 哈欠 - 叹息法 哈欠 - 叹息法指通过夸张的哈欠和叹息动作，使声道充分打开，咽部肌肉放松，然后在叹息时发音并体会放松的感觉，为形成自然舒适的嗓音奠定基础。主要适用于发声障碍，也适用于硬起音。

3. 张嘴法 张嘴法指通过视觉提示等方式，帮助患者培养张嘴发音的习惯，增加发音时嘴的张开度，从而协调发声器官和构音器官之间的运动，为获得更好的音质奠定基础。主要适用于发声障碍。

4. 乐调匹配法 乐调匹配法指根据患者现有的音调水平，选择乐器的不同音阶，对其进行音调的模仿匹配训练，以逐步建立正常的音调，提高其音调控制能力。主要适用于音调异常。

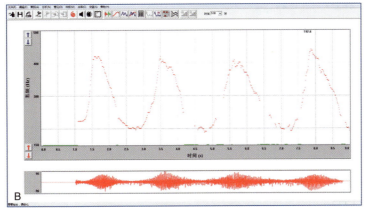

图 2-2-8 声带放松训练结合音调实时反馈训练
A.音调增高,飞机上升,音调下降,飞机下降
B.音调变化时,基频上下连续变化

5. 音调梯度训练法 音调梯度训练法指通过阶梯式音调上升或下降的训练,使患者建立正常音调,并增加言语时音调控制的能力。主要适用于音调异常。当患者掌握音调梯度训练法的要领时,可以让患者通过音调训练与音调梯度训练法相结合进行训练(图 2-2-9A),患者进行提高音调的训练时,可以用双音节词"星星"进行升调训练,分别在 do、re、mi 或低、中、高不同的音调上发双音节词"星星",小天使随着发声过程中音调的逐阶上升而向上飞并收集星星,音调增高,小天使向上飞,音调下降,小天使向下降。也可结合实时视听反馈设备进行基频模式下的音调梯度法训练(图 2-2-9B),当患者用升调来哼音调过程中,当音调上升至某处时停顿,在停顿的音调处使用对应音调从 1 数到 5,要求数数时音调尽可能地稳定在同一音调上,观察基频曲线呈阶梯状上升并稳定在目标音调上,帮助患者控制自己的音调,并维持稳定发声。

6. 用力搬椅法 用力搬椅法指让患者坐在椅子上,在用力上拉椅子的同时发音,来增加其言语的响度。主要适用于响度异常,也适用于软起音。主要适用于音调异常。

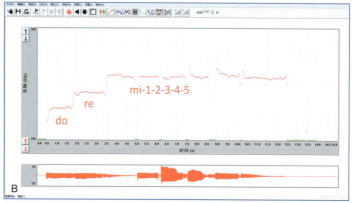

图 2-2-9 音调梯度训练法结合音调实时反馈训练

A.音调呈阶梯式上升 B.音调阶梯式上升后维持该音调数数

7. 掩蔽法 掩蔽法指让患者在背景声条件下进行发音,并通过调节背景声的大小,使患者不自觉地提高声门下压及声带闭合能力,从而增加响度。主要适用于响度异常。

8. 碰撞法 碰撞法指通过滚球撞物,在球撞物的瞬间突然增加响度发音,来提高患者的响度及其控制能力。主要适用于响度过低。

9. 响度梯度训练法 响度梯度训练法指通过阶梯式响度训练提高或降低患者响度,增强患者控制响度的能力。主要适用于响度异常。当患者掌握响度梯度训练法的要领时,可以让患者通过响度训练与响度梯度训练法相结合进行训练(图 2-2-10A),患者进行提高响度的训练时,可以选用数字由小到大的递增概念进行增加响度的练习,根据患者能力,确定选取数字的量。超人随着发声过程中响度的上升而向上飞直至抵达目标响度所在的苹果处,响度增加,超人向上飞。也可结合实时视听反馈设备进行强度模式下的响度梯度法训练(图 2-2-10B),选用不包括塞音的词语或短句进行发音(避免硬起音现象的出现)。每发一个多音节词时,逐渐增加响度。可以利用动物数量的增多来练习,响度随着数量的增多而增加,如"一匹马、两匹马、三匹马"。观察强度线随响度增加呈阶梯状上升,帮助患者控制自己的响度。

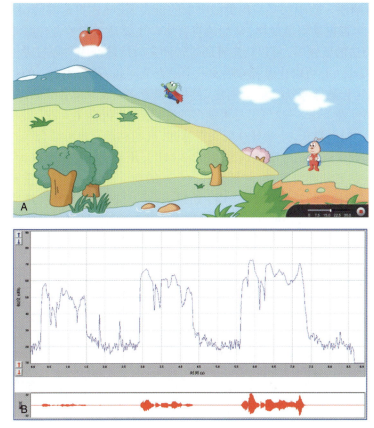

图 2-2-10 响度梯度训练法结合响度实时反馈训练
A.响度呈阶梯式上升（游戏） B.响度呈阶梯式上升（强度）

10. 咀嚼法 咀嚼法是指通过做夸张的咀嚼运动，并在做动作的同时柔和发音，以放松发声和构音器官，从而改善发声音质的方法。主要适用于发声和构音器官过于紧张的患者，是治疗功能性嗓音疾病（长期用声不当所造成的发声功能亢进）较轻松自然的一种方法。

11. 哼鸣法 哼鸣法是指通过闭嘴哼鸣的方式发音，使声道内的气流在哼鸣时反作用于声带，促进患者声带的闭合，改善其音质。主要适用于音质障碍，尤其适用于由于声带闭合不全导致的音质障碍。

12. 气泡发音法 气泡发音法指通过柔和的气泡式发音，使患者的声带得到放松，声带振动更为均匀而且富有规律性，同时使声带内收能力增强，从而改善患者嗓音音质。主要适用于音质障碍，尤其适用于声带闭合不全导致的音质障碍。

13. 半吞咽法 半吞咽法指在吞咽进行到一半时用较低的音调大声地发"bo——m"音，产生的气流在声道内反作用于声带，以提高声带闭合的能力。主要适用于嗓音音质异常，尤其是声带闭合不全导致的嗓音音质异常。

14. 吸入式发音法 吸入式发音法是指通过在吸气的时候发音来帮助患者重新使用真声带进行发音。主要适用于嗓音音质异常，尤其适用于功能性失音症和室带发声。

15. 吟唱法　吟唱法是指用类似唱歌的形式，流畅连贯地说话，使音调响度变化较小，声带振动舒适规律，从而改善音质。主要适用于嗓音音质异常。当患者掌握吟唱法的要领时，可以让患者通过音调实时反馈训练与吟唱法相结合进行训练（图 2-2-11A），可以让患者吟唱发一个单音节词如"花"，用单一的音调连贯发音，并适当延长韵母部分的发音时间。然后，患者连续发该单音节词，一口气重复发音，如"花 - 花 - 花"一口气发尽可能多的音，如"花 - 花 - 花 - 花 - 花 - 花……"，发的音越多，时间越长，小蜜蜂往前飞得越远，离花越近。也可结合实时视听反馈设备进行基频模式下的吟唱法训练（图 2-2-11B），用吟唱法发一个双音节词如"蛤蟆"，用单一的音调连贯发音，并延长后一个字的韵母部分。一口气重复发尽可能多的音，如"蛤蟆 - 蛤蟆 - 蛤蟆 - 蛤蟆 - 蛤蟆……"。观察基频曲线，维持基频曲线的稳定，基频上下起伏幅度在一个相对较小的范围内，帮助患者稳定声带振动的规律，改善音质。

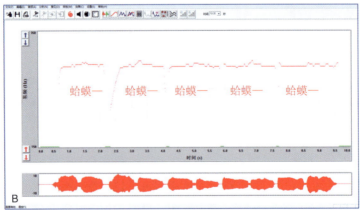

图 2-2-11　吟唱法结合声时实时反馈训练
A. 发音个数越多，小蜜蜂飞得越远　B. 单一音调内尽可能发音

（三）共鸣功能康复

1. 共鸣放松训练　共鸣放松训练通过完成一些夸张的动作或发一些特定的音，使共鸣肌群进行紧张与松弛的交替运动，从而促进共鸣肌群之间的协调与平

衡,为形成良好的共鸣奠定基础,其内容主要包括口腔放松训练和鼻腔放松训练两个部分。

2. 后位音法 后位音法通过发一些发音部位靠后的音来体会发音时舌位靠后的感觉,帮助减少发音时舌位靠前的现象,从而达到治疗前位聚焦的目的。主要适用于前位聚焦。可以结合实时视听反馈设备进行共振峰(LPC)模式下的后位音法训练(图 2-2-12A),当患者发由声母 k、g和韵母 u、ou、e 构成的单音节词(如哭)时,若患者存在前位聚焦,舌位靠前,观察共振峰曲线,/u/ 的第二共振峰频会在 LPC 谱中靠后的部分出现,正常情况下 /u/ 的第二共振峰频率所处位置在 LPC 谱靠前的部分(600~700Hz 处,图 2-2-12B),然后让患者观察共振峰实时反馈的曲线逐渐调整舌位,将舌向后运动进行发音。整个过程中舌位越靠后,/u/ 的第二共振峰频率所处位置越靠前。帮助患者通过共振峰实时反馈训练调整自己发后位音时的舌位,体会舌位靠后的感觉,改善前位聚焦的问题。

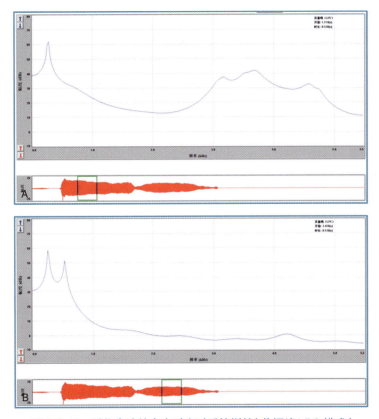

图 2-2-12 后位音法结合声时实时反馈训练(共振峰 LPC 模式)
A. 舌位靠前时 /u/ 的第二共振峰频率靠后　B. 舌位靠后时 /u/ 的第二共振峰频率靠前

3. 前位音法 前位音法指通过让患者发一些发音部位靠前的音来体会发音时舌位靠前的感觉,帮助其减少发音时舌位靠后的现象,从而达到治疗后位聚焦的目的。这个训练方法主要适用于后位聚焦。可以结合实时视听反馈设备进行共振峰(LPC)模式下的前位音法训练,当患者发含由声母 p、b、t 和韵母 i 构成的单音节词(如踢)时,若患者存在后位聚焦,舌位靠后,观察共振峰曲线,/i/ 的第二共振峰频会在 LPC 谱中靠前的部分出现（图 2-2-13A），正常情况下 /i/ 的第二共振峰频率所处位置在 LPC 谱靠后的部分（2 000~3 000Hz 处）（图 2-2-13B）；然后让患者观察共振峰实时反馈的曲线逐渐调整舌位，将舌向前运动进行发音，整个过程中，舌位越靠前，/i/ 的第二共振峰频率所处位置越靠后。帮助患者通过共振峰实时反馈训练调整自己发前位音时的舌位，体会舌位靠前的感觉，改善后位聚焦的问题。

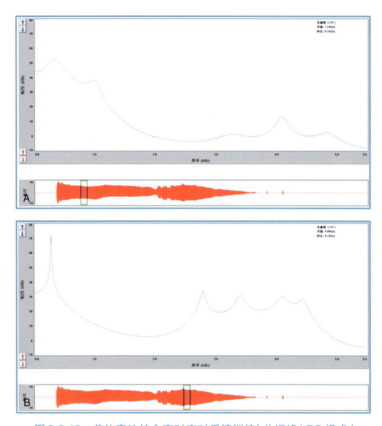

图 2-2-13　前位音法结合声时实时反馈训练（共振峰 LPC 模式）
A. 舌位靠后时 /i/ 的第二共振峰频率靠前　B. 舌位靠前时 /i/ 的第二共振峰频率靠后

4. 伸舌法　伸舌法通过让患者将舌伸出口外用高音调发前位音，扩张口咽腔，引导其体会发音时口咽腔放松的感觉，从而治疗因咽腔和喉部过于紧张而导致的喉位聚焦和后位聚焦。

5. 口腔共鸣法　口腔共鸣法指在咽腔打开、放松，同时舌放松，舌尖抵住下切牙发 /hɑ/ 音；在咽腔缩紧，舌收缩成束状，下颌张开度减小的状态下，发 /hu/ 音；或者发一些包含不同舌位变化的词语和短句，帮助患者体会口腔共鸣的感觉，从而建立有效的口腔共鸣，提高口腔共鸣能力。这种矫治方法主要适用于鼻音功能亢进患者。可以结合实时视听反馈设备进行基频模式下的口腔共鸣法训练（图 2-2-14），当患者模仿风声，用升调来发高元音 /u/，以体会韵母共鸣和音调的变化，观察基频曲线，感受音调下降时的口腔共鸣；然后可以练习发高元音 /i/、/u/、/ü/，以体会腭咽闭合较好的情况下感受较强的口腔共鸣，帮助患者进行口腔共鸣的感知。

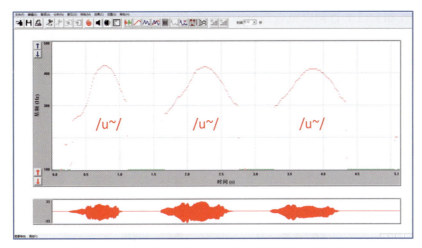

图 2-2-14　口腔共鸣法结合音调实时反馈训练(基频模式)

6. 鼻腔共鸣法　鼻腔共鸣是指悬雍垂下降,声波进入鼻腔后所产生的共鸣效果。鼻腔共鸣法指通过发鼻音,帮助患者体会鼻腔共鸣的感觉,从而建立有效的鼻腔共鸣,提高鼻腔共鸣能力。这种方法主要适用于鼻音功能低下。

7. 鼻音/边音刺激法　鼻音/边音刺激法通过交替发鼻音和边音,来促进鼻腔和喉腔间共鸣的转换,以帮助患者获得良好的共鸣音质。这种方法主要适用于共鸣音质异常。

8. U 声道法　U 声道法指通过发 /u/,使整个声道通畅,同时体会胸音与头音之间的转换过程中不同共鸣腔振动的变化,从而获得良好的共鸣效果。这种方法主要适用于治疗共鸣音质障碍。

9. 头腔共鸣法　头腔共鸣法指通过以高音调持续发鼻音,使声波在头腔产生共鸣,帮助患者体会头腔共鸣的感觉,从而建立有效的头腔共鸣。这种方法主要适用于共鸣音质异常,也适用于喉位聚焦。

10. 胸腔共鸣法　胸腔共鸣法指通过以低音调持续发音,使声波在胸腔产生共鸣,帮助患者体会胸腔共鸣的感觉,从而建立有效的胸腔共鸣。这种方法主要适用于共鸣音质异常。

【实验步骤】

1. 选择相应模块　言语矫治仪包括多种多样的游戏训练类型,如感知类游戏、训练类游戏、词语拓展类游戏等。感知类游戏包括声音感知(荡秋千、快乐熊、木桶狗、午后、跷跷板等)、音调感知(热气球、小飞熊、飞车、袋鼠、弹钢琴等)、响度感知(吹气球、大楼、男孩、狮子、小象等)、起音感知(土豆跑、兔子飞、一群兔、池塘、雨伞等)、清浊音感知(蝴蝶、交通灯、苹果树、马戏团、蔬菜等)游戏。训练类游戏包括最长声时(小火车、草莓、小蜜蜂、苹果屋、买蛋糕等)、音调(撞球、茶壶、空战、奇妙海、划船等)、响度(长颈鹿、生日、消防员、举重、超人等)、起音(做早操、小歇、弹跳、启动、圣诞节等)、清浊音(赛车、猩猩、捕蝇、吃香蕉、魔术等)游戏。

2. 操作说明　音调训练模式主要有两类(图 2-2-15):一类是"穿越",它又包括典型、系统和个人 3 种模式,但不论是何种模式的穿越,在进行此类游戏时,要求患者控制自己的音调以免碰到画面中的障碍物(每个障碍物都代表一个音调水平);另一类是"定向",它也包括典型、系统和个人 3 种模式,但不论是何种模式的定向,在进行此类游戏时,要求患者控制自己的音调以触碰到画面中的障碍物(每个障碍物都代表一个音调水平)。

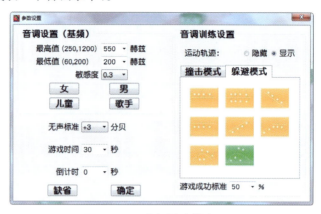

图 2-2-15 音调训练模式设置

在最长声时游戏过程当中,应根据患者最长声时的评估结果,选择适当的最长声时训练时间。如:患者的 MPT 值为 2s,目标为 MPT 达到 4s,则可以依次设定最长声时的训练值为 2s、3s、4s。

在响度游戏过程当中,应根据响度低下患者言语强度的评估结果,选择适当的响度训练水平。如患者的言语强度为 50dB,目标言语强度为 80dB,则可以从易到难依次设定响度的最高值为 50dB、55dB、60dB、80dB。针对响度低下的患者,在进行响度设置时,主要可对响度的最高值进行设置,其范围为 60~90dB,或者直接点击"低""中"或"高"按钮,直接进入系统默认的响度模式进行训练(图 2-2-16)。

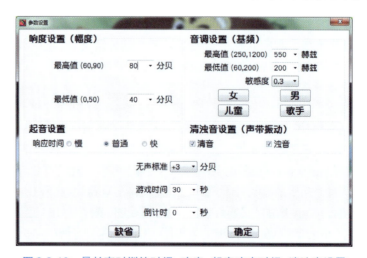

图 2-2-16 最长声时训练时间、响度、起音响应时间、清浊音设置

在起音游戏过程当中,应根据患者起音的评估结果,选择适当的起音响应时间。如患者为硬起音,目标为恢复正常起音,则将起音响应时间先设定为"慢",然

后再设定为"正常"。如果患者存在软起音的问题,则进行相反的操作。如果患者不存在明显的起音问题,则可选择"正常"起音响应时间。

在清浊音游戏过程当中,应根据患者的实际情况,将清音和/或浊音设定为训练内容。一般将清浊音灵敏度设定为"中"。如"赛车"游戏中,患者发清音时,画面中绿色的汽车将开始前进,而红色的汽车保持静止。发浊音时,画面中红色的汽车将开始前进,而绿色的汽车保持静止。

二、构音语音功能康复的临床实训

【主要实验】

1. 构音语音训练。
2. 口部运动治疗。
3. 构音运动治疗。

【实验仪器及用品用具】

构音障碍测量与康复训练仪

【实验原理】

(一)构音治疗的内容

构音治疗主要以声母构音异常的矫治为主,在开展声母构音训练的同时结合韵母构音训练。构音治疗主要包括音位诱导、音位习得和音位对比三个阶段。

1. 音位诱导 声、韵母的构音异常通常是由于构音器官的运动异常、协调运动异常或未理解目标音位的发音特征等原因造成的,因此在进行音位诱导训练时首先从视觉和听觉通道帮助患者更直观地认识目标音位的发音部位和发音方式,然后借助口部运动治疗方法来帮助患者找到正确的发音部位、建立正确的构音运动并掌握正确的发音方式。音位诱导可借助的口部运动治疗方法见表2-2-1。另外在进行声母音位构音训练同时可结合韵母音位构音训练,与主要韵母构音相关的口部运动治疗方法如表2-2-2所示,在训练可选择使用。

表2-2-1 声母音位诱导可借助的口部运动治疗方法

音位	建立正确的构音运动 (借助口部运动方法)			增强发音方式 (借助促进治疗法)
	类别	主要方法	辅助方法	
/b/	• 提高唇肌肌力训练 •(肌张力过高) • 提高唇肌肌力训练 •(肌张力过低) • 唇闭合运动训练	• 肌张力过高:按摩面部法 • 肌张力过低:抵抗法 • 唇闭合运动训练:夹住压舌板法	• 肌张力过高:减少上唇回缩法、减少唇侧向回缩法、减少下唇回缩法 • 肌张力过低:对捏法、唇部拉伸法、脸部拉伸法 • 唇闭合运动训练:勺子进食、唇部按摩法、发呜舌音法、出声吻法	体会不送气
/p/	双唇音			快速用力呼气法
/m/				哼音法 鼻腔共鸣法

续表

音位	建立正确的构音运动（借助口部运动方法）			增强发音方式（借助促进治疗法）
	类别	主要方法	辅助方法	
/f/ 唇齿音	• 唇齿接触运动训练	• 发唇齿音法	—	缓慢平稳呼气法
/d/ 舌尖中音	• 马蹄形上抬运动训练 • 舌尖上抬与下降运动训练	• 马蹄形上抬运动训练：压舌板刺激法 • 舌尖上抬与下降运动训练：舌尖运动法（舌尖运动训练器）	• 马蹄形上抬运动训练：舌与上齿龈吸吮法、舌与上齿吸吮法、舌尖发音法、按摩刷刺激法、吸管刺激法 • 舌尖上抬与下降运动训练：舌尖舔物法、舌尖上下运动法、舔硬腭、压舌尖法、刷舌尖法、舌尖推物法、隆起舌尖法、舌尖侧边推物法	体会不送气
/t/				快速用力呼气法
/n/				哼音法 鼻腔共鸣法
/l/	舌尖上抬与下降运动训练	舌尖运动法（舌尖运动训练器）	舌尖舔物法、舌尖上下运动法、舔硬腭、压舌尖法、刷舌尖法、舌尖推物法、隆起舌尖法、舌尖侧边推物法	哼音法
/g/ 舌根音	舌后部上抬运动训练	舌后位运动训练法（舌后位运动训练器）	敲击舌中线刺激法、发 k 音法	体会不送气
/k/				快速用力呼气法
/h/				缓慢平稳呼气法 气息式发音法 哈欠叹息法
/j/ 舌面音	舌前部上抬运动训练	舌前位运动训练法（舌前位运动训练器）	舌前部拱起法、舌体与硬腭吸吮法	体会不送气
/q/				快速用力呼气法
/x/				缓慢平稳呼气法
/zh/ 舌尖后音	舌侧缘上抬运动训练	舌侧缘刺激法	向中线压舌法、向下压舌侧缘法、刺激上颚法、食物转送法、臼齿咀嚼法	体会不送气
/ch/				快速用力呼气法
/sh/				缓慢平稳呼气法 气息式发音法
/r/	促进舌后缘上抬训练	刷舌后侧缘法	舌后侧缘上推法、刷舌后侧缘法、舌后侧缘上推法	哼音法

续表

音位	建立正确的构音运动 （借助口部运动方法）			增强发音方式 （借助促进治疗法）
	类别	主要方法	辅助方法	
/z/	提高舌肌肌力训练	舌尖上抬法	推舌法、舌尖后推法、挤舌法、挤推联用法、挤推齿脊法、侧推舌尖法、下压舌尖法、上推舌体法、侧推舌体法、下压舌体法、左右两半上抬法	体会不送气
/c/				快速用力呼气法
/s/	舌尖前音			缓慢平稳呼气法气息式发音法

表 2-2-2　主要韵母音位诱导可借助的口部运动治疗方法

音位	建立正确的构音运动 （借助口部运动方法）			增强发音方式 （借助促进治疗法）
	类别	主要方法	辅助方法	
/a/	增强下颌感知觉	指尖控制法	手掌控制法	提高呼吸支持能力、提高呼吸与发声协调性；缓慢平稳呼吸法、唱音法、哼音法等
	下颌运动受限训练	咀嚼法（咀嚼器）	高位抵抗法、高低位交替抵抗法	
	下颌分级控制训练	咀嚼法（咀嚼器）	低位控制法、咬住大物体法、大半开位控制法、小半开位控制法、咬住小物体法、高位控制法、杯子喝水法	
/i/	增强舌感知觉训练	刷舌尖法（舌肌刺激器）	后前刷舌侧缘法、一二三拍打我法、捉迷藏法、舌尖与脸颊相碰法	
	提高咬肌肌力训练	深压咬肌法（指套型乳牙刷）	敲打咬肌法、拉伸咬肌法、振动咬肌法	
	展唇运动训练	模仿大笑	杯子进食法	
	舌向前运动训练	舌尖向上伸展法（舌前位运动训练器）	舌尖向下伸展法、舌尖上卷法、舌尖顶脸颊法、舌尖舔嘴角法、舌尖洗牙外表面法、舌尖洗牙水平面法	
/e/	下颌运动过度训练	低位抵抗法	前位控制法、侧向控制法	
/u/	增强唇感知觉训练	协助指压法	自助指压法、振动法、吸吮法	
	圆唇运动训练	唇运动训练器法	吸管进食法、感觉酸的表情法、吹卷龙法、拉纽扣法、唇操器法、面条练习法	
	舌向后运动训练	深压舌后部法（舌后位运动训练器）	咀嚼刺激法	

45

音位	建立正确的构音运动 （借助口部运动方法）			增强发音方式 （借助促进治疗法）
	类别	主要方法	辅助方法	
/ɑi/	下颌转换运动训练	低位控制法	咬住大物体法、大半开位控制法、小半开位控制法、咬住小物体法、高位控制法、杯子喝水法	
/iu/	圆展交替运动训练	唇交替运动法	亲吻 - 微笑法、亲吻 - 皱眉法	

2. 音位习得

（1）模仿复述：音位习得训练在音位诱导训练的基础上，通过大量的练习材料巩固发音，将诱导出的音位进行类化，使患者能够发出含有目标音位的更多有意义的声韵组合和词语。传统治疗主要通过模仿复述进行，另外还可以借助现代化技术进行实时反馈治疗，增强训练的趣味性和有效性。

（2）模仿复述和语音支持相结合：在初步习得某一含有目标音位的目标词语后可结合语音支持训练进行实时反馈治疗，一方面进一步巩固词语的习得，另一方面训练患者的语音支持能力，从而提高患者连续语音语速和语调的控制能力。语音支持训练主要包括停顿起音、音节时长以及音调、响度变化训练，以增强患者对呼吸和发声的控制能力，可根据患者的能力或训练目标选择性地进行某一项或某几项语音支持训练。例如患者语调存在问题或训练目标是强化患者的语调控制能力，则可选择音调、响度变化训练。针对儿童患者一般可采用言语障碍矫治仪进行语音支持的实时反馈训练。

1）停顿起音训练：若患者存在停顿起音问题，如发声紧张、说话一字一顿、停顿增多或过长等，或语速精准评估中连续语音言语速率存在损伤，则可结合停顿起音训练。

2）音节时长训练：若患者呼吸控制能力较弱，如说话时长短，或语速精准评估中连续语音言语速率存在损伤，则可结合音节时长训练。

3）音调、响度变化训练：若患者存在音调或响度问题，如音调过高或过低、响度过大或过小等，或语调精准评估中言语基频标准差存在损伤，则可结合音调、响度变化训练。

（3）语音自反馈：可借助语音自反馈训练来进行训练，一方面进一步进行音位的习得巩固，另一方面可改善患者的语速和语调。若患者无法很好地控制自己的呼吸，语速存在问题时，可进行变速训练，提高患者控制发音时长的能力：语速过慢时，选择 0.5 或 0.8 倍变速（即语速降低到患者原始语速的 0.5 或 0.8 倍），播放变速后的音频让患者模仿，通过自反馈逐渐提高语速；语速过快时，选择 1.2 或 1.5 倍变速（即语速提高到患者原始语速的 1.2 或 1.5 倍），播放变速后的音频让患者模仿，通过自反馈逐渐降低语速。若患者无法很好地控制音调，语调异常时，可进行变调训练，提高患者的音调控制能力：存在高音调问题，选择 0.5 或 0.8 倍变调（即降低到患者原始声音的 0.5 或 0.8 倍的基频),播放变调后的音频让患者模仿,通过自反馈逐渐降低音调;存在低音调问题,选择 1.2 或 1.5 倍变调(即提高到患者原始声音的 1.2 或 1.5 倍的基频),播放变调后的音频让患者模仿,通过自反馈逐渐升高音调;当音调存在变化异常问题即语调变化过大或语调单一,则根据患者情况选择低倍和高倍变调,进行自反馈训练,提高语调变化的控制能力。

3. 音位对比

(1)听说对比:音位对比训练是将容易混淆的一对声母(最小音位对)提取出来进行的专门的强化训练,用来进一步巩固新习得的声母音位。首先采用听觉指认的方式进行听觉识别训练,确保患者从听觉上能正确识别某一音位对,尤其是对于听障儿童,听觉识别训练是音位对比的训练重点;其次采用模仿复述的方式进行音位对比训练,帮助患者区分某一音位对中两个音位在发音部分和方式等方面的不同并准确构音。这些都是传统治疗,另外还可以借助现代化技术进行实时反馈治疗,增强训练的趣味性和有效性。

(2)听说对比和重读治疗相结合:可采用言语重读干预仪结合慢板节奏一进行音位对比训练,帮助患者巩固目标音位。通过音位对的轮替来巩固目标音位的掌握,同时为连续语音的流畅自然奠定基础。

(二)口部运动治疗的内容

口部运动治疗是利用触觉和本体感觉技术,遵循运动技能发育的原理,提高下颌、唇、舌等口部器官的感知觉能力,促进口部结构感知觉的正常化,抑制其异常的运动模式,并逐步建立正常的口部运动模式,帮助患者形成正常言语所必须的口部运动技能,从而为准确、清晰的构音语音奠定生理基础。口部运动治疗主要针对下颌运动、唇运动和舌运动治疗,即针对下颌、唇以及舌的运动范围、运动速度、运动控制、精细运动分化等运动障碍进行治疗,促进控制它们运动的肌张力正常化,抑制异常的口部运动模式,促进正常的口部运动模式产生。

口部运动治疗是多数患者构音功能训练的起点,主要目的在于提高构音器官运动的灵活性、稳定性、协调性及准确性,为日后清晰的构音奠定生理基础。要想把某个音发清楚,相应的构音器官的运动必须满足发该音所需要,要求运动准确和到位。口部运动治疗包括下颌、唇、舌的运动治疗,每一部分又包括促进治疗和自主运动治疗 2 个部分。系统中所有的促进治疗皆配有文字解说和录像,供康复师学习、参考;自主运动治疗则配有文字解说和动画,诱导患者模仿相关动作,从而达到治疗的目的。

1. 下颌运动治疗 下颌运动障碍的治疗主要包括促进治疗和自主运动治疗。下颌促进治疗旨在提高下颌的感知觉和下颌运动肌群力量,延长下颌持续运动的时间,增大下颌的运动范围,提高下颌的控制力,增强下颌的稳定性和灵活性,抑制下颌的异常运动模式,建立下颌的正常运动模式;自主治疗是在患者具有自主控制能力的情况下,监控、学习和巩固新习得的下颌运动模式。因此,促进治疗技术主要是用来习得新的运动模式,而自主运动技术则是对所习得的新的运动模式进行强化和巩固练习。

2. 唇运动治疗 构音障碍患者可能出现的唇异常运动模式包括圆唇运动障

碍、展唇运动障碍、双唇闭合障碍、唇齿接触运动障碍、圆展交替运动障碍,唇运动障碍的治疗主要包括增加唇感知觉、提高唇肌肌力和促进唇各种运动的针对性治疗技术,包括促进圆唇运动治疗、促进展唇运动治疗、促进唇闭合运动治疗、促进唇齿接触运动治疗、促进圆展交替运动治疗。其治疗目的是促进唇感知觉正常化、唇肌力正常化,刺激唇的各种运动,增强唇运动的自主控制能力,为唇声母和唇韵母的构音奠定好生理基础。

3. 舌运动治疗 构音障碍患者舌异常运动模式主要包括舌向前运动障碍、舌向后运动障碍、舌前后转换运动障碍、马蹄形上抬运动障碍、舌根(后部)上抬运动障碍、舌侧缘上抬运动障碍、舌尖上抬与下降运动障碍、舌叶上抬运动障碍。舌口部运动治疗是通过触觉刺激技术提高舌的感知觉,进而利用本体感觉刺激技术提高舌肌力量和促进舌后侧缘的稳定,然后在此基础上抑制舌的异常运动模式,采用被动治疗和自主运动的方法,最终达到舌运动灵活、稳定、有力,从而建立舌在构音中的正常运动模式。

(三)构音运动治疗的内容

构音运动治疗是口部运动治疗顺利过渡到构音语音治疗的必经之路。它的主要目的是通过选择特定的词,有目的地促进构音器官的精细分化,为构音语音训练奠定良好的训练基础。构音运动治疗的材料丰富,配以重读训练,可进一步提高口部运动功能,使之顺利过渡到清晰的发音。

构音运动治疗主要包括下颌构音运动治疗、唇构音运动治疗和舌构音运动治疗三部分,三者又都包括单一运动模式构音运动治疗和转换运动模式构音运动治疗。单一运动模式指下颌、唇或舌处于某一构音位置,如下颌上位、圆唇、舌前位等,单一运动模式的构音运动治疗主要强调"点"治疗,旨在提高下颌、唇或舌在构音过程中所对应位置的准确性。一个单韵母即可看做是一个点,每一个单韵母对应的点都有一特殊的构音器官位置,如单韵母 /ɑ/ 对应着下颌低位、自然唇形和舌中下位,即下颌、唇和舌的三种单一运动模式。汉语中的复韵母均由两个或三个单韵母组成,从构音运动的角度看,则是某两个或三个点之间连续、协调运动的结果,如复韵母 /ɑi/ 即为单韵母 /ɑ/ 和单韵母 /i/ 两点之间的连线,因此对复韵母的构音运动治疗也称转换运动模式的构音运动治疗,又称音节内转换,主要强调"线"的治疗,旨在提高两种构音运动模式之间平滑、连续的过渡,从而提高复韵母的构音清晰度。相邻两个单韵母的距离即为"距",又可称为音节间转换,如阿姨(/ɑ/-/i/),对两个单一运动模式构音运动的转换治疗则强调"距"的治疗,旨在提高下颌、唇或舌在构音过程中两种对应位置间进行灵活的切换能力。

(四)语音治疗内容

语音治疗的目的是提高患者连续清晰发音的能力,为其语言发展打下坚实基础。在目前的言语障碍的矫治中,我们发现患者常常单音节词能够清楚发出,在需要连续协调发音的句子中却出现异常。可通过 CRDS 训练策略来进行训练,包括语音巩固(consolidation)、语音重复(repetition)、语音切换(switch)和语音轮替(diadochokinesia)四项内容。

1. 语音巩固 语音巩固与构音语音训练有密切的联系,可以巩固后者的训练效果,同时又为连续语音的训练奠定基础。语音巩固以声母习得的 5 阶段理论为基础,包含了以 21 个声母为词首或词尾的大量词语,为连续语音的训练做准备。此部分共包含 168 个词语。

2. 语音重复　语音重复模块也是建立在声母习得 5 阶段理论的基础之上,该部分训练包含了含有同一声母的大量词语,并在此基础上编制了含有同一个音的句子,每个句子中目标音的出现率在 60% 以上。此部分包含 84 个词语和 42 句话。

3. 语音切换　语音切换以 23 对声母音位对为基础,该部分主要训练儿童复述句子中多次出现的同一对声母音位对的能力,训练内容也包括词语和句子 2 部分。首先分别将 23 对音位对嵌入到大量词语中,然后再将音位对嵌入到特别设计的句子中,每句话中的目标声母音位对至少出现 1 次。词语训练与构音语音训练中的音位对比训练密切配合,句子则专门训练患者的连续语音切换能力。

4. 语音轮替　语音轮替模块仅包含大量句子,旨在训练患者说出句子中轮替出现的同一发音部位、不同发声方式声母(如唇声母 b/p/m/f)或同一发声方式、不同发音部位声母(如鼻音 m/n)的能力。它是以不同发音部位的声母组合为基础的。此部分包含 24 个句子。

【实验步骤】

构音语音训练循序渐进地着重强化汉语言中 21 个声母的发音,均以可爱的卡通图片或简单游戏形式体现,由简到难,以提高声韵组合的构音清晰度,包括音位诱导、音位习得和音位对比。其中音位诱导含有 21 个声母音位的典型词语,按照音位习得 5 个阶段编排,目标词语贴近生活,形式包括实物和卡通图片。音位习得同样按照音位习得 5 个阶段编排,包括含有 21 个声母的典型词语,内容包括了单音节、双音节(前、后),三音节(前、中、后),用于强化不同声韵组合的构音练习,并强调要求在音节组合中不同位置都能清晰地发出目标音。音位对比主要包括了 23 对声母音位对比,用于提高构音器官的精细运动能力,此外,还通过重读训练,增强学习的趣味性。以下以 /g/ 的构音音位训练为例。

1. 音位诱导　学习目标音位发音的特点。点击"播放"按钮可得到相应的词语或读音,并可以看到配套的声调图(位于界面的左侧中央)。可以切换配套图片的呈现形式(实物或卡通,图 2-2-17)。点击"发育教育"按钮,则可展示相应目标音位本音和呼读音的构音图,以及发音要点(图 2-2-18)。

图 2-2-17　音位诱导的主界面

图 2-2-18　发音教育

　　每次发音教育结束后,要求患者尝试发目标音,治疗师根据患者的发音评判正确与否。最终在每次训练结束后得到音位诱导的实时监控,查看患者本次训练的正确率,方便患者及其家属了解康复进展,并为后续调整康复计划提供依据(图 2-2-19)。实时监控表格可通过"打印输出"给患者及其家属,也可点击"导出数据／提交",将实时监控表格保存到康复师的电子档案中(表 2-2-3)。

表 2-2-3　音位诱导实时监控表

构音治疗实时监控表			
音位诱导			
用户姓名	丁××	训练日期	2021-12-28
训练音位	/g/		
训练项目(填写诱导发音部位和发音方式的方法): 舌后部运动训练器法			
序号	结果记录	错误类型	
		发音部位	发音方式
1	正确	√	√
2	正确	√	√
3	正确	√	√
4	错误	×	√
正确率	75.00%		
康复师:×× ×			

　　2. 音位习得　通过大量的练习材料巩固发音,将诱导出的音位进行类化,使患者不仅仅能发出目标音位的呼读音或者一至两个含有该目标音位的单音节,而且能够发出更多有意义的声韵组合,这些声韵组合包括单音节词／目标音位＋单韵母／,／目标音位＋复韵母／,／目标音位＋鼻韵母／;除了能够发出所有的单音节外,治疗师需要变换目标音位所在的位置,可以在双音节(前)、双音节(后)、三音

节(前)、三音节(中)和三音节(后),使目标音位位于任意位置时,患者都能够正确地发出(图2-2-20)。

图 2-2-19　音位诱导实时监控示例

图 2-2-20　音位习得示例

此外,可以通过语音自反馈进行训练。若患者存在语速或语调的问题,则可通过录制患者的发音音频,然后通过改变该音频的语速和语调,让患者进行模仿,使其不断地趋近于正常范围(图2-2-21)。

图 2-2-21　语音自反馈示例

还可以通过语音支持训练综合提高患者的语速、语调和响度等异常。让患者分别以习惯发音的方式进行发音和改变音调/响度/音节时长/停顿时长来急性发音,针对性改善患者在发音时的时域和频域问题,不断趋近于正常范围(图2-2-22)。

图 2-2-22　语音支持示例

每次音位习得训练结束后,要求患者发目标音,治疗师根据患者的发音评判正确与否。最终在每次训练结束后得到音位习得的实时监控,查看患者本次训练的正确率,方便患者及其家属了解康复进展,并为后续调整康复计划提供依据(图2-2-23)。实时监控表格可通过"打印输出"给患者及其家属,也可点击"导出数据/提交",将实时监控表格保存到康复师的电子档案中(表2-2-4)。

图 2-2-23　音位习得实时监控

3. 音位对比训练　在音位对选择界面中央呈现的是 25 对常用音位对,其中,绿色线条两端的声母呈紫色,代表此音位对当前可选,其他呈现灰色的线条及其两端的声母是不可激活的(图2-2-24)。

(1)听说对比:音位对比训练是将容易混淆的一对声母(最小音位对)提取出来进行的专门的强化训练,用来进一步巩固新习得的声母音位。首先采用听觉指认的方式进行听觉识别训练,确保患者从听觉上能正确识别某一音位对,尤其是对于听障儿童,听觉识别训练是音位对比的训练重点;其次采用模仿复述的方式进行音位对比训练,帮助患者区分某一音位对中两个音位在发音部分和方式等方面的不同并准确构音。这些都是传统治疗，另外还可以借助现代化技术进行实时反馈治疗，增强训练的趣味性和有效性，见图2-2-25。

表2-2-4　音位习得实时监控表

构音治疗实时监控表								
音位习得								
用户姓名	丁××		训练日期		2021-12-28			
训练音位	/g/							
训练项目(根据训练情况进行勾选)： □ 与语音支持(停顿起音训练)结合进行起音实时反馈训练 □ 与语音支持(音节时长训练)结合进行声时实时反馈训练 □ 与语音支持(音调、响度变化训练)结合进行音调、响度实时反馈训练 □ 语音自反馈 - 变调 □ 语音自反馈 - 变速								
训练词	目标音	评判结果				音调 变化率	音节时长 变化率	停顿起音 变化率
		正确	遗漏	歪曲	替代			
哥	g	√				41.23%	46.30%	0.00%
鸽子	g	√				0.00%	0.00%	0.00%
割草机	g	√				0.00%	0.00%	0.00%
唱歌	g				（d）	0.00%	0.00%	0.00%
正确率：		75.00%						
康复师：×××								

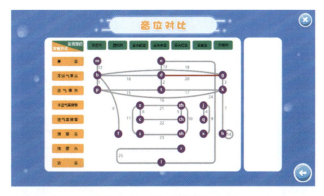

图2-2-24　25对常用音位对

图 2-2-25 听说对比示例

A.听觉识别 B.言语对比

（2）听说对比和重读治疗相结合：以音位对 /d-g/ 为例，结合行板节奏一进行 /dɑ-DA-DA-DA/ 的言语视听反馈训练，通过音位对的轮替来巩固目标音位的掌握，同时为连续语音的流畅自然奠定基础（图 2-2-26）。

图 2-2-26 听说对比和重读治疗相结合示例

每次音位对比训练结束后，要求患者发两个容易混淆的目标音，治疗师根据患者的发音评判正确与否。最终在每次训练结束后得到音位对比的实时监控，查看患者本次训练的正确率，方便患者及其家属了解康复进展，并为后续调整康复计划提供依据（图 2-2-27）。实时监控表格可通过"打印输出"给患者及其家属，也可点击"导出数据 / 提交"，将实时监控表格保存到康复师的电子档案中（表 2-2-5）。

图 2-2-27 音位对比实时监控

表 2-2-5 音位对比实时监控表

构音治疗实时监控表				
音位对比				
用户姓名	丁 × ×	训练日期	2021-12-28	
训练音位	/d/-/g/	音位特征	C8-20	训练方式	言语构音
训练项目(根据训练情况进行勾选): □ 音位对的听觉识别训练 □ 音位对比训练 □ 结合行板节奏——进行言语视听反馈训练				
训练词	目标音位对	评判结果	得分	
赌 / 鼓	d/g	赌:√ 鼓:√	1	
刀 / 高	d/g	刀:√ 高:×	0	
正确率		50.00%		
康复师:× × ×				

4. 口部运动治疗 根据患者情况选择相应的模块。若患者无法进行自主运动、自我控制能力较低或口部运动问题较严重,首先选择"被动治疗",由康复师利用针对性的手法和工具进行治疗。"被动治疗"模块中,有下颌、唇、舌的被动治疗文字说明并配有录像帮助康复师理解和学习。被动治疗法应尽可能向自主运动治疗法过渡。

口部运动治疗可与构音音位治疗相结合,即口部运动治疗服务于构音音位治疗。当某些治疗过程中需要使用口部运动治疗的方法,则可灵活地进行选择和运用。如患者存在舌后位发音不良的问题,则可使用后位音法、大半开位控制法(图 2-2-28)、舌后部运动训练器法(图 2-2-29)等进行训练,训练过程中可通过观看动画讲解、视频讲解或文字介绍来帮助治疗师更好地完成训练。

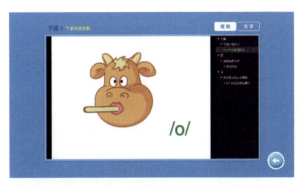

图 2-2-28 大半开位控制法示例

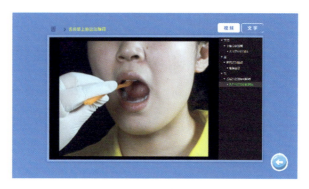

图 2-2-29 舌后部运动训练器法示例

5. 构音运动治疗 根据患者的情况选择合适的模块进行训练。如选择"下颌韵母练习"中的"上位练习",进入下颌上位韵母构音运动治疗界面(图 2-2-30);选择"唇韵母练习"中的"圆唇训练"进入圆唇韵母构音运动治疗界面(图 2-2-31);选择"舌声母练习"中的"舌后部上抬训练"进入舌后位声母构音运动治疗界面(图 2-2-32)。下颌、唇、舌的位置决定了每个构音的生理和声学特征。构音运动的重读治疗的作用是促进下颌上位构音运动,提高上位控制能力;促进下颌下位构音运动,提高下位控制能力;促进舌向前的构音运动,提高舌向前控制能力,可采用慢板节奏二和行板节奏一的训练节奏来进行。

图 2-2-30 下颌上位韵母构音运动治疗界面

图 2-2-31 圆唇韵母构音运动治疗界面

图 2-2-32　舌后位声母构音运动治疗界面

三、语音功能康复的临床实训

【主要实验】

1. 语音巩固能力训练。
2. 语音重复能力训练。
3. 语音切换能力训练。
4. 语音轮替能力训练。

【实验仪器】

语音障碍测量与康复训练仪是考察和提高患者的连续语音能力的系统,该系统以特定的场景中词语作为铺垫,以问答的形式完成的连续语音,该系统为完成从言语听觉到语言能力的过渡起到很大的作用。其基本功能包括语音功能的主观评估、客观评估与语音功能训练三大部分。语音功能训练的主要功能在于提高患者音调的变化能力主要包括超音段音位训练和音段音位训练两部分。超音段音位训练主要包括升调训练、降调训练和升降调训练,主要使用简单的提问与回答方式进行。音段音位训练主要包括语音巩固、语音重复、语音切换、语音轮替、综合运用等五个部分(图 2-2-33)。

图 2-2-33　语音障碍测量与康复训练仪

【实验步骤】

1. 语音重复　根据患者声母构音能力,选择相应阶段的声母进行语音训练。根据患者声母构音能力,选择相应阶段的声母进行语音重复训练。语音重复阶段有 3 种训练形式——"听一听""说一说"和"练一练"。"听一听"为词语训练，每个词语所有音节的声母均为此目标声母。以声母 /g/ 为例，词语如"挂钩""公公"（重复声母 /g/ ）等（图 2-2-34 ）。

图 2-2-34　声母 /g/ 的语音重复训练

　　"说一说"为句子训练，每个声母设计了两个陈述句。点击"问号 1"可以听到关于本图片的第一个问题，同时图片会将问题无关的部分处理成灰色，点击"回答1"，系统播放答案。"说一说"中的图片上方有录音、判分等功能，系统能自动算出患者每个声母的字清晰度、句清晰度以及连续语音清晰度，并能在同一界面的"成绩板"中看成绩（图 2-2-35 ）。

图 2-2-35　语音重复句子示例

　　2. 语音切换　该阶段需要先选择目标音位对，然后呈现有 3 种训练形式，分别是"听一听""说一说"和"练一练"。"听一听"为词语训练，操作与上一个模块相同，选择含有最小声母音位对的词语进行朗读（图 2-2-36 ）。

　　"说一说"为句子训练，每个音位对编制了 4 组对话，以问答的形式完成。点击"问号 1"可以听到关于本图片的第一个问题，同时图片会将问题无关的部分处理成灰色，点击"回答 1"，系统播放答案。"说一说"中的图片上方有录音、判分等功能，系统能自动算出患者每个声母的字清晰度、句清晰度以及连续语音清晰度，并能在同一界面的"成绩板"中查看成绩（图 2-2-37 ）。

图 2-2-36 语音切换词语示例

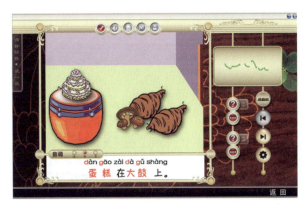

图 2-2-37 语音切换句子示例

3. 语音轮替 该阶段有 2 种训练形式——"说一说"和"练一练"。包含大量句子,旨在提升患者在同一发音部位、不同发音方式声母(如唇声母 b/p/m/f)或同一发音方式、不同发音部位声母(如鼻音 m/n)间轮替发音的能力。以唇声母组合 b/p/m/f 为例,"爸爸买泡芙"中"爸买泡芙"的声母按 b/m/p/f 的顺序进行轮替,"妈妈在泡方便面"中"泡方便面"的声母按 p/f/b/m 的顺序实现了轮替。语音轮替共 12 个声母组合(图 2-2-38)。

图 2-2-38 语音轮替句子示例

四、重读治疗法的临床实训

【主要实验】

1. 慢板课程训练。

2. 行板课程训练。

【实验仪器及用品用具】

言语重读干预仪是基于语音信号处理技术、快速傅里叶变换技术、实时语音反馈技术开发,用于言语韵律障碍的测量评估,提供言语韵律训练、言语重读干预。言语重读干预软件主要针对能重音、重读、语调、节奏等方面存在问题的言语韵律障碍患者,表现为说话断续、不流畅,停顿不当,语调单一,问句等无语气等。其主要核心在于为患者设置了多种类型的课程,以便根据实际需要选择最适合的课程进行重读训练(图 2-2-39)。

图 2-2-39　言语重读干预仪软件界面

【实验原理】

言语韵律障碍是指患者能听会说,但是重音、重读、语调、节奏等方面存在问题。如:说话断续、不流畅,停顿不当,语调单一,问句等无语气等。重读治疗法主要由慢板节奏训练、行板节奏训练和快板节奏训练 3 个部分组成(表 2-2-6)。

表 2-2-6　重读治疗法的组成

	目的	发音方式	适应证
慢板	生理呼吸到言语呼吸的过渡	低音调,气息声	发音功能亢进
行板	强调正常言语呼吸	响亮、正常发音	发音功能低下
快板	提高呼吸、发声和构音系统的灵活性以及三者整体协调性	需较长吸气,发音等长等重	更高要求的会话

1. 慢板节奏训练　慢板节奏有助于建立正确的平静呼吸方式,促进相关呼吸肌群与发声肌群功能之间的协调,促进平静呼吸到言语呼吸的过渡。所有慢板节奏的训练都采用低音调,采用气息音发声,促进声带放松,提供了最佳的伯努利效

应,使声带边缘周围的黏膜不受损伤,获得柔和的发音质量。对于发声功能亢进的病人,主要采用柔和、低音调、气息声般的发声,即慢板节奏训练。慢板节奏训练采用慢拍,为四分之三拍华尔兹节奏,每个小节有三拍,一次完整的慢板节奏训练应持续 6 秒钟,其中三秒钟为吸气,三秒钟为发音,成人的节奏每分钟 58 拍左右,儿童可稍快(62 拍),老年人可稍慢(54 拍)。慢板节奏训练又分为慢板节奏一、慢板节奏二和慢板节奏三等三种类型。

2. 行板节奏训练　行板节奏训练能使相关肌群达到最佳状态,使相关肌群具有最大的灵活性和最好的弹性。对于发声功能低下的患者,主要进行响亮、无气息声的发声,采用行板节奏训练。行板节奏训练采用的是进行曲节奏,每小节四拍,对于成年人最自然的节律是每分钟 70 拍左右,最初用于基本训练。当患者掌握了技巧后,节律可以适当增加。对儿童的训练,节奏可以稍快(76拍),而对老年人的训练节奏应相对慢一些(64 拍),行板节奏训练又分为四个部分。

3. 快板节奏训练　快板节奏训练比行板节奏训练的速度稍快,类似于"跑步",它的训练目的是提高呼吸、发声和构音系统的灵活性以及三者之间良好的协调性。进行快板节奏训练时,必须做足够的深吸气,以维持较长的发音。快板节奏训练对成年人的训练节奏,大约为每分钟 88 拍。对儿童的训练,节奏可以稍快(94 拍),而对老年人的训练节奏应相对慢一些(82 拍)。快板节奏训练分为两个部分,其中快板节奏一训练最为重要。

【实验步骤】

此处一共有音乐干预、重读治疗、言语技能训练和样板课程 4 大板块的内容供选择。

1. 慢板课程训练学习　点击"教程",选择"重读治疗法教程"。在重读治疗法教程中,点击"慢板",选择慢板节奏型,可对系统提供的节奏型示例进行学习;或者选择"韵母"下的"慢板"节奏,可以根据韵母的不同发音特点,进行更有针对性的韵母训练(图 2-2-40)。

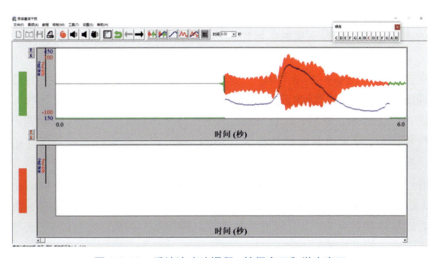

图 2-2-40　重读治疗法课程 - 教师窗口和学生窗口

点击"教程",选择"样板教程"。选择教师窗口,可以录制教师的发音或者学生在训练过程中发音较好的言语材料(注意此时应重新设置教师窗口参数),可将上述声音保存到系统默认的路径,作为样板课程以备后用。然后,要求患者模仿样板课程中的录音,在学生窗口录制并保存患者的声音。

通过实时训练的项目设置,可以在教师窗口和学生窗口中选择不同的呈现形式,以便更有针对性地进行训练。还可以选择"工具"下的"统计报告",查看治疗师和患者的具体参数分析(图2-2-41),以直观地进行比较。

图 2-2-41 具体参数分析

2. 行板课程训练学习 点击"教程",选择"音乐干预教程"。根据患者训练需要,在音乐干预课程中,选择相应的乐器和节奏。此项训练可用来进行变调训练,也可用以提高患者对训练的兴趣。操作基本同前。

点击"教程",选择"重读治疗法教程"。在重读治疗法教程中,点击"介绍"部分的"行板",选择行板节奏型可对系统提供的节奏型示例进行学习;在"韵母"部分的"行板"中,可以根据韵母的不同发音特点,进行更有针对性的韵母训练;在"声母"部分,可根据患者所处的声母习得阶段,选择相应的内容进行更有针对性的声母训练。训练过程中,可以在"学生窗口"录制患者的声音。操作基本同前。

点击"课程",选择"样板课程"。选择教师窗口,可以录制教师的发音或者学生在训练过程中发音较好的言语材料(注意此时应重新设置教师窗口参数),作为样板课程以备后用。然后,点击"样板"中的"打开样板文件",就可以找到之前保存的样板课程,要求患者模仿样板课程中的录音,在学生窗口录制并保存患者的声音。操作基本同前。

通过实时训练的项目设置,可以在教师窗口和学生窗口中选择不同的呈现形式,以更有针对性地进行训练。还可以选择"工具"下的"统计报告",查看治疗师和患者的具体参数分析,以直观地进行比较。操作基本同前。

第三节 言语障碍康复案例分析

一、脑卒中后言语障碍的康复案例分析

学习目的

通过本案例的学习,加深对脑卒中后言语障碍的评定与康复治疗技术的理解,启发临床思路。

学习要点

脑卒中后言语障碍的临床表现、评定方法、康复治疗方法以及动态评价言语治疗的效果。

陈某,男性,1958 年 6 月生。2010 年 8 月 5 日行甲状腺手术(右甲状腺叶全切、峡部切除),1 个月后出现口齿不清、吞咽困难,且无明显诱因出现该症状。2011 年 4 月 7 日上海 A 医院放射科诊断为双侧放射冠区皮层下多发腔隙灶。2011 年 4 月 11 日检查,双侧声带未见明显异常。2011 年 4 月 19 日经脑干诱发电位检查未见明显异常,脑 MRI 检查发现双侧半卵圆中心少许小缺血灶,双侧三叉神经、面神经、听神经未见异常。2011 年 8 月 3 日因言语不清,来到上海 B 医院言语障碍专科门诊接受康复治疗。

1. 陈某的言语障碍有哪些具体的临床表现?

    A. 呼吸方式异常

    B. 呼吸支持能力不足

    C. 呼吸与发声不协调

    D. 声音的音调、响度异常

    E. 嗓音音质异常(嘶哑声、粗糙声、气息声)

    F. 口腔共鸣障碍

    G. 鼻腔共鸣障碍

    H. 构音运动不协调

    I. 构音不清晰

    J. 言语缺乏韵律感

解析: 分析陈某的病史,首先了解其言语障碍可能与脑部小缺血灶有关。通过与陈某交谈,发现其认知功能正常,无失语症表现,即听、阅读、书写均正常。陈某的主要症状是说话费力,胸式呼吸明显,说话时头颈部习惯性前伸,同时伴耸肩运动,构音清晰度不高,句长较短,一字一顿,伴随鼻漏气,且鼻音化现象严重,但声调无明显异常。这说明其存在一定的言语呼吸、呼吸与发声不协调以及构音问题。

2. 陈某应接受哪些相关的言语功能检查?

    A. 呼吸功能检查(呼吸方式、呼吸支持能力、呼吸与发声的协调性)

    B. 发声功能检查(音调、响度、嗓音音质检查)

C.共鸣功能检查(口腔共鸣功能、鼻腔共鸣功能)

D.构音功能检查(构音器官结构及口部运动功能检查、构音语音能力评估)

解析:根据陈某的主诉及言语症状,可能存在呼吸方式异常、呼吸支持能力不足、呼吸与发声不协调的问题,发声方面其音质可能存在问题,共鸣方面可能存在后位或喉位聚焦及鼻音功能亢进的问题;其构音器官方面可能存在软腭功能障碍及口咽腔感知觉及运动障碍等;其构音语音方面可能存在音位扭曲与遗漏的问题。如何证实这些问题的存在呢?接下来我们给陈某做一些相关的检查,如口腔功能检查(下颌、唇、舌、软腭运动等);呼吸、发声、共鸣方面的声学测量,以检查其言语的整体功能;构音语音能力评定,以检查其汉语音位的损失情况。结果如下:

(1)呼吸功能检查

1)呼吸方式检查:观察陈某自然状态下的呼吸状况,发现其生理及言语状况下的呼吸方式均为明显的胸式呼吸方式。

2)最长声时、最大数数能力测量:使用言语障碍测量仪测出,陈某的最长声时为 15s,最大数数能力为 9.181s,低于同年龄同性别水平的标准值。这说明他的呼吸支持能力基本较弱,呼吸与发声的协调性存在问题。

(2)发声功能检查

1)言语基频、强度测量:使用言语障碍测量仪测出,陈某的平均言语基频为 152.08Hz,基频标准差为 10.45Hz;平均言语强度为 60.03dB,强度标准差为 15.29dB。这说明他的音调、响度水平基本正常。

2)嗓音音质的声学及电声门图测量:使用喉功能检测仪进行声学及电声门图测量,让陈某舒适、响亮地发 /æ/ 音。结果见表 2-3-1。

表 2-3-1 陈某嗓音音质客观测量结果记录表

尽可能响地发 /æ/ 音,类似英文发音			听感评估
嗓音基频(F_0)/Hz	基频标准差(F_0SD)/Hz	频段能量集中率(E_c)	是否嗓音误用
117.05	1.34	28.48%	否
基频微扰	幅度微扰	声门噪声(NNE)/dB	是否嗓音滥用
0.18%	1.06%	−12.59	是
粗糙声(R)	嘶哑声(H)	气息声(B)	是否嗓音漏气
0	0	0	是
声带接触率(CQ)	声带接触幂(CI)	声门闭合程度	是否挤压喉咙
59.08%	−0.53%	0	否
声带接触率微扰(CQP)	声带接触幂微扰(CIP)	声带振动规律性	是否声带振动失调
2.19%	10.86%	2	否

这说明陈某的嗓音音质状况尚可,不存在嘶哑声、气息声、粗糙声,声带的闭合能力尚可,但声带振动的规律性较差(图 2-3-1)。

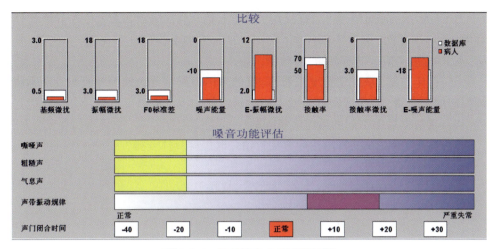

图 2-3-1 陈某嗓音客观测量结果

（3）共鸣功能检查

1）口腔共鸣功能测量：利用言语障碍测量仪对陈某进行 /a/、/i/、/u/ 的第一、第二共振峰测量，结果见表 2-3-2。从表可知，陈某 /i/ 的 F_2 值小于参考标准，说明其存在一定程度的后位聚集问题。

表 2-3-2 陈某口腔共鸣功能客观测量结果记录表

			听感评估
询问发 /i/ 时是否存在后位聚焦，如是进入测试	/i/ 共振峰频率（F_2）/Hz	/i/ 共振峰幅度（A_2）	后聚、严重吗
	2 376.24	18.59	是、否
询问发 /u/ 时是否存在前位聚焦，如是进入测试	/u/ 共振峰频率（F_2）/Hz	/u/ 共振峰幅度（A_2）	前聚、严重吗
	579.21	50.14	否
	共振峰频率扰动 $F_2 f$/i/	共振峰幅度扰动 $A_2 f$/i/	刺耳、严重吗
			否

对陈某进行鼻腔共鸣功能的检查，让其发音，比较捏鼻和不捏鼻时的听感知，结果存在异常。

再检查陈某的软腭功能，发现其软腭形态和结构正常，但软腭上抬运动不灵活、幅度小，发 /a/ 时软腭上抬幅度不足。

2）鼻流量测量：使用鼻音测量与训练仪对陈某言语时的鼻流量进行测量，结果发现说句子"我和爸爸吃西瓜"时，鼻流量值为 81.7%，这说明他存在严重的鼻音功能亢进。

（4）构音功能检查：对患者的构音器官结构与运动功能进行主观评估。

1）下颌：患者下颌打开不灵活、不充分，伴随面部及颈肩部的代偿运动，发 /a/ 时，下颌打开不灵活、不充分，伴随面部及颈肩部的代偿运动。

2）唇部：唇能闭合，但不灵活，圆、展运动不灵活、不充分，有代偿，发 /u/、/i/ 时，圆唇、展唇不灵活、不充分，有代偿。

3）舌部：舌前伸幅度小，有代偿，不能上抬，左右运动幅度小，有下颌代偿现象，舌可洗牙面，但有头部代偿；发 /d/、/t/ 时舌尖上抬运动不灵活，有代偿；发 /g/、/k/ 时舌根上抬运动不灵活，有代偿。

（5）评定总结：从评定情况来看，陈某的言语障碍主要表现为呼吸与发声不协调引起的发音费力、构音器官运动功能障碍引起的构音清晰度下降及鼻音功能亢进，以及舌过度后缩引起的后位聚焦问题。

3. 陈某应接受哪些言语治疗方法？治疗时怎样具体安排？

　　A.颈喉部推拿

　　B.构音器官功能训练（下颌、唇、舌、软腭）

　　C.呼吸训练

　　D."发声放松训练"

　　E."哈欠 - 叹息法"

　　F.提高音调、增加音调变化的训练

　　G.增加响度训练

　　H.减少鼻音训练

　　I."口腔共鸣法"

　　J."胸腔共鸣法""头腔共鸣法"

解析：从检查结果看，陈某的核心问题是构音器官运动不协调，软腭运动功能障碍以及呼吸与发声不协调，且其呼吸与发声不协调更多为构音器官运动不协调引起的发音紧张所致。因此，其治疗可分为 2 个阶段，首先应改善其呼吸与发声的协调性，缓解其发声时的紧张，让其获得一种轻松省力的发声方式；在此基础上，再对其进行构音器官的功能恢复训练，以及鼻音功能亢进的治疗。

（1）第一阶段：呼吸与发声协调性训练。

目的：缓解其紧张的发声方式，建立一种呼吸与发声相互协调、轻松的发声方式。具体的治疗方法如下：

1）颈喉部推拿：点揉陈某的廉泉、人迎、水突、天突诸穴，分推舌骨后揉按舌骨大角，拿捏喉部，推颈前部三侧线，拿胸锁乳突肌，以放松其喉部肌群，增加腺体分泌。

2）呼吸训练：首先进行"生理腹式呼吸训练"（图 2-3-2），将陈某的胸式呼吸改变为腹式呼吸，让其学会通过控制腹部的收缩来控制呼吸。

图 2-3-2　生理腹式呼吸
A.仰卧位训练 - 闭目静心　　B.仰卧位训练 - 腹部感觉

3）发声的放松训练：包括"发声放松训练"（图 2-3-3）及"哈欠 - 叹息法（图 2-3-4）。前者主要包括颈部放松操及声带放松训练，其目的是让陈某因不正确的发声方式而变得紧张的喉内外肌群得到放松。后者主要通过以夸张的打哈欠并且在呼气时叹息发音的方式，让其体会并逐渐获得一种放松、舒适的发声方式。通过发声的放松训练，可逐渐消除其发声时的紧张状态，其因紧张而导致的一些代偿运动（如耸肩、咧嘴、挤眼等）也会随之消失。

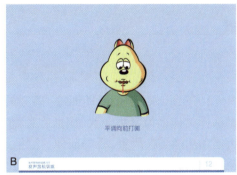

图 2-3-3 发声放松训练
A.颈部放松训练 - 颈部向前运动 B.声带放松训练 - 平调向前打嘟

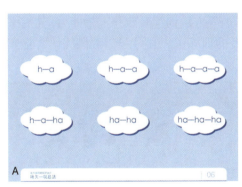

图 2-3-4 哈欠 - 叹息法
A.哈欠叹息时发无意义音 B.哈欠叹息时发单音节词

4）呼吸与发声协调性的训练：包括停顿换气训练、逐字增加句长法（图 2-3-5）。当陈某的呼吸方式及发声紧张的状态都得到改善后，可进行此类训练。通过让其练习言语时有控制地换气，来改善呼吸与发声的协调性，建立一种轻松自然的言语方式。

此阶段其构音器官的功能训练可让其在家自行进行，如下颌、唇、舌、软腭的各种运动，言语语言康复师给予监控和指导。

（2）第二阶段：构音器官的功能恢复训练、鼻音功能亢进治疗。

目的是尽可能恢复受损的构音器官的功能，改善其鼻音功能亢进的问题。治疗方法如下：

图 2-3-5　逐字增加句长法
A.跟读句子　　B.快速跟读句子

1）下颌、唇、舌的运动训练：陈某的下颌、唇的运动功能相对较好，其幅度及灵活性欠佳多为紧张导致，因此在协助其进行正确运动后，很快好转。而陈某的舌运动功能受损严重，舌的前伸、上抬、下降、左右运动能力均极差，平躺时，舌甚至后缩而影响呼吸。因此，主要对其进行舌的各方面运动训练。训练时主要采用按摩刷增加其舌部感知觉，以及使用相应的舌运动训练器进行舌肌肌力及舌运动训练。

2）鼻音功能亢进的治疗：包括软腭运动功能的训练，减少鼻音训练、"口腔共鸣法"（图 2-3-6）。采用倒吸气、鼓腮、吹蜡烛等方法训练其软腭上抬能力；然后采用推掌法、用力搬椅法等对其进行减少鼻音的训练；还可采用"口腔共鸣法"，让其增强口腔共鸣，减少鼻音亢进现象。

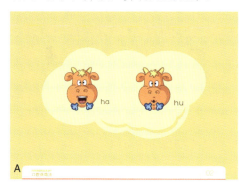

图 2-3-6　口腔共鸣法
A.动作要领学习　　B.单音节词的口腔共鸣训练

4. 采用哪些指标最能反映陈某的言语治疗效果？

  A.纤维/电子喉镜检查　　　　　B.最长声时
  C.最大数数能力　　　　　　　D.电声门图参数
  E.鼻流量值　　　　　　　　　F.构音器官运动功能
  G.口腔轮替运动速率　　　　　H.构音语音能力

解析：陈某的核心问题是呼吸与发声不协调、鼻音功能亢进及构音器官运动不协调；治疗前评估其最大数数能力、鼻流量值、口腔轮替运动速率也均低于参考标准值,因此,可主要采用以上3个客观参数来对其治疗效果进行监控。而构音器官运动功能检查为主观评定,临床上其分级易受主观影响,并不适合作为监控指标;构音语音能力虽然能给出构音清晰度得分,是一个量化的评估指标,但其治疗前得分尚可,音位损失并不严重,因此,在此不选用该指标进行监控。

在治疗3个月后(每周2次,每次30min),对陈某再次进行评定,主要测量其最大数数能力、口腔轮替运动速率及鼻流量值,与治疗前相比较,结果见下表(表2-3-3)。

表2-3-3 治疗效果的监控

监控指标		治疗前	治疗后
最大数数能力 /s		9.181	14.21
口腔轮替运动速率/ 次·4s^{-1}	/pa/	6	14
	/ta/	6	12
	/ka/	6	13
	/pata/	2	3
	/paka/	3	5
	/taka/	2	4
	/pataka/	1	4
鼻流量值 /%	我和爸爸吃西瓜	81.7	30.3

治疗前后对比显示,陈某的各项监控指标都有了一定程度的改善,但部分指标仍未达到正常值,说明对此个案采用的治疗方法是有效的,但还需继续进行相关治疗。

学习小结

从陈某的致病原因来看,其为脑卒中后遗症,脑损伤部位为双侧半卵圆中心。半卵圆中心是脑白质的核心,若经胼胝体背侧作水平切面,可见脑白质呈半卵圆形,故称为半卵圆中心,白质由此放射投向各脑回。半卵圆中心的血管解剖特点使其极易发生缺血性损伤,如脑卒中,该部位也是引起言语构音障碍的脑梗死常见部位,对脑梗死部位与构音障碍关系的分析中,放射冠及半卵圆中心损伤占11.92%。陈某病变部位在大脑,症状在口咽部,其言语异常可能主要是上运动神经元受损后,言语构音肌群的肌张力提高及肌力减退所致,具体表现为构音器官运动幅度及灵活性的降低。

陈某表现的痉挛性构音障碍是一种中枢性运动障碍,其病因可能为脑血管病、假性延髓麻痹、脑瘫、脑外伤、脑肿瘤、多发性硬化等,其临床症状主要为:自主运动出现异常模式,伴有其他异常运动,肌张力增强、反射亢进等,言语表现为说话费力、音拖长,不自然中断,音调、音量急剧变化,有粗糙音、费力音、鼻音过重、元音和辅音错误等。由此可见,痉挛型构音障碍存在的言语问题可能为呼吸与发声不协调、音调异常、响度异常、音质异常、鼻音功能亢进以及构音运动不协调和构音语音障碍。而本例个案由于脑缺血症状较轻,其言语障碍并不严重,较典型和突出的问题是呼吸与发声不协调、鼻音功能亢进及构音运动协调性不足。

对存在言语障碍个案的治疗通常遵循基础训练→针对训练的思路进行,本例也如此。由于陈某病程较长,除构音器官的功能障碍外,还形成了一些不良的发声习惯,因此,我们的治疗分2个阶段进行。在第一阶段,主要为基础训练,治疗重点集中在增强其呼吸与发声的协调性,建立放松的发声方式上,首先消除其由于发声、构音器官功能受损而出现的发声紧张、不协调现象及不必要的代偿运动,力图让其能够逐渐较为正常、舒适地发音。此阶段治疗后,陈某说话费力的现象得到了很大好转,其治疗信心也得到增强。在第二阶段,主要为针对训练,着重其构音器官的功能恢复和消除鼻音功能亢进现象。由于陈某病程较长,其构音器官的功能恢复较缓慢,但也有一定好转。总体来说,本例的治疗思路是正确的,治疗方法也是有效的。本案例中,个案从发病到开始接受言语康复治疗间隔11个月,导致其形成了多种不良发声习惯,其构音功能恢复也较慢,因此,此类言语障碍的康复应尽早进行。

二、脑瘫儿童言语障碍的康复案例分析

—————— **学习目的** ——————

通过学习脑瘫儿童的言语康复案例,阐明脑瘫儿童言语障碍的临床表现、评估与治疗等理论知识,扩充实践技能。

—————— **学习要点** ——————

脑瘫儿童的言语障碍临床表现、言语评定项目、言语治疗手段以及实时监控言语治疗的效果。

李某,男童,2007年3月28日出生。母亲妊娠期身体健康状况良好,分娩方式为头手复合位。李某出生时3.5kg,产程不顺利,出现窒息。25个月可坐,30个月可爬,38个月可站,49个月可走,至今仍不能自行吃饭、穿衣服、上厕所。家人描述,李某3岁之前无言语,日常与其沟通时主要依靠手势。2岁时曾在上海A医院诊断为手足徐动型脑瘫,遂至各种专业机构进行康复训练。2010年3月,家长就其言语-语言问题至上海B医院康复科检查,语言理解能力属于正常范围,诊断为重度构音障碍,建议其长期接受言语康复训练。目前李某可说4个字,言语表达不清晰,说话不连贯,咀嚼、吸吮等存在困难,于2011年8月再次来康复科接受言语康复治疗。无过敏史,有手术史(2008年底在上海C医院接受神经干细胞移植手术)。

1. 李某的运动障碍有哪些?

    A. 全身性的不自主运动,以上肢为重

    B. 肌张力呈铅管状或齿轮状增高

    C. 被动运动时有折刀样肌张力增高

    D. 非对称性姿势

    E. 运动时肌张力变化,安静时变化消失

    F. 肌张力低下,四肢软瘫,自主运动少

解析：新生儿通过身体运动，面部表情，啼哭等发出声音来表达需求。4 个月的婴儿趴着的时候会更容易发出唇音。6 个月时，儿童开始坐起和咀嚼，唇音和舌音也开始发育，节律也会越来越频繁，并形成音节链。8 个月时，音节链演变成单音节和双音节，且音调和音量开始逐渐增多。1 岁时，发音和姿势则相伴随行，形成了婴儿语言。儿童言语发育阶段的特点表明言语的发育来自于运动以及人类的交往接触。因此，当儿童患有运动障碍时，他的言语器官（呼吸、发声和构音）也时常会受累，导致产生一定程度的言语障碍。

手足徐动型脑瘫儿童主要表现为肌张力变化不固定，常在过低和过高之间波动，为变形性肌张力增高，其运动意愿与运动结果不一致，且这种与意图相反的不随意运动会扩延至全身动作。当颈部出现不随意运动及紧张性颈反射时，会出现膈肌运动不协调，导致节律的呼吸运动受到抑制，产生心律和呼吸运动的异常，形成严重的呼吸障碍。除此之外，手足徐动型脑瘫儿童的面颊肌也有不同程度的运动障碍，因此其常出现张口、伸舌、流涎的症状，同时影响到言语的发展。

2. 李某的言语障碍主要有哪些具体的临床表现？
　　A.严重歪曲和错误性发音
　　B.语调单一或偏低，语音低
　　C.语速过快
　　D.发音费力、语流短促、断续
　　E.唇舌运动异常
　　F.说话时出现过度夸张的面部表情，如"做鬼脸"

解析：李某讲话不连贯，响度听感偏低，是其言语呼吸异常所致；语调单一或偏低，主要表现为发声功能低下；唇、舌及下颌等构音器官运动功能异常，则会直接影响吸吮、咀嚼运动，阻碍言语运动的发育，致使李某言语表达不清晰。但其言语障碍的性质和程度还需通过量化评估才可得知。

3. 李某需要哪些言语功能评估？
　　A.呼吸功能评定
　　B.构音评估
　　C.口面部器官的结构和运动功能检查
　　D.音调和响度测量
　　E.口腔共鸣功能评估
　　F.语用评估

解析：影响整体言语清晰度的问题包括：呼吸、发声、共鸣和构音，因此需要对李某的言语功能进行逐一检查，确认其主要问题。评定结果如下：

（1）呼吸：气流不平稳，呼吸模式不协调（胸腹联动式），使用言语障碍测量仪测得最长声时 4s，最大数数能力 4s。

（2）发声：使用言语障碍测量仪测得基频为 272.57Hz（↓），响度为 55.65dB（↓）。

（3）共鸣：使用言语障碍测量仪测得 F_2/i/ 为 3 094Hz，F_2/u/3 930Hz（↑）。

（4）构音：采用了黄昭鸣-韩知娟词表进行测定。

1）整体构音清晰度：43%。

2）未习得音位：/d/、/t/、/l/、/k/、/j/、/q/、/x/、/zh/、/ch/、/sh/、/z/、/c/、/r/、/s/，一声与三声。

3）未习得音位对：①送气塞擦音与不送气塞擦音，j/q、zh/ch、z/c、k/g；②塞擦音与擦音，j/x、zh/sh、z/s；③不同构音部位的送气塞音，p/t、p/k；④鼻韵母与无鼻韵母，in/i、ing/i；⑤舌尖中音与舌根音，d/g；⑥声调对比，一声与三声。

（5）口部运动功能：李某各构音器官结构均正常。口腔张开时，下颌向右伸展；存在咀嚼障碍；可做噘嘴的动作，不能做收缩单侧和双侧嘴角的动作；可将上下唇贴近，但费力；不能伸舌，不能将舌向左或右运动，不能上抬和交替运动；臼齿内侧咬合，前齿交错咬合；发 /a/ 时悬雍垂运动正常；呕吐反射过度敏感。

4. 针对李某的言语问题，需要采用那些干预手段？

A. 舌运动异常的矫治

B. 呼吸障碍的矫治

C. 舌尖中音构音训练

D. 改变音调训练

E. 控制言语节律与速度训练

F. 改变响度的训练

解析：脑瘫儿童的言语障碍主要缘于中枢性神经受损，因此李某构音器官的肌肉运动力度小、速度慢、范围受限、稳定性差，导致了其发音和咀嚼障碍。治疗时需首先针对这些问题进行矫治。具体治疗方法如下。

（1）生理腹式呼吸训练：脑瘫儿童多存在发声和呼吸协调不良的问题，对脑瘫儿童来说，简单的"吹气"不能纠正由异常呼吸引起的言语问题，反而会让其紧张，使之肌张力增高。而对其进行言语呼吸训练能为言语提供正确的呼吸支持，使发声和呼吸最高效率地协调工作。

生理腹式呼吸训练步骤如下：①李某取仰卧位，在其腹部放置 1 个 1kg 的沙袋，进行平静状态下无意识的腹式呼吸运动；②之后，用语言和手势告诉李某，吸气的时候，肚子瘪进去，呼气的时候肚子用力鼓出来，进行平静状态下有意识的腹式呼吸运动；③呼气时发 /h/ 音，同时指导李某将左手背置于嘴边，感受发声时呼出的气流（图 2-3-7）。待李某可在仰卧位平静状态下进行正确的腹式呼吸时，指导李某再变换体位，如侧卧位、坐位、站立位进行腹式呼吸训练。

（2）提高音调训练：音调是一个抽象概念，不容易被李某理解，当要求李某用较高的或较低的音调说话时，李某常常难以完成任务。因此可利用仪器中的反馈游戏来进行训练，首先评估李某的基本音调，然后将游戏中的物体位置的高度设置为基点，用高度代替音调，并逐步提高物体的位置（即音调）进行训练，李某利用视觉反馈感知并提高自己的音调（图 2-3-8）。

图 2-3-7　仰卧位呼吸训练

图 2-3-8　飞车游戏

A.音调高时,飞车飞得高　B.音调降低,飞车飞得低

（3）增加响度训练:利用仪器对李某进行增加响度的训练。通过各种有趣的实时视听反馈游戏,以现有的响度水平为基点,遵循逐步递进的原则(以每次增加 3dB 为宜),经过多阶段和多步骤的训练来逐步提高响度,最终达到正常的水平（图 2-3-9）。

图 2-3-9　大楼游戏

A.声音响度小,亮灯的楼层少　B.声音响度大,亮灯的楼层多

（4）口面部按摩:李某取仰卧位,治疗师位于李某的头侧,首先按摩穴位,用拇指分别点揉面部两侧地仓、颊车、迎香穴位以及廉泉穴、承浆穴各 50 次。穴位按摩可以激发口腔经络,提高口腔周围肌肉的强度,从而达到防止流涎的效果。其次按摩面部肌肉,大拇指按揉双侧颊肌、咬肌、口轮匝肌,各 2min。

（5）口腔运动训练:下颌做上下运动,锻炼其咬合功能。按摩力度以李某能接受为宜,不应与皮肤产生摩擦,操作过程中力度应保持一致,频率 120~160 次 /min。张莉曾对 78 名手足徐动型脑瘫儿童开展口面部按摩训练,研究发现,通过口腔按摩可使口、唇、舌、下颚的肌肉紧张性增高,无意识的吸吮、吞咽咀嚼等动作减少,有意识的吸吮、吞咽、咀嚼等动作增多,使发声器官功能得到改善。

舌部运动训练包括:①舌的刺激,用压舌板和软毛牙刷对舌面、两侧、下面进行反复的、适当的机械刺激,如擦刷和拍打,帮助李某感受舌内肌的运动;②舌的强化,用压舌板压住舌体、舌尖,令李某主动上抬舌,以达到强化舌内肌的运动;③舌的伸展运动,将舌头尽可能伸出,向下伸展,可用棒棒糖等强化物引导李某,重复数次;④舌尖运动,将舌尖卷到上齿龈外表面,上唇向下用力,坚持 10s,重复数次。

（6）共鸣训练:从共鸣测量数据分析,$/a/F_1$ 数据下降,说明发音时下颌张开幅度过小；/u/F_2 数据升高，说明舌位偏前；治疗方面需要强化下颌的开闭运动、舌的前后运动训练。

（7）构音训练：以李某未习得音位 /d/ 举例说明，待其可以完成上述舌的运动后，要让其尽量长时间保持这些动作，如舌尖抵住上齿龈 10s，随后做无声的构音运动，最后引出呼读音 /d/。从含有 /d/ 的单音节、双音节、三音节过渡到句子训练，如：大、蛋糕、塑料袋。

本阶段疗程为 3 个月，每周 3 次，每次 30min，采用相同设备和评价方法客观评价上一阶段的治疗疗效（表 2-3-4、表 2-3-5）。

表 2-3-4 言语功能评定

项目		治疗前	治疗后
呼吸	呼吸模式	胸腹联动式	腹式呼吸
	最长声时 /s	4	6.8
	最大数数能力 /s	4	5
发声	平均基频 /Hz	272.57 ↓	336.38
	平均响度 /dB	55.65 ↓	61.75 ↓
共鸣	/a/(F_1)/Hz	866 ↓	1 108 ↑
	/a/(F_2)/Hz	1 400 ↓	1 688
	/i/(F_1)/Hz	514	366
	/i/(F_2)/Hz	3 094	2 861
	/u/(F_1)/Hz	336	435
	/u/(F_2)/Hz	3 930 ↑	950
构音	50 个词	43%	62%

表 2-3-5 构音器官运动功能障碍评估

治疗项目	运动功能	治疗前	治疗后
下颌	伸展	偏向右	偏向右
	咀嚼	困难	困难
	收缩嘴角	不能	不能
	双唇相贴交替	尚可，费力	尚可
舌部	伸舌	不能	可伸至下唇
	移动	不能	挣扎，范围小
	舌尖抬至软腭缘	不能	不能
悬雍垂	呕吐反射	过度敏感	接近正常

评估结果显示，经过治疗，李某的异常呼吸模式有了较明显的改善，其呼吸方式由胸腹联动式转变为腹式呼吸，最长声时提高 2.4s，最大数数能力提高 1s；在发

声和共鸣方面,李某也有不同程度的提升;构音方面,李某已能做伸舌至下唇线、抬至齿龈等动作,具备了训练音位 /d/、/t/、/l/ 的基础。但评价结果也显示,李某仍存在响度、音调、构音器官运动异常等问题,且呼吸不平稳,下颌、舌等运动控制欠佳,尚有大量未习得音位,故下一阶段需继续未习得音位如 /j/、/q/、/x/ 的构音训练。

—————— 学习小结 ——————

脑性瘫痪儿童中有 80% 左右都具有不同程度的言语语言障碍,主要表现为运动性言语障碍与语言发育迟缓,我国大量学者研究了脑瘫儿童的语言功能,发现其言语障碍主要是因为神经病变导致与言语活动有关的肌肉麻痹或运动不协调所致。其呼吸运动方式异常,构音器官运动异常,以及口腔中残存的本应随发育而抑制的原始反射,如觅食反射、吸吮反射等,均影响了其言语的清晰度与流畅性。

因此类儿童大脑损伤部位以锥体外系为主,故常有以下临床表现:①难以用意志控制的全身不自主运动,颜面肌肉、发音器官受累,常伴有流涎、咀嚼、吞咽困难、言语障碍等;②可见皱眉、眨眼、张口、颈部肌肉收缩,独特的面部表情;③由于多关节出现过度运动,使姿势难以保持,因而稳定性差。本案例纳入的此例手足徐动型脑瘫儿童也是如此。但另一方面,不同类型的脑瘫儿童又存在不同类型的构音器官运动障碍,其训练重点也应有所不同。不同类型脑瘫儿童的训练重点不同,不随意运动型儿童着重训练控制口腔运动的能力,痉挛型儿童主要是缓解口腔周围肌肉的张力;运动失调型儿童主要训练口腔周围肌肉的协调能力;肌张力低下型儿童主要增强口腔肌肉的肌力。总之,针对脑瘫儿童进行的言语训练个体差异较大,治疗时应进行仔细的评估,对症治疗。另外,对脑瘫儿童的言语语言治疗也是一个长期且艰苦的过程,训练时应注意细化治疗目标,小步递进,逐步达到训练目标。同时,治疗中还应注意与儿童建立良好的关系,设置生动有趣的、贴近日常生活的课程,使儿童在愉快的氛围中学习训练。

三、孤独症儿童言语障碍的康复案例分析

—————— 学习目的 ——————

通过学习孤独症儿童的言语障碍案例,加深对孤独症儿童言语障碍的评定与康复治疗等相关理论知识的理解。

—————— 学习要点 ——————

孤独症儿童言语障碍的临床表现、言语评定、言语康复策略以及言语治疗效果的动态监控。

王某,男童,2006 年 2 月 6 日出生,第一胎,足月剖宫产,出生时体重 3.05kg,无缺氧史、无手术史,既往史(幽门螺杆菌感染)。王某 7 个月可独坐、8 个月可爬、10 个月可站、13 个月可走。家人描述,王某 2 岁之前很难与其建立亲密感,对他人的呼唤不应,无言语,经常有连续蹦跳、来回走的行为,对声音的感觉相对迟钝,认知较同龄水平低。2008 年 4 月,家长带王某至上海 A 医院体检,医生建议对其多动等异常行为问题做相关检查。同年 5 月,在上海 B 医院检查,确诊为孤独症。

遂至上海某医院进行康复治疗，连续治疗 2 年，王某异常行为、认知障碍等有较明显好转。与此同时，家长为改善王某的行为问题，在某机构进行人际关系发展干预（relational development intervention, RDI）课程训练，目前王某已经可以在尽可能少的提示或帮助下，将注意力集中在言语语言康复师的身上。但言语语言交流能力仍存在严重障碍，言语方面仅能模仿简单发音且含糊不清，于 2010 年 6 月 3 日在上海某医院康复科接受言语治疗。

1. 王某的言语障碍有哪些具体的表现症状？

A. 言语单调，缺乏抑扬顿挫

B. 缺乏轻重音的改变

C. 异常的语言流畅性和节律性

D. 口吃

E. 鼻漏气

F. 边音化

解析：家长希望提高王某的言语功能。首次与王某家长谈话，了解到王某主动交流意愿不强，言语交流时发音轻，不清晰，语速很慢，很难听懂，感觉其呼吸较弱，听觉感知上响度偏低，仅能发"啊""嗯"等类似声音，且言语模仿能力也较差；下颌伸展范围受限，舌的运动范围较小。互动游戏过程中，王某注意力不集中，很难与之配合，不听指令。治疗前需要排除听力障碍，王某曾经有过敏病史（幽门螺杆菌），因此有可能发生中耳炎造成听力损失，建议听力学检查，报告显示双耳听力正常，遂进行言语功能评定及障碍矫治。

2. 王某需要接受哪些方面的言语功能评定？

A. 呼吸评定　　　　　　　　　B. 吞咽功能评估

C. 共鸣评定　　　　　　　　　D. 构音评定

E. 口面部检查　　　　　　　　F. 发声评定

解析：经过一段时间的言语功能训练，2011 年 7 月，为王某进行言语功能评定，结果如下：

（1）呼吸：腹式呼吸，使用言语测量仪进行测量，最大数数能力未测得（最小要求 3s）；最长声时 4.17s。

（2）发声：使用言语障碍测量仪测得言语基频 220.53Hz↓，音调↓，响度↓。

（3）共鸣：F_2 升高提示舌向前运动，咽腔体积增大，口腔体积减小；下降提示舌向后运动，咽腔体积减小，口腔体积增大。F_2/i/2 000.00Hz（↓），F_2/u/549.50Hz。

（4）口部运动能力：王某各构音器官结构均正常。口腔张开时，下颌伸展运动正常，咀嚼运动正常；王某可做噘嘴、收缩嘴角等动作，可作圆唇、展唇交替运动；可伸舌，舌可做前后、左右、上下交替动作，但动作不灵活，舌尖不能抬至软腭缘；软腭及悬雍垂运动未测得。由于王某可以执行自主性的口部动作，可排除口腔失用症。

（5）构音：采用黄昭鸣-韩知娟词表进行测定。

1）整体言语清晰度：52%（以复述和提问-回答的方式）。

2）未习得音位：/p/、/f/、/t/、/n/、/g/、/k/、/h/、/q/、/x/、/j/、/ch/、/sh/、/c/、/ang/、/ing/、/uan/、/uang/，以及二、三声声调。

3）未习得音位：①送气塞音与不送气塞音为 p/b、t/d、k/g；②塞音与擦音为 k/h，塞擦音与擦音为 j/x；③送气塞擦音与不送气塞擦音为 j/q，塞音与鼻音为 d/n；④前鼻韵母与后鼻韵母为 in/ing、uan/uang；⑤声调为三声与四声调。

4）口腔轮替运动速率（次 /4s）：不配合，未测得。

3. 根据上述评定结果，王某应接受哪些相应的言语治疗方法？

A.改变音调和响度　　　　　　　B.腭咽闭合功能训练

C.建立有效的共鸣　　　　　　　D.进食训练

E.拖音法　　　　　　　　　　　F.声韵母音位习得训练

解析：通过分析上述评定结果，为王某制订了阶段治疗计划和目标。呼吸功能的定量评估中，最长声时达到最小要求；最大数数能力未测得，表明王某呼气和发声的协调性较差，需要重点矫治；其次，需要提高响度和音调；再次，王某存在口腔共鸣障碍，需采取有效的口腔共鸣治疗方法来提高王某的言语共鸣构音能力；最后，我们计划在本阶段帮助王某习得舌根音，增加舌运动灵活度，以提升整体构音清晰度。具体治疗方法如下。

（1）重读治疗法：包括慢板节奏、行板节奏、快板节奏。此项方法有助于改善王某呼吸和发声的协调性，从整体上提高王某的发音效率。本阶段重点练习慢板节奏二。嘱王某在腹式呼吸的基础上，采用气息声发高元音 /i/、/u/，随着节奏以低音调低响度开始发音，第二拍时提高音调和响度发音，第三拍时再逐渐降低音调和响度，整个过程保持发音连贯（图 2-3-10）。

图 2-3-10　慢板节奏二

（2）增加响度的训练方法：针对王某响度过低，我们选取响度梯度训练法。首先让其明白响度的大小和变化的意义。言语语言康复师先以不同力度敲鼓，并以手势提示，用力敲鼓时，手抬得较高；轻声敲鼓时，手抬得较低。然后停止视觉提示（手势），要求王某根据敲击力度模仿动作。让王某按照"大 - 小、小 - 大、大 - 小 - 大、小 - 大 - 小"的敲击模式模仿敲鼓。王某喜欢数字，因此训练时利用数字图片，将数字"1~10"由小到大排列，并从 1 到 10 逐渐增大字体，让王某读数字的同时不断增加响度。为了让训练更有趣和更易进行，我们还使用有实时反馈功能的现代多媒体康复设备进行训练。通过"小熊吹气球"等游戏让王某建立"响度"

的概念,该游戏气球体积的大小与声音响度成正比。发声时,响度小,气球就小;响度越大,气球越大。这种实时反馈的声控游戏,能让王某较快建立响度的概念(图 2-3-11)。

图 2-3-11 吹气球游戏
A.未发音之前,小熊的气球呈未充气状 B.声音响度大,气球的体积就大
C.声音响度小,气球的体积就小

(3)提高音调的训练方法:研究表明,孤独症儿童更愿意与物体建立关系,弹奏乐器对他们来说是件愉快的事情,王某也是如此。因此治疗时,让王某敲击木琴,按照音阶由低到高再由高到低的顺序进行敲打,来体会音调的不断升高或降低。王某对此很感兴趣,效果很好。

(4)口腔共鸣训练:共鸣数据中 /i/ 的 F_2 明显降低,表示王某舌位过于靠后,存在后位聚焦问题。针对此问题,主要采用前位音法(相关理论详见本套教材中《言语康复学》)进行训练,让王某练习 /b/、/p/、/t/、/d/ 与 /i/ 结合的音,以减少他的后位聚焦问题。

(5)舌根音 /g/、/k/ 的构音训练

1)口部运动治疗:发音要点是使舌后部与软腭相接触。王某取仰卧位,用压舌板沿着舌中线轻轻地从前向后移动,到舌体约 1/2 时处,舌将后缩并向上抬起接近软腭。当刺激还在持续时让王某呼气,这样会产生软腭擦音;或者用口部训练器辅助舌向后运动,从而诱导王某发出 /k/ 和 /g/。

2)令王某跟读 /g/ 和 /k/ 的单双三音节,如:鸽、果酱、贝壳、夹克衫等。模仿发音训练过程中,王某经常会将 /g/ 和 /k/ 发成 /d/,此时言语语言康复师可将食指放在王某舌前部,将舌前 1/2 向下向后推,令舌根部与软腭相接触,即可矫正错误发音。也可让王某自己用手把舌头向下向后推,感知正确的音位。

3)分辨 /g/ 和 /k/，前者为不送气音，后者为送气音。可以用一张纸巾放在王某嘴前，读带有 /k/ 的音节时，嘴部应发出气流吹动纸巾。

4)当王某已经完全习得跟读词表中带有 /g/ 和 /k/ 的音节时，还需要将这些音节放入句子中，让其能在实际生活中灵活运用。训练时可采用游戏的方式进行，如"切蛋糕"游戏，将含有 /g/ 和 /k/ 的音节加入其中，如"块""给""蛋糕""水果蛋糕"等。

治疗过程中，王某经常表现为目光涣散，注意力不集中。因此，言语语言康复师常常需要用表情、手势、声音鼓励王某主动与他人进行目光接触，特别是延长与言语语言康复师对视的时间。当王某表现出沟通意愿差，不愿意参与时，需要根据其具体表现及时调整训练方法。

本阶段疗程为 3 个月，每次治疗 30min，每周 3 次，再次进行阶段性言语评定，采用相同设备和评价方法，与之前两次评定作比较（表 2-3-6、表 2-3-7）。

表 2-3-6　言语功能评定

项目		治疗前	治疗后
呼吸	模式	腹式呼吸	腹式呼吸
	最长声时 /s	4.17	6.1
	最大数数能力 /s	未测得	1.4 ↓
发声	平均基频 /Hz	220.53 ↓	241.67 ↓
	平均响度 /dB	44.95 ↓	47.50 ↓
共鸣	/a/F_1/Hz	1 405.94	980.20
	/a/F_2/Hz	2 153.47	1 970.30
	/i/F_1/Hz	757.43 ↑	356.44
	/i/F_2/Hz	2 000.00 ↓	2 891.00
	/u/F_1/Hz	227.23	425.74
	/u/F_2/Hz	549.50	960.40
整体构音清晰度	口腔轮替运动速率/(次·4s^{-1})	未测得	/pa/ 3.4 ↓ ; /ta/ 2.8 ↓ ; /ka/ 5.8 ↓ ; /pataka/ 1.8 ↓
	50 个词	52%	60%

表 2-3-7　舌的运动功能障碍主观评估

运动功能	治疗前	治疗后
移动	口腔外部尚可，内部不能	尚可
舌尖抬至软腭缘	不能	可在刺激下触碰

评定结果显示经过 3 个月的治疗，王某口腔共鸣问题得到了很好的改善，呼吸、发声、构音和构音器官的运动功能也有不同程度的提升。下一阶段的训练重

点是发声功能(音调、响度)、其余未习得音位,以及增加口腔轮替速率的训练,使其言语表达进一步流畅清晰。

学习小结

近年来,国内外报道孤独症发病率上升的趋势是毋庸置疑的。尽管孤独症的主要障碍为交流障碍,即不愿与人沟通交流,但其言语障碍也不容忽视。孤独症儿童首诊以言语障碍为主,占84%,家长带儿童就诊时的主诉绝大多数是:儿童不会讲话、吐字不清。究其原因,孤独症儿童普遍存在不同程度的感觉统合失调,这不仅仅限于肢体运动肌群,其呼吸肌的协调性也受到一定程度的影响,从而导致儿童呼吸不协调;感知觉异常也会影响儿童发声、共鸣和构音的功能,从而影响整体言语清晰度。近年来的研究发现,孤独症儿童的脑发育可能存在一定问题,他们双侧颞叶血液灌注不足,这可能与其社会知觉、语言、心理发展障碍有关,其中内侧颞叶损伤会导致儿童对言语的定向有困难,从而导致儿童语言学习困难。

但是,如何对一名存在多动、感知觉异常、缺乏眼神交流等诸多沟通问题的孤独症儿童进行言语训练呢?如何与他在训练中保持有效沟通,保证言语训练效果呢?首先要解决其注意力问题。儿童获得语言的过程中,需要其具有"共同注意"的能力,这是儿童获得语言的交互式社会互动的核心。共同注意力是模仿训练的基础,是社交沟通的基本条件,也是信息传递的桥梁,只有儿童对事物注意,才能引发反应与学习。但孤独症儿童往往存在严重的注意障碍,治疗时应首先予以解决。针对本例孤独症儿童缺乏注意力和眼神交流的情况,我们在整体的言语治疗中运用视觉支持的策略,综合各种视觉工具帮助儿童提高注意力,增加眼神交流,促进言语表达,提升词汇量以及主动性、被动性言语表达次数。训练时,我们主要利用图卡、符号等帮助孤独症儿童学习言语,让儿童模仿发音。除此之外,还可以利用色彩绚丽、活泼有趣的各种声控游戏,发挥多媒体设备多感官刺激的优势,来增加训练的趣味性,激发儿童发声的兴趣,促进其言语表达能力。另外,治疗时孤独症儿童常常出现各种异常行为,对此,粗暴训斥并不会有效果,而需多鼓励表扬。我们在治疗中也深刻体会到,正强化可以提高儿童的参与程度,如果训练中及时给予奖励,儿童的配合度、模仿能力和主动表达的能力均会明显提高,回答问题及发音的正确率也会提高。训练时可采用的正强化方式较多,食物、玩具、手势、表情以及夸奖的话语等均可,但如采用食物,应向家长询问过敏事项。目前孤独症的治疗没有特效药物和方法,早期诊断、早期干预可以改善预后。言语语言康复师在言语治疗的同时要针对其交流以及感知觉运动等方面存在的缺陷进行综合干预,强调根据儿童的能力和个性特点设置训练课程。

四、腭裂修补术后言语障碍的康复案例分析

学习目的

通过本节的学习,了解腭裂的产生、类型以及言语障碍的表现;通过视频教学熟悉腭裂儿童言语障碍的评定方法以及针对性的治疗策略。

---------- 学习要点 ----------

1. 熟悉腭裂的临床表现。

2. 掌握腭裂言语障碍的评定和言语治疗。

潘某,男童,2007 年 8 月出生,早产,体重 2.25kg。母亲妊娠早期出现发热,具体用药情况不详,妊娠期 9 个月时因妊娠糖尿病行剖宫产,出生时伴有先天性腭裂,不伴有唇裂,不伴有听力障碍。于 2009 年 12 月在上海 A 医院口腔科进行腭裂修补术,术后伤口恢复良好。出院后于 2010 年 3 月因发音不清就诊于上海 B 医院康复门诊,进行相关检查并开始言语矫治。

1. 就诊时潘某的言语障碍有哪些具体的临床表现?

　A.语言发育迟缓　　　　　　B.腭咽闭合功能不全

　C.构音障碍　　　　　　　　D.鼻音功能亢进

　E.呛咳或鼻腔反流　　　　　F.软硬腭解剖形态的改变

解析:首先,分析其母亲的妊娠史、潘某的出生史以及喂养史,潘某是第一胎第一产,妊娠早期母亲有感染、发热,妊娠晚期合并妊娠糖尿病行剖宫产,潘某早产、体重较轻,出生时硬腭及软腭遗有长裂隙,不伴有唇裂;潘某在吮吸母乳或牛奶时常引起呛咳和鼻腔反流,体质很弱,常并发吸入性肺炎。其次,分析潘某的手术史及术后的情况,2 周岁左右在上海 A 医院口腔科进行腭裂修补术,术后伤口恢复良好,于 2 周后出院,出院后进食情况良好,较少出现呛咳或鼻腔反流。再次,分析潘某的语言发育,咿呀学语期开始于一周半岁,但在称呼"爸爸"和"妈妈"时发音都类似于"妈妈"的音,不会用口吹气,其他发音也带有明显的鼻音,发音清晰度很差。

2. 潘某应接受哪些相关的言语功能评估?

　　A.听力学检查

　　B.构音器官形态的检查

　　C.构音器官运动功能及感知觉的评定

　　D.智力测试

　　E.构音清晰度的评估

　　F.鼻腔共鸣的检查

解析:根据潘某的病史以及临床表现,我们不难断定其存在构音障碍,但还应考虑他是否合并有智力落后和语言发育迟缓等障碍。经韦氏智力量表测得其智力水平为 76 分,属于正常范围之内;听力检查正常,经 S-S 汉语语言发育迟缓评价法评定,其语言发育水平属于阶段 4-1 以上,C 群,即言语理解能力基本与同年龄组的儿童相仿,但言语表达能力落后于同龄的正常儿童。

综合以上检查结果,考虑潘某的言语障碍主要是因先天性腭裂引起的构音障碍。针对其构音障碍,我们还进行了构音器官形态的检查、构音运动功能的评定、构音清晰度的检查以及鼻腔共鸣的检查,结果如下:

(1)构音器官形态的检查:下颌、唇、舌的形态结构正常,软腭形态异常,呈腭裂修补术后瘢痕愈合,悬雍垂短小。

（2）构音器官运动功能及感知觉的评定：下颌、唇、舌的各项运动基本正常，能够进行张口、闭口、咀嚼等运动，圆唇、展唇、咂唇等运动良好，舌的左右、上下、前后以及弹舌等运动良好，下颌、唇、舌的各项运动均达Ⅳ级；唇肌、舌肌力量Ⅳ级；软腭运动功能较差，向上运动达Ⅲ级、向下运动Ⅳ级、上下转换运动达Ⅱ级，软腭及悬雍垂肌力Ⅱ级（备注：本评定是按照华东师范大学编制口部运动功能五级量表，即0级是完全不能或无反应；Ⅰ级是有意识地去完成某项运动或动作但无法完成或用别的运动来替代；Ⅱ级是略微能完成某项运动，但程度不充分；Ⅲ级是能完成某项运动，但不能维持住3s；Ⅳ级是完全正常，能充分地完成某项运动，并维持住3s）。口腔感知觉过度敏感，拒绝棉签触碰硬腭、软腭和舌后部。

（3）构音清晰度的检查：①已习得的韵母有 /a/、/o/、/e/、/ao/，其他韵母未习得，尤其 /i/ 和 /u/ 的发音严重鼻音化，韵母清晰度（即韵母音位对比）得分0%；②已习得的声母有 /m/ 和 /n/，声母 /b/ → /m/，如"爸爸"发成"骂骂"，"伯伯"发成"嬷嬷"等，声母 /d/ → /n/，如"弟弟"发成"腻腻"，"肚肚"发成"怒怒"等，其他声母出现歪曲或者遗漏，声母清晰度（即声母音位对比）得分0%；③舌尖音唇音化，如 /da/ → /ba/ 等；④声调基本习得，声调清晰度得分100%，总构音清晰度为11.11%。

（4）鼻腔共鸣的检查：①主观检查，让潘某在放松的情况下发口腔音"/a/、/i/、/u/"或朗读"短文 - 儿童篇"（图2-3-12），并进行录音，读第二遍时让其捏住鼻子重复上面两组的发音，但潘某在捏住鼻子时的发音受到严重阻碍，说明鼻腔共鸣亢进；②客观检查，使用鼻音测量与训练仪进行鼻流量的测定，让潘某模仿发音"我和爸爸吃西瓜"，同时测定其鼻流量（图2-3-13），因为这句话中不含有鼻辅音，但其测出的鼻流量为37.1%，明显高于正常同年龄、同性别组儿童，即潘某具有鼻音功能亢进。

> 短文-[儿童篇]
> 一大早，六个月大的宝宝起来了，开始左顾右盼。这时阿姨走过来，抱起他说："乖宝宝!"宝宝朝阿姨笑一笑，嘴里咿咿呀呀的，可爱极了。

图2-3-12　鼻腔共鸣测试材料（短文 - 儿童篇）

3. 潘某应采用哪些针对性的治疗方法？

　　A. 口部感知觉刺激　　　　　　B. 认知训练

　　C. 构音训练　　　　　　　　　D. 口腔共鸣训练

　　E. 喉部按摩　　　　　　　　　F. 口部运动治疗

解析：从检查结果看，潘某的核心问题是口腔感知觉异常、软腭的运动功能差以及鼻腔共鸣亢进，引起该问题的病因如下。①由于先天性腭裂，潘某在语言发育的早期即口腔探索阶段和咿呀学语阶段不能很好地进行非鼻音的发音探索和尝试；②腭裂修补术后，软腭裂隙愈合但瘢痕组织运动功能较差；③口腔内尤其是软腭和舌后部的感知觉过度敏感，排斥各种感觉刺激使软腭向上运动和上下交替运动。

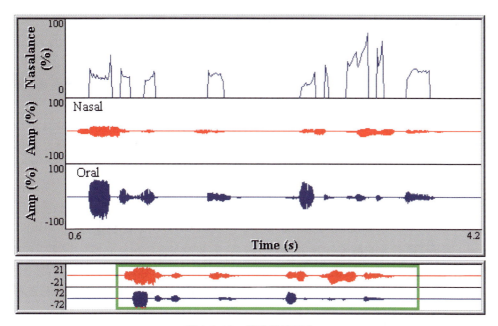

图 2-3-13　鼻流量的测定

治疗应从以上 3 方面开展功能训练：

（1）口部感知觉刺激：即通过对口周和口腔内的感觉刺激降低口部感知觉的过度敏感性。如：①用不同质地、不同接触面的牙刷向前、向后、向左、向右地洗刷舌面，用电动牙刷或细毛刷刺激舌面、舌尖、舌的两侧、舌的后部、脸颊的内表面、硬腭软腭等部位；②利用冷刺激（棉签冰块）刺激以上这些部位，有利于促进口腔的感知觉正常化；③通过改善进食食物的性质和质地以及通过咀嚼运动来促进口腔的感知觉发育；④通过舌的抵抗、舌肌的牵拉、软腭的按摩等来增加舌和软腭的本体感觉，促进口部探索运动的尝试和分化。

（2）口部运动的诱导与强化：①按摩硬腭、软腭促进瘢痕组织的软化，增加软腭的本体感觉诱导软腭的主动运动；②通过鼓腮、大口吹气或用力叹气等训练来促进软腭的上抬运动（练习过程中尽量避免鼻漏气）；③通过发长音 /a——/，促进软腭持续性地上抬运动；④通过捏住鼻子发长音 /i——/、/u——/，来增加韵母 /i/ 和 /u/ 的口腔共鸣，待建立起元音的口腔共鸣时，不捏鼻子继续发闭元音 /i——/、/u——/，并将镜子，手指或纸巾放在鼻孔下，观察是否漏气，来巩固软腭的上抬运动功能；⑤通过发爆破音与开元音 /papa——/、/dada——/、/padapada——/ 等，发摩擦音与闭元音 /si——/、/shu——/ 等，促进软腭上抬运动；⑥通过发 /a——m——/、/m——ba/、/ni——de——/，发鼻音与元音 /ma——/、/ni——/ 等促进软腭的上下转换运动。

（3）构音训练：①熟悉汉语普通话的语音学知识，掌握每个韵母、声母及声调的发音部位和发音方式，有针对性地诱导出正确发音，矫正错误的构音模式；②例如，发舌根音（g/k）时，言语治疗师可用压舌板或舌后位训练器压住潘某的舌前三分之一处，略往里推舌使舌根上抬抵住软腭发舌根音（g/k），让其面对镜子，模仿正确构音部位发音；③练习发音时，先练习发元音以达到呼吸器官和喉部松弛的目的，然后再进一步练习发辅音，练习辅音时，先发元音紧接着带出有辅音的字，如"a（啊）——ba（巴）——"；④遵守儿童音位习得的顺序，分阶段掌握不同的音位。一般 /b/、/m/、/d/、/h/ 最早习得，其次是 /p/、/t/、/g/、/k/、/n/，再次是 /f/、/j/、/q/、/x/，最后才是 /l/、/r/、/z/、/c/、/s/、/zh/、/ch/、/sh/。

（4）口腔共鸣训练：缓解构音器官发声肌群的紧张，增加口腔共鸣器官运动的灵活性，使潘某对发非鼻音更加敏感，促进鼻音与非鼻音之间的转换。具体步骤：①咽腔松弛张开，发 ha 音的言语呼吸训练，舌放松，平伸于口腔内，舌尖抵住下门齿（图 2-3-14）；②咽腔缩紧，舌收缩成束状，下颌张开度减小，发 /ha/（图 2-3-14）；③体会舌的位置变化，后上 - 中下 - 后上，发音"五个大娃娃是我的"，其中"五、大、娃"的韵母 /u/、/a/、/o/ 应该重读；④体会舌的位置变化，后上 - 中下 - 前上，发音"猪有大的鼻子"，其中"猪、大、鼻"的韵母是 /u/、/a/、/i/ 应该重读；⑤体会舌的位置变化，后上 - 前上 - 中下，发音"这五件衣服是他的"，其中"五、衣、他"的韵母是 /u/、/i/、/a/ 应该重读；⑥软腭哼鸣训练，通过哼鸣相近位置的鼻音和塞音以及哼鸣在鼻音和塞音之间的高元音来实现软腭的升降运动，如 /m——b/、/n——d/、/（ng）——g/（图 2-3-15）；⑦软腭重读训练，塞音加闭元音（使软腭上抬）与鼻音（使软腭降低）交替发出 /bi——M——BI——M/、/di——N——DI——N/（图 2-3-16）。

图 2-3-14　口腔共鸣法

图 2-3-15　软腭哼鸣训练

图 2-3-16　软腭重读训练

言语治疗必须由专业的言语语言康复师采取一对一的方式进行，在安静、宽敞、安全的治疗室内进行，每次治疗 40min，每周 3 次，3 个月为 1 个疗程，一般治疗 2~3 个疗程。在进行言语治疗时,要求潘某尽可能使呼吸、发声、构音系统充分地放松,并保持较好的注意力和配合度。每次治疗一般安排 2~3 个内容,治疗结束时和家长进行沟通并布置适量的家庭作业,保证家庭康复的顺利完成。

4. 如何评价潘某接受的言语治疗效果?

    A. 构音器官形态的检查

    B. 构音器官运动功能及感知觉的评定

    C. 鼻腔共鸣功能的评定

    D. 智力测试

    E. 构音清晰度的评估

解析:由于潘某已经成功进行了腭裂修补术,恢复良好,因此软腭的形态已基本达到完整,构音器官的其他部分形态均正常,并且言语治疗并非是针对改善构音器官形态的治疗,故构音器官的形态检查不是评价言语治疗效果的指标。潘某的主要问题存在于软腭运动功能及口部感知觉异常、构音不清以及鼻音亢进,因此评价潘某言语治疗的效果就是通过对比治疗前后这三大方面的变化来判断(表 2-3-8)。

表 2-3-8 治疗前后三大言语功能的比较

项目名称		治疗前	治疗后
口部感知觉及软腭运动功能	口部感知觉	感知觉过度敏感	感知觉正常
	向上运动	Ⅲ级	Ⅳ级
	向下运动	Ⅳ级	Ⅳ级
	上下转换	Ⅱ级	Ⅳ级
	软腭肌力	Ⅱ级	Ⅲ级
汉语构音清晰度 /%	声母清晰度	0	60
	韵母清晰度	0	60
	声调清晰度	100	100
鼻腔共鸣功能	主观检查(短文测试)	鼻腔共鸣亢进	鼻腔共鸣正常
	鼻流量测定 /% "我和爸爸吃西瓜"	37.1	22

结果显示本例潘某的言语障碍基本完全康复。治疗前潘某口腔感知觉过度敏感,拒绝进行口腔内刺激,治疗后口部感知觉、触觉正常;治疗前潘某软腭向上运动功能Ⅲ级、上下转换运动功能Ⅱ级,治疗后软腭向上运动及上下转换运动功能均达到正常Ⅳ级,软腭肌力也由治疗前的Ⅱ级增强到治疗后的Ⅲ级。汉语构音清晰度结果显示:声母清晰度治疗前 0%,治疗后达 60%;韵母清晰度治疗前 0%,治疗后达 60%;声调清晰度治疗前后均为 100%。鼻腔共鸣功能结果显示:治疗前鼻

腔共鸣的主观评定为鼻腔共鸣亢进，捏鼻朗读短文时发音受到严重阻碍，客观检查鼻流量为37.1%，提示鼻音功能亢进；治疗后主观评定显示鼻腔共鸣正常化，朗读短文时捏鼻与不捏鼻发音基本相同，客观测定鼻流量为22%，提示鼻腔共鸣正常。并于潘某结束治疗进入普通幼儿园就学的一年时间内进行了3次的电话随访，随访结果显示潘某言语功能的各项指标基本稳定，与同年龄的孩子相仿。

―――――――――――― 学习小结 ――――――――――――

腭裂是口腔颌面部最常见的先天性畸形，发病率在1‰~2‰，因为胎儿第6周至第12周，硬腭、软腭未能正常的发育融合，以致出生时遗有长裂隙。可单独发生也可与唇裂同时伴发。腭裂儿童在吮吸、进食及语言等生理功能障碍方面远比唇裂严重，特别是语言功能障碍对儿童的日常生活、学习、工作均带来不利影响，若不及时进行言语康复还可能造成焦虑、畏惧、猜忌等心理问题[4-7]。

腭裂儿童言语障碍的根本是过度鼻化元音，腭裂儿童术后语音障碍的主要原因为不良代偿发音习惯而引起的功能性语音障碍，发生率100%，主要表现为腭化构音、侧化构音、鼻咽构音、和声母的歪曲、置换或省略。他们容易出现缺陷或异常的辅音有 /d/、/t/、/l/、/g/、/k/、/h/、/j/、/q/、/x/、/zh/、/ch/、/sh/、/z/、/c/、/s/，且最常表现在 /d/、/g/、/zh/、/z/ 等不送气辅音。这点与本案例中声母出现歪曲、替代、遗漏的结果基本一致，同时本研究检查结果还显示腭裂儿童的韵母也较易出现歪曲，尤其是单韵母 /i/ 和 /u/ 以及和 /i/、/u/ 相关的复韵母如 /ia/、/ie/、/iao/、/iou/、/ui/、/uo/、/uai/ 等易歪曲成腭化元音。其次，腭裂儿童还可能存在口部以及软腭的感知觉异常，这妨碍了口部运动的正常发育以及构音器官的探索运动，以及腭裂术后瘢痕组织的影响致使软腭运动功能不良，综合导致了腭裂儿童的构音障碍。

现代腭裂的治疗，普遍采用序列治疗，即首先通过外科手术重建软腭的形态与功能，继而通过言语治疗来改善儿童的发音。在言语治疗开始时首先要采集详细的病史和进行相关的言语功能评定，综合病史和评定结果找出不同腭裂儿童言语障碍的主要原因以及其构音障碍的特点，针对其原因和特点制订出个体化的治疗方案。腭裂儿童的言语训练方法主要有：①口部感知觉刺激；②口部运动的诱导与强化；③口腔共鸣训练，并通过软腭哼鸣训练和软腭重读训练来促进鼻音与非鼻音之间的转换；④构音训练。一般认为，2~7 岁是儿童语言发育的关键期，在这个阶段对儿童进行言语矫治对其语言发育至关重要。随着外科技术和麻醉技术的发展，手术时间不断提前，儿童的腭咽闭合功能明显提高，一般建议在术后 2~3 个月开始进行言语治疗。有研究显示儿童年龄对康复效果有着非常重要的影响，而语音障碍的严重程度与言语矫治的成功与否无显著性相关。此外，儿童的腭咽闭合程度、智力、听力、心理状况以及家长的配合程度、周围的语言环境等对腭裂儿童的言语康复效果都有着相当程度的影响。

五、唐氏综合征儿童言语障碍的康复案例分析

―――――――――――― 学习目的 ――――――――――――

通过本节的学习，了解唐氏综合征儿童言语障碍的产生、类型以及表现；熟悉唐氏综合征儿童言语障碍的评定方法以及针对性的治疗策略。

1. 熟悉唐氏综合征儿童的临床表现。
2. 掌握唐氏综合征儿童言语障碍的评定。
3. 掌握唐氏综合征儿童的言语治疗方法。
4. 了解唐氏综合征产生的病因及特点。

杨某,女童,2008 年 3 月出生,出生体重为 2.63kg。生后因特殊面容,进行染色体检查,确诊为 21- 三体综合征,为唐氏综合征中的一种。自 2011 年 9 月开始就读于所在区域的特殊儿童幼儿园,2013 年 6 月杨某因"发音不准、构音不清 5 年余"就诊于上海某医院康复门诊,由其主要照料者(奶奶)代述,就诊前未进行过相关的言语语言康复训练,需完善相关的检查并拟定针对性言语康复方案。

1. 就诊时杨某的言语障碍有哪些具体的临床表现?

  A. 语言发育迟缓   B. 认知障碍

  C. 构音语音障碍   D. 呼吸功能障碍

  E. 运动功能障碍   F. 行为功能障碍

  G. 共鸣障碍   H. 发声障碍

解析:首先,分析其母亲的妊娠史、杨某的出生史以及喂养史,杨某是第三胎第一产,剖宫产,妊娠期母亲无特殊情况,妊娠期"唐氏筛查"为阴性。患儿出生时,伴唐氏综合征特殊面容,查染色体示 21- 三体综合征,心脏彩超示:动脉导管未闭(定期复检),未伴有听力损失等其他缺陷。自幼全身肌肉关节比较松弛,运动功能发育较正常的同龄儿童落后,但现已基本达到同龄儿童水平,可以跑、跳以及独立上下楼梯。咀嚼功能差,言语技能习得慢,经常有"伸舌、磨牙"的不良习惯。2 周岁左右开始出现"喃语期",但持续时间短,频率少,至 3 周岁可以有意识、有针对性地发"爸爸""妈妈"的称呼,言语语言发育明显落后于同龄正常儿童,现 5 周岁余尚不能用较完整的句子表达一件事情或自己的需求,不能准确表达 5~7 个字的句子,日常生活中一般只能用单音节、双音节或三音节词来做简短的回答,且存在构音错误、响度低等问题。

2. 杨某应接受哪些相关的言语功能评估?

  A. 听力学检查

  B. 汉语构音语音能力评定

  C. 构音器官形态检查

  D. 构音器官运动功能及感知觉的评定

  E. 呼吸功能评定

  F. 共鸣功能评定

  G. 发声功能评定

解析:根据杨某的临床表现,可能存在语言发育迟缓,智力落后等情况,并完善相关检查,经韦氏智力量表测试,其智力水平为 55 分,属轻度智力低下;经 S-S 汉语语言发育迟缓检查法评定,杨某的语言发育水平属于阶段 2(事物功能性操作及匹配阶段)。

　　除上述检查外,其言语方面应进行哪些针对性的检查呢? 言语功能包括 5 大方面:呼吸、发声、共鸣、构音及语音。依次评定及结果如下:

　　(1)呼吸功能的评定:①呼吸方式,杨某以胸式呼吸为主,偶尔有胸腹联动式呼吸;②最长发声时间(MPT)测定,使用言语障碍测量仪测得杨某最长声时为 3.38s,查阅中国人最长声时的参考标准得知,正常同龄同性别儿童的 MPT 为 (5.1±1)s,MPT 的训练目标为 5.0s;③最大数数能力(MCA)测定,无法测得。因此,杨某存在呼吸方式异常、言语呼吸功能不足。

　　(2)发声功能的评定:使用言语障碍测量仪,让杨某"从 1 数到 5",测得数数时,平均言语基频(MSFF)为 301Hz,平均言语强度为 60dB,根据上述数据,比较同年龄同性别正常儿童的参考标准,杨某的言语基频基本正常,言语响度略低于正常标准,音质听觉感知评估为音质正常。

　　(3)共鸣功能的测定:共振峰的测量,让杨某分别发 /a/、/i/、/u/ 三个核心韵母,通过言语障碍测量仪测得其 F_2(发 /i/ 时为 3 177Hz,发 /u/ 时为 579Hz)。

　　参照中国人核心韵母共振峰参考标准得知,杨某的口腔共鸣功能基本正常,且不存在鼻位和喉位聚焦。

　　(4)构音器官结构及运动功能的评定:下颌、唇、舌、软腭的形态结构均正常。下颌向上、向下运动功能为Ⅲ级,下颌前伸、向左、向右及半开位运动均为Ⅰ级;咬肌功能Ⅱ级;圆唇、展唇、噘嘴运动良好,但圆展交替运动为Ⅱ级,唇闭合运动Ⅱ级,唇齿接触运动为Ⅰ级;无流涎现象;舌肌大小正常,舌系带正常,舌的前伸运动、舌面上抬及舌两侧缘上抬功能为Ⅲ级,舌向下、向左、向右运动及舌根上抬为Ⅱ级,舌左右交替和前后交替运动功能为Ⅱ级,舔硬腭、软腭运动功能为Ⅰ级,舌肌肌力Ⅱ级;软腭的运动功能基本正常,能完成向上、向下及上下交替运动;唇面部肌力Ⅱ级;口腔感知觉属于低敏,喜欢挺舌,吮吸手指等(备注:本评定是按照华东师范大学编制五级量表,即 0 级是完全不能或无反应;Ⅰ级是有意识地去完成某项运动或动作但无法完成或用别的运动来替代;Ⅱ级是略微能完成某项运动,但程度不充分;Ⅲ级是能完成某项运动,但不能维持住 3s;Ⅳ级是完全正常,能充分地完成某项运动,并维持住 3s)。

　　(5)汉语构音能力评定:①声母清晰度 26.1%,声母 /f/、/l/、/zh/、/ch/、/sh/、/r/、/s/ 的发音存在歪曲现象,声母音位对 /g/–/d/ 及 /k/–/t/ 存在相互替代现象;②韵母清晰度 63.6%,后鼻韵母 /ang/、/ing/ 等发音歪曲;③声调得分 66.7%。

　　3. 杨某应采用哪些针对性的治疗方法?

　　　　A. 口部推拿　　　　　　　B. 口部运动训练
　　　　C. 呼吸训练　　　　　　　D. 响度训练
　　　　E. 口腔感知觉训练　　　　F. 构音训练
　　　　G. 增加句子长度的训练

　　解析:根据相应的检查结果,我们可以得出杨某存在以下几个方面的问题:①呼吸功能方面,呼吸方式异常(胸式呼吸)、呼吸功能不足、句子短;②发声功能方面,响度过低(轻度),其他正常;③共鸣功能方面基本正常;④构音功能方面,口部运动障碍、口腔感知觉低下、构音障碍(声韵母歪曲、替代、缺失,第三声调错误）。

从上面的结果分析得出，杨某的言语治疗应从以下几个方面开展功能训练：

（1）呼吸功能训练：①腹式呼吸的感知；②腹式呼吸训练；③最长声时训练，如使用言语矫治仪中的"小蜜蜂"游戏（图2-3-17），逐步增加杨某一口气的发声时间，逐步达到训练目标（5岁女童的最长声时的训练目标为5.1s），通过游戏形式增加杨某训练的积极性；④逐字增加句长训练（图2-3-18），在腹式呼吸的基础上，逐字增加一口气表达的句长，如"——苹果、——大苹果、——大大的苹果、——大大的红苹果"等。

图2-3-17　小蜜蜂游戏界面
A.小蜜蜂准备飞行　B.小蜜蜂在飞行过程中　C.游戏胜利　D.游戏失败

图2-3-18　逐字增加句长训练
A.跟读句子　B.快速跟读句子

（2）发声功能训练：主要进行响度训练，通过仪器中"大象的耳朵"游戏（图2-3-19），让杨某通过形象生动的动画游戏，得到实时的视听反馈，认识和感知声音的大小，逐步增加杨某的言语响度，达到训练的目的。

图 2-3-19　大象的耳朵游戏

A.声音响度小,大象耳朵和鼻子变化小　　B.声音响度大,大象耳朵和鼻子变化大

（3）构音功能训练

1）口部推拿:即口面部按摩和穴位刺激,增加面部肌群肌腱的本体感觉,增加肌肉的肌力,强化唇肌、咀嚼肌,通过对承浆、地仓、人中、廉泉等穴位的刺激,促进言语语言的发展。

2）口部运动训练:①通过咂唇、鼓腮练习及发 /i-u/ 的交替音,增加唇肌肌力和提高唇的交替运动能力;②治疗师用压舌板蘸取冰水,分别置于杨某唇的四周,诱导杨某做舌的上、下、左、右的运动,当杨某无法完成时,治疗师可用压舌板加以辅助,从而提高舌运动的稳定性和灵活性,建立起正常的舌运动模式;③指导杨某交替发 /i-a/、/a-i/ 来训练下颌上下运动,提高下颌上下运动的灵活性、稳定性和协调性;④咀嚼功能训练,利用不同质地的牙胶、食物、咀嚼棒等工具让杨某进行咀嚼练习。

3）口面部感知觉刺激:①通过改变进食时食物的性质、味道等提高口腔的敏感性;②通过对口周和口腔内的振动、毛刷刺激、冷热刺激等改善口腔及口周的感觉,以利于口面部的感知觉正常化,促进构音的协调运动;③通过对下颌、咬肌的敲、压和抵抗运动,对唇肌、舌肌的牵拉、振动等来增加构音器官的本体感觉,提高口部的整体运动能力。

4）构音语音训练（以 /g/ 构音训练举例）:使用构音障碍康复训练仪:①音位感知,进行 /g/ 本音及呼读音的视听反馈;②音位习得,进行声母 /g/ 的单音节、双音节以及三音节的构音训练;③音位对比,由于杨某经常出现 /g/-/d/ 的相互替代现象,所以进行 /g/-/d/ 的音位对比训练是非常有必要的。

另外,言语治疗必须由专业的言语语言康复师采取一对一或小组训练的方式进行,在安静、宽敞、安全的治疗室内进行,每次治疗 40min,每周 3 次,3 个月为 1 个疗程,一般治疗 2~3 个疗程。在进行言语治疗时,要求杨某尽可能使呼吸、发声、构音系统充分地放松,并保持较好的注意力和配合度。每次治疗一般安排 2~3 个内容,治疗结束时和家长进行沟通并布置适量的家庭作业,保证家庭康复的顺利完成。

4. 如何评价杨某接受的言语治疗效果?

A.听力学检查

B.汉语构音语音能力评定

C.构音器官形态的检查

    D. 构音器官运动功能及感知觉的评定

    E. 呼吸功能评定

    F. 共鸣功能评定

    G. 发声功能评定

解析：杨某属于唐氏综合征，不伴有唇腭裂、听力障碍等缺陷，其口部构音器官形态、结构正常，故无法通过构音器官的形态来评价言语治疗的效果。杨某言语共鸣功能正常，主要的言语问题在于口部构音器官运动功能不足，构音不清，呼吸障碍及发声障碍。因此评价杨某言语治疗效果的好坏就是从以下几方面来考察（表 2-3-9 ）。

表 2-3-9　唐氏综合征儿童治疗前后言语功能的比较

项目名称		治疗前	治疗后
呼吸功能	呼呼吸方式	胸式呼吸、胸腹联动式呼吸	腹式呼吸
	MPT/s	3.38	6.63
构音器官运动功能及口腔感知觉	唇面部肌力	Ⅱ级	Ⅲ级
	圆展唇交替运动	Ⅱ级	Ⅲ级
	下颌左右运动	Ⅰ级	Ⅲ级
	下颌前伸运动	Ⅰ级	Ⅱ级
	唇闭合运动	Ⅱ级	Ⅳ级
	口腔感知觉	低下	正常
汉语构音清晰度	声母清晰度	26.1%	82.6%
	韵母清晰度	63.6%	100%
	声调清晰度	66.7%	100%
	总清晰度	40.5%	91.9%
发声功能	平均言语基频 /Hz	301.15	335.25
	平均响度 /dB	63.73	75

    从上述结果可以看出，杨某的言语障碍得到很大程度的改善，治疗结束时杨某纠正了错误的呼吸方式（胸式呼吸），能正确地运用言语腹式呼吸，言语呼吸功能提高了，MPT 达到正常范围，能一口气表达 5~7 字的句子；口部运动能力及咀嚼能力有所增强，口腔感知觉敏感度达到正常，减少了伸舌、磨牙等不良习惯；构音清晰度有了明显的提高，从治疗前 40.5% 提高至治疗后 91.9%；言语响度略有提高，同时在自主表达时流畅性增加。在治疗师的帮助下，交流的主动性和积极性在不断提高，与同龄儿童的互动能力也增加了，从而提高了杨某的生活质量。

唐氏综合征(Down'ssyndrome,DS),俗称先天愚型或21-三体综合征,是并发精神发育迟滞的综合征之一。它是最常见的一种染色体疾病,婴儿中的发病率为1/800~1/600,无人种间差异。且唐氏综合征的发病率有增加的趋势,给儿童及其家庭带来很大困难。

唐氏综合征儿童一般存在智力障碍、认知障碍和言语障碍。和智力水平匹配的非DS儿童相比,DS儿童显示出更严重的言语障碍程度。DS婴儿的喃语期与正常发育婴儿相比其发育缓慢而且困难,但是发育的顺序和正常儿童是相同的。与DS儿童言语障碍相关的解剖学因素有:①狭小的口腔容积限制了舌的构音运动,不能做出精确的变化从而影响其言语清晰度的提高,且形成"伸舌综合征";②听力问题,DS儿童常伴有听力损失,主要集中在轻度和中、重度的言语障碍儿童;③肌力降低影响了言语动作的精确度;④长期的慢性上呼吸道感染,鼻塞将导致张口呼吸和鼻腔共鸣缺失。

在本研究中,杨某的典型特征有:较肥胖、满月脸、眼距宽、鼻梁骨低平,口腔容积狭小,口面部肌群肌力低下,身体各部位肌群肌力低下及关节松弛,不喜欢运动,咀嚼功能差,口腔感知觉敏感性低,进食慢,习惯性磨牙、伸舌;喃语期发育时间晚且迟滞,伴有构音不清,肺活量小,胸式呼吸,音量低,声调错误等。对于幼儿期DS儿童,首先要解决的问题是进食问题,因此通过口部推拿、口部运动训练增加其构音器官的运动灵活性、稳定性和持续性;通过口腔感知觉训练、咀嚼训练提高其口腔的敏感性,促进口腔对食物的判断能力,进行有效的咀嚼,提高进食时间,并可以减少儿童的不良习惯,如乱咬东西、磨牙等;通过咀嚼能力、口部运动能力的提高,口腔敏感度的正常化不仅能改善儿童的进食,还能为发音训练做准备。同时,由于儿童自幼性格内向、不爱运动、肥胖,主要由奶奶喂养,不与父母同住,与外界接触交流机会少,其言语技能发育很大程度上落后于同龄正常儿童,因此,系统的言语评估并拟定出有针对性的个体化康复方案是非常重要的,如系统的呼吸功能训练有效地增加了儿童的言语呼吸能力,使句子表达更流畅,音量更响;有针对性的构音训练大大提高了儿童的构音清晰度,增加了儿童语言交流的可懂度和自信心。在康复训练的过程中,采用了生动的互动游戏、现代化设备和多媒体视听软件,从而大大提高了康复效果,缩短了康复时间,充分调动了儿童的积极性和主动性,使康复效果达到最佳。

唐氏综合征是一种最常见的先天性染色体疾病,常伴有不同程度的智力障碍、认知障碍和语言障碍等,由于本研究的篇幅有限,着重阐述了唐氏综合征儿童言语障碍的影响因素、言语评估和康复治疗,有关唐氏综合征其他的障碍有待进一步的研究和探索。

六、脑外伤后音调障碍的康复案例分析

通过本案例的学习,加深对嗓音音调障碍的评定与康复治疗方法的理解,启发临床思路。

学习要点

男声女调的成因分析、评定方法、康复治疗技术以及动态评价康复治疗的效果。

邹某,男,35 岁,因车祸致脑外伤后 7 个月。现能说话,但含糊不清,音调较高,声音粗哑,说话费力,别人有时难以听懂。于 2013 年 9 月 11 日前来康复科诊治。

1. 邹某有哪些具体的临床表现?

　　A.口语表达费力,主诉别人难以听懂其讲话

　　B.声音嘶哑,说话费力

　　C.音调过高

　　D.语速过快

　　E.呼吸支持不足

解析: 通过询问病史和观察发现,邹某发音费力,声音如同女性,稍有嘶哑,颈部胸锁乳突肌可见隆起;除此之外,与邹某交流时发现其基本能交流,无明显障碍,书写功能正常,认知功能尚可。

2. 邹某应接受哪些相关的检查?

　　A.口腔运动功能检查

　　B.呼吸功能检查

　　C.声学测量

　　D.纤维/电子喉镜检查

解析: 考虑邹某存在脑外伤史,声带协调运动及控制能力差,从而出现嗓音音调等问题。从治疗的角度出发,为了制订合理的训练计划,邹某应接受以下检查。

(1)口腔运动功能检查:下颌张开幅度尚可,伸舌居中,舌左右运动可,软腭上抬可,舌上抬幅度不足,唇圆展运动能力尚可。

(2)电子喉镜检查:结果显示,声门闭合尚可,双侧声带内收发音时较为紧张。

(3)电声门图/声学测量:测得平均言语基频(MSFF)为 308Hz,高于正常(男性成人 MSFF 正常值小于 125Hz)、标准化声门噪声能量(NNE)为 –8.16dB,稍高于正常(NNE 正常值小于 –10dB),基频微扰和振幅微扰正常;声学检测和纤维/电子喉镜检查证明了男声女调的存在。

3. 言语语言康复师根据邹某的问题应采用哪些治疗措施?

　　A.喉部指压及推拿

　　B.生理腹式呼吸训练

　　C.哈欠 - 叹息训练

　　D.降调训练

　　E.重读节奏训练

解析: 根据邹某的检查结果,其言语治疗应从以下几个方面开展功能训练:

(1)喉部指压及推拿治疗:指压,言语语言康复师以拇指置于邹某喉部甲状软骨处,在其发音时稍用力向下向后按压,使其音调降低,体会甲状软骨及音调

的变化，然后让其发音时自己手指按压，降低音调，最后过渡到不用指压可以较低音调发音。推拿，根据邹某的发声症状、局部及远部选穴原则，重点选用任脉与阴维脉交会穴（廉泉）、足阳明胃经穴（人迎、水突）。针对这些经穴进行轻按揉（每穴位每次 1.5min）；三指拿胸锁乳突肌（一侧拇指，置于胸锁乳突肌边缘，另一侧食指中指对拿，自上而下），左右交替进行，各 3 遍；并用右手拇指食指分别置于甲状软骨的两侧后缘，以拿法和揉法针对喉部进行顺时针旋转运动 20 次；推拿治疗时间分配为经穴按揉 15min，颈部、胸锁乳突肌、喉部按摩 15min，每次共约 30min。

（2）生理腹式呼吸训练：可在卧位、坐位、直立位等不同体位下循序渐进进行生理腹式呼吸训练，通过让邹某在不同的体位体验吸气时腹部凸出和呼气时腹部凹陷的起伏运动，帮助其建立正确、自然、舒适的生理腹式呼吸方式，为言语时的良好呼吸支持奠定基础。

（3）哈欠 - 叹息训练：让邹某打哈欠，呼气时轻轻叹息并体会舒适感；叹息时发 /h/，开始每次只发 1 个，逐渐增加到 4~5 个；让其叹息时发 /ha/，注意发音时应该尽量舒适、柔和；让其叹息时发以 /h/ 开头的词语或句子；最后，让其叹息时发 /a/、/i/、/u/，然后过渡到相关的词语和句子。

（4）降调训练：①使用嗯哼音作为训练示范音，嗯哼音接近于自然音调，可让其在放松状态下发嗯哼音，以寻找目标音调，并体会和在说话中使用；②言语语言康复师将其训练获得的最合适音调录制为模板，让其模仿此音调发 /a/ 或含 /a/ 音的词，并尽可能延长发音时间，然后逐步降低音调直到发出最低的音调，言语语言康复师仔细聆听邹某的录音，找出听起来更为舒适、放松而响亮的目标音调；③使用仪器帮助其找到目标音调，并进行反复的音调可视反馈匹配训练。

（5）重读节奏训练：重点采用慢板节奏二（促进呼吸与发声的协调性）（图 2-3-20）、行板节奏一（加强呼吸发声和构音之间的协调关系，增加相应肌群的弹性和灵活性，将柔和的音质转变为一种清晰洪亮的音色，图 2-3-21）。

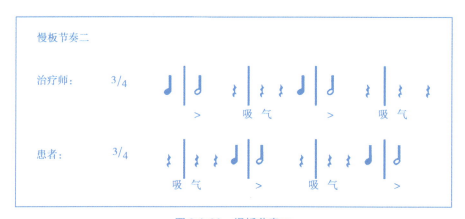

图 2-3-20 慢板节奏二

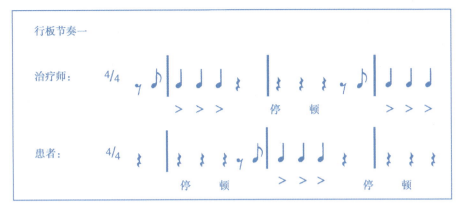

图 2-3-21 行板节奏一

以上方法采用依次递进原则进行,如初始阶段主要为喉部推拿、腹式呼吸训练和哈欠-叹息训练;第二阶段发声训练内容主要有哈欠-叹息训练、喉部指压、降调训练、重读节奏训练;最后阶段的发声训练内容主要是重读节奏训练,用习得的音调运用于言语发音中;每次发声训练时间为 15min。

4. 我们采用何种方法来评价治疗效果?

    A. 纤维/电子喉镜检查   B. 声学测量

    C. 单一被试统计方法   D. 个案嗓音的听感知比较

解析: 治疗效果评价不仅是邹某和言语语言康复师的感知评价,更重要的是能获取具有病理生理学意义的参数,通过治疗前后测得数据的比较,以客观观察治疗效果。在治疗前后分别对邹某进行声学测量。观察分析 MSFF、基频微扰、振幅微扰、NNE 声学参数。其中参数 MSFF(平均言语基频)表示交谈时声带每秒振动的次数,用于衡量言语时音调的高低;基频微扰、振幅微扰表示声带振动的规则程度;NNE(标准化声门噪声能量)表示声门闭合的程度。治疗前随机测量 5 次,获取声学参数 MSSF、基频微扰、振幅微扰、NNE 的基线期数据,治疗时间共 2 个月,每周治疗2 次,每次 45min,邹某实际共接受 16 次治疗。2013 年 11 月 25 日获取治疗后 8 次MSSF、基频微扰、振幅微扰、NNE 数据作为处理期数据。治疗前、后的声学测量数据及结果(图 2-3-22)与治疗前比较,治疗后邹某的音调明显恢复至正常水平,气息声也明显恢复正常范围。

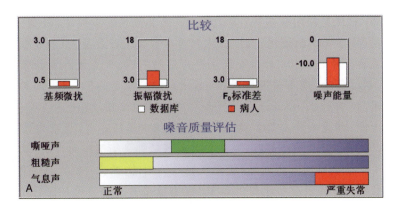

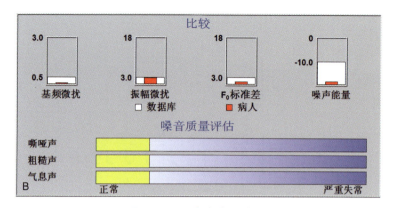

图 2-3-22 治疗前后对比
A. 治疗前 B. 治疗后

学习小结

男声女调又称青春期假声、变声后假声等,指某些变声期后的男性青年仍然保留变声期前的高、尖、细的声音,是男性变声期后出现的一种嗓音音调异常现象,也可见于听力障碍儿童、脑外伤等。本例邹某由于有脑外伤病史,肌张力、神经支配出现异常,声带运动协调性较差,振动频率偏高,加之肢体运动系统损伤,呼吸方式异常,呼吸支持不足,因此出现音调及音质的异常,表现为音调较高,说话费力、嘶哑。邹某初次就诊时,从其表现出的言语症状以及对其发音的主观听感知判断,发现其符合男声女调的范畴。为了克服听觉主观判断的偏差性,针对该案例采用喉功能检测处理系统对邹先生进行嗓音测量,为了避免个体状态的影响,声学测量分别安排在上午(2 次)、中午(1 次)、下午(2 次),由此获得 5 次测量数据,结果发现 MSFF 均明显高于 125Hz(成年男性 MSFF 正常值为 125Hz),听觉感知判断结合声学测量充分证明了邹先生音调过高的事实,为了寻找更多可靠的临床诊断依据,邹某接受了电子喉镜检查,结果发现其发 /i/ 音时医师肉眼观察声门闭合可,但声带拉长,比较紧张,符合男声女调的诊断。

本案例首先需要解决的是邹某的言语音调过高以及由此导致的喉颈部紧张、说话费力。到目前为止,音调过高的主要治疗方法有手术(如甲状软骨成形术)、发声训练、针刺、推拿按摩等。手术虽然能直接解决音调过高,但并非所有的男声女调都适合于手术治疗,且手术虽可使音调下降,但同时也容易造成声门接触闭合程度下降,出现声门闭合不全,影响音质。而其他的发声训练、针刺、按摩等方法则应用较少,多为单独使用。因此,采用具有整体治疗效应,且损伤较小的治疗手段尤其重要。中医认为,男声女调主要为阴阳不调,气血失和。推拿按摩能够调节阴阳,通达气血,有邪者驱之外出,虚者则能补益之,还可促进局部血液循环和新陈代谢,消除肿胀,矫正环杓关节和环甲关节的位置,促使声门闭合,并调节机体内脏功能,修复发声功能。腧穴的选择配伍以属任脉之(廉泉穴),属足阳明胃经之(人迎、水突)作为局部取穴,主要起到颈项部平衡阴阳的作用;同时配合颈部肌群的放松手法以及发声训练(视觉反馈降调训练、哈欠 - 叹息法、重读节奏训练等),使喉及声带的调节功能趋于正常。治疗 2 个月后邹某的 MSFF 指标已恢复至正常值水平并稳定在这一水平(MSFF 的平均值接近 125dB)，实验结果显示，采用局部指压推拿结合发声训练有效纠正了邹某音调过高的症状，减轻了声带和颈部的代偿性紧张程度，改善了音质，提高了发声效率。

本案例采用声学测量获取声学数据，并通过治疗前后声学数据的单一被试统计学处理来说明综合治疗方法的疗效，在疗效评价方面更为准确科学。

七、痉挛性发声障碍的康复案例分析

学习目的

通过本案例的学习，加深对嗓音言语障碍的评定与康复治疗方法的理解，启发临床思路。

学习要点

痉挛性发声障碍的成因分析、评定方法、康复治疗技术(推拿结合发声训练)以及动态评价康复治疗的效果。

周某，女，35 周岁，性格偏内向，发病之前与人交流正常。2008 年 11 月 17 日因摔跤(前额着地)昏迷了 0.5h，清醒之后，全身不能活动，完全失音。事件之后，在上海某医院神经内科诊治，CT 及 MRI 检查均未见明显脑部病变。于 2008 年 12 月 24 日来上海某医院神经内科诊治。由于检查脑部无明显异常，故神经内科医生将其转诊至康复科言语门诊诊治。

1. 周某有哪些具体的临床表现？

A. 主诉头痛、恶心、呕吐等

B. 声音嘶哑

C. 不能发音，构音困难

D. 运动障碍，易摔倒

E. 认知功能障碍

F. 心理障碍：癔症

解析：通过询问病史和检查周某刚做不久的 CT 及 MRI 报告，发现周某的脑损伤非常隐性，因此给诊断带来了一定的困难；周某发音非常困难，面部口唇僵直，伸舌困难，一旦启动发声，则颈部胸锁乳突肌隆起、面部表情紧张；除此之外，周某采用书面语交流时发现她基本能交流，无障碍，书写功能正常，能手势表达；通过简单的发音引导，周某可以模仿，但模仿不精确；周某强烈要求恢复言语表达能力，似乎可以排除癔症的可能性。

2. 周某应接受哪些相关的检查？

A. 全身神经系统检查　　　　B. 纤维 / 电子喉镜检查

C. 声学测量　　　　　　　　D. 喉肌电图检查

E. 口腔运动功能检查　　　　F. 颈喉部表面肌电图

解析：如果考虑是脑外伤致神经系统病变所致，最好能够得到影像学的支持，但由于大脑的复杂性，导致很多脑功能的改变也不能被研究者发现。从治疗的角度出发，分析周某外在的嗓音言语表现，可主要通过对外周的干预来影响并恢复

大脑功能。为了制订合理的训练计划,周某应接受哪些相关的检查呢?

(1)全身神经功能检查:脑神经正常,颈软,四肢运动自如,肌力Ⅱ级,肌张力适中,步态紧张样,平衡共济协调。

(2)口腔运动功能检查:下颌张开受限,伸舌困难,舌左右运动不能,且舌肌硬,下颌与舌运动存在联动,唇的圆展运动受限。

(3)电子喉镜及频闪动态喉镜检查结果显示:声门闭合可,双侧声带未见明显异常。

(4)首次声学测量显示:标准化声门噪声能量(NNE)明显大于–10dB(NNE正常值小于–10dB),jitter值正常。

由于喉镜检查与声学测量结果不一致,因此,我们采用了另一项检查方法——针刺喉甲杓肌,同时让周某发/i/音时的肌电图检查结果显示,双侧甲杓肌自发肌电图呈单纯相,波幅均明显降低(左侧为0.33mV,右侧为0.37mV)。该项检查也证明了神经源性痉挛性发声障碍(外展肌型)的存在。

3.治疗者根据周某的问题应采用哪些治疗措施?

A.喉部推拿　　　　　　B.口部运动治疗

C.呼吸训练　　　　　　D.重读节奏训练

E.半吞咽法　　　　　　F.咀嚼法

解析:根据周某的检查结果,其言语治疗应从以下几个方面开展功能训练:

(1)面颈部推拿治疗:根据周某的发声症状以及选穴的邻近、远道及整体作用,重点采用任脉与阴维脉交会穴(CV22(天突)、CV23(廉泉))、督脉与阳维脉交会穴(GV15(哑门)、GV16(风府))以及手阳明大肠经LI4(合谷)。针对这些经穴进行轻按揉(每穴位每次1.5min);拿颈部(三指或四指相对用力拿揉颈部,或分别拿揉两侧肌肉,由上而下反复3遍);三指拿胸锁乳突肌(一侧拇指,胸锁乳突肌另一侧食指中指对拿,自上而下),左右交替进行,各3遍;并用右手拇指食指分别置于甲状软骨的两侧后缘,以拿法和揉法针对喉部进行顺时针旋转运动20次;口部运动治疗(侧重下颌开闭运动训练、口轮匝肌圆展运动训练;针对舌肌挛缩采用重按手法,降低舌肌张力,然后进行舌的前后、左右运动训练)。推拿治疗时间分配:经穴按揉8min,颈部、胸锁乳突肌、喉部按摩6min,口部运动治疗15min,每次共30min。

(2)发声训练:呼吸训练,生理腹式呼吸训练,即无论是仰卧位、侧卧位、坐位、直立位姿势下均建立腹式呼吸方式;在此基础上进行最长声时训练,即深吸一口气,采用自然舒适的方法持续发/a/音的最长时间)、哈欠-叹息法(通过做哈欠-叹息的动作,促使口咽腔张开)、咀嚼法(通过咀嚼,使口腔得到放松)、半吞咽法(指吞咽动作做到一半,即喉抬至最高时,让周某发爆破音,促使声门闭合的方法)、重读节奏训练(重点采用慢板节奏二,促进呼吸与发声的协调性)、共鸣训练(通过指导周某发/a/、/o/、/e/、/i/、/u/、/ü/,以恢复正常的口咽腔共鸣)。以上方法采用依次递进原则进行,如初级阶段发声训练的内容有生理腹式呼吸训练、哈欠-叹息、咀嚼训练;第二阶段发声训练内容主要有生理腹式呼吸训练、半吞咽训练、重读节奏训练;最后阶段的发声训练内容主要是重读节奏训练、共鸣训练;每次发声训练时间为15min。

4. 我们采用何种方法来评价治疗效果?

 A. 纤维 / 电子喉镜检查

 B. 声学测量

 C. 喉肌电图检查

 D. 单一被试统计方法

 E. 个案嗓音的听感知比较

 F. 颅脑 CT 检查

解析: 治疗效果评价不仅是周某和言语语言康复师的感知评价, 更重要的是能获取具有病理生理学意义的参数, 通过治疗前后测得数据的比较, 以客观观察治疗效果。采用喉功能检测仪在治疗前后分别对周某进行声学测量, 观察分析 F_0、基频微扰、shimmer、NNE 声学参数。治疗前随机测量 8 次, 获取声学参数 F_0、基频微扰、shimmer、NNE 的基线期数据, 测试结果表明周某存在严重的气息声, NNE 明显大于 −10dB, 即显著超出正常值范围 (图 2-3-23)。

治疗时间共 3 个月 (2009 年 1 月 5 日至 2009 年 4 月 5 日), 每周治疗 2 次, 每次 45min, 其中春节放假 2 周, 周某实际共接受 20 次治疗。获取治疗后 8 次 F_0、基频微扰、shimmer、NNE 数据作为处理期数据。治疗后, 2009 年 4 月 5 日的声学测量 (图 2-3-23) 与治疗前比较, 气息声明显恢复正常范围。

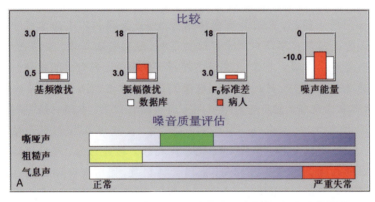

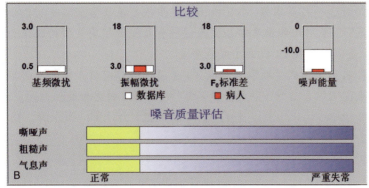

图 2-3-23　治疗前后的声学测量结果对比

A. 治疗前　B. 治疗后

─────────────　学习小结　─────────────

痉挛性发音障碍可分为内收肌型、外展肌型及混合型。周某初次就诊时，从其表现出的言语症状以及听感知其发音，符合痉挛性发音障碍的诊断标准。为了克服听觉主观判断的偏差性，课题组采用喉功能检测处理系统对周某进行嗓音测量，为了避免个体状态的影响，声学测量分别安排在上午（3次）、中午（2次）、下午（3次），由此获得8次测量数据，结果发现NNE均明显大于–10dB（NNE正常值小于–10dB），听觉感知判断结合声学测量充分证明了周某声门闭合欠佳的事实，因此为了寻找更多可靠的临床诊断依据，周某接受了电子喉镜检查，结果发现其发/i/音时医师肉眼观察声门闭合可，未见声带损伤，但这与听觉感知的气息声不相符，为解决此矛盾，对周某进行甲杓肌针刺肌电图检查，结果发现甲杓肌肌电幅度明显下降，此项检查可以证明声带肌收缩无力，声门闭合欠佳，符合痉挛性发音障碍的诊断。由于周某甲杓肌肌电活动呈减弱状态，故考虑为外展肌型痉挛性发音障碍。在诊断中发现声学测量的方法与喉肌电图检查存在一致的结果，鉴于针刺喉肌电图检查存在一定的痛苦和风险，因此，可通过声学测量的方法间接反映声门闭合的情况。

本案例首先需要解决的是周某发音器官的神经肌肉障碍——咽喉部及口面部肌张力异常。到目前为止，解决局部肌张力障碍的主要方法有A型肉毒素注射、喉返神经切断术、喉上神经切断术等。这些方法虽然取得了一定的疗效，但也存在诸多问题。因此，采用具有整体治疗效应，且损伤较小的治疗手段尤其重要。中医认为面颈部痉挛属中风中经络之范畴，经脉气血不调，经筋失于濡养，出现血虚风动之痉挛表现。推拿通过经络发挥调和气血、平衡阴阳的作用。腧穴配伍以属任脉之（CV22（天突）、CV23（廉泉）），属督脉之（GV15（哑门）、GV16（风府）作为局部取穴配伍，主要起到颈项部平衡阴阳之作用；手阳明经"从缺盆上颈，贯颊……还出挟口，交人中——左之右、右之左，上挟鼻孔"，与颜面颈项部联系密切，且其原穴LI4（合谷）有"面口合谷"收之称。按揉该穴，可发挥远端取穴调和经络气血的作用。以上诸穴相伍，采用按揉刺激，同时配合颈面部痉挛肌群的重按手法以及发声训练（咀嚼法、哈欠 - 叹息法、呼吸训练等），使颜面及喉功能趋于恢复。治疗3个月后周某NNE指标已逐步恢复至正常值水平（NNE<–10dB），试验结果显示，采用局部推拿结合发声训练有效缓解了周某甲杓肌张力减弱的症状，增加了声门闭合程度，提高了发声质量。

本试验采用声学测量获取声学数据，并通过治疗前后声学数据的单一被试统计学处理来说明综合治疗方法的疗效，在疗效评价方面更为准确科学。

（杜晓新　徐　文　万　萍　肖永涛　郑　钦）

第三章 语言障碍康复实训

语言作为一种社会交际工具的符号系统包含语音、语义、语法、语用等层面，形式包括口语、书面语、肢体语言等。任何要素及要素组合规则出现问题，即可能导致语言障碍。美国言语语言听力协会将语言障碍定义为"理解方面和/或口语、书面语和/或其他符号系统运用性的损伤，具体包括语言的形式（音位、词法和句法）、语言的内容（语义）和/或语言的综合交流功能（语用学）"。临床上，儿童语言障碍主要表现为语言发育迟缓或语言损伤，而成人语言障碍则以失语症为主。

本章将立足于该临床实际状况，对这两类患者在基于 ICF 框架下进行语言康复实训中如何进行规范化的操作流程作整体阐述，并通过临床案例分析，提高学生语言康复实践能力。

第一节 儿童语言障碍康复实训

儿童语言功能康复是一个系统、连续且完整的过程，康复师必须按照规范化的操作流程进行，这样才能使实际工作有章可循。儿童语言治疗的整个过程就是通过评估（assessment，A）—治疗（therapy，T）—监控（monitor，M）—评价（evaluation，E）这样一个循环过程来完成的。基于 ICF 的儿童语言功能评估与治疗主要包括以下步骤，即个人信息搜集、ICF 儿童语言功能评估、康复治疗及监控、疗效评价（图 3-1-1）。

一、基本信息收集

信息采集主要指通过询问和观察，从患者本人、家长、主要照顾者、班主任及任课老师那里获得与儿童语言障碍相关的信息，如患者的障碍类型、日常交流方式、听力状况、进食状况、口部触觉感知与运动状况、言语语言认知功能发育状况等（表 3-1-1）。个人信息收集得越详细，康复师的评估和干预就越精准。在个人信息采集过程中，要特别关注语言发展过程的信息、家庭沟通模式，并确认家长对儿童康复的期望。通过对这些信息的了解与初步分析，可以大致判断儿童语言障碍的原因、目前的发展水平以及心理行为特点等，为进一步实施有针对性的测量评估和康复计划奠定基础。

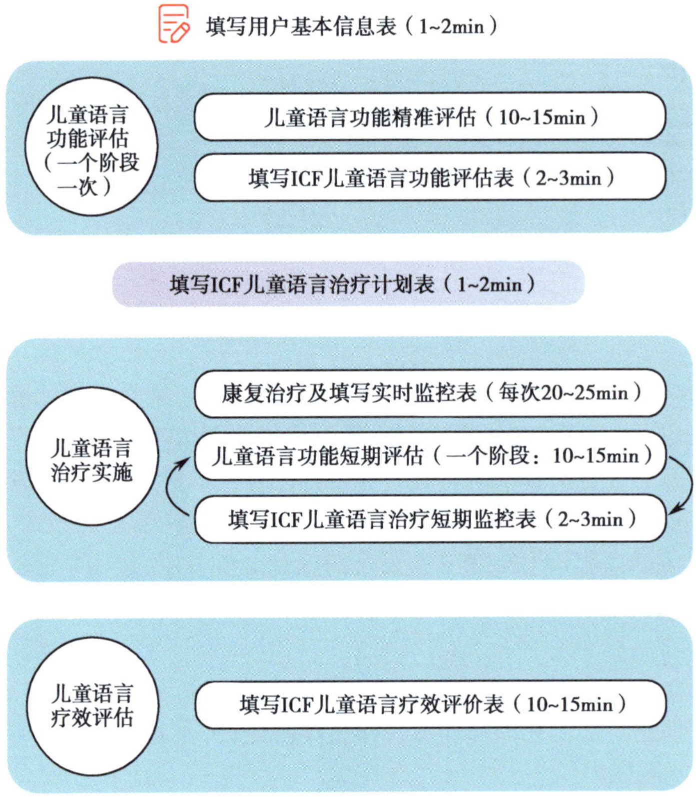

填写用户基本信息表（1~2min）

儿童语言
功能评估
（一个阶段
一次）

儿童语言功能精准评估（10~15min）

填写ICF儿童语言功能评估表（2~3min）

填写ICF儿童语言治疗计划表（1~2min）

儿童语言
治疗实施

康复治疗及填写实时监控表（每次20~25min）

儿童语言功能短期评估（一个阶段：10~15min）

填写ICF儿童语言治疗短期监控表（2~3min）

儿童语言
疗效评估

填写ICF儿童语言疗效评价表（10~15min）

图 3-1-1　儿童语言治疗规范化流程（A+T+M+E）

表 3-1-1　患者基本信息表

患者基本信息

姓名* ＿×××＿　　出生日期* ＿2018 年 9 月 12 日＿　　性别* □男　☑女

检查者＿×××＿　　评估日期* ＿2021 年 3 月 9 日＿　　编号* ＿001＿

类型：☑智力障碍＿＿＿　□听力障碍＿＿＿　□脑瘫＿＿＿　□孤独症＿＿＿　□发育迟缓＿＿＿
　　　□失语症＿＿＿＿＿　□神经性言语障碍（构音障碍）＿＿＿＿＿＿
　　　□言语失用症＿＿＿　□其他＿＿＿＿＿＿＿＿＿

主要交流方式：☑口语　□图片　□肢体动作　□基本无交流

听力状况：☑正常　□异常　听力设备：□人工耳蜗　□助听器　补偿效果＿＿＿＿＿＿＿＿＿

进食状况：＿＿＿＿＿＿＿＿＿＿无明显异常＿＿＿＿＿＿＿＿＿

言语、语言、认知、情绪状况：语言方面能够理解少量生活中常见的人和物，可以使用少量简单词汇表达需求，但仅能表达少数生活常见词，如"妈妈""饭饭"。

口部触觉感知与运动状况：＿＿＿＿＿无明显异常＿＿＿＿＿

二、语言功能评估的临床实训

基本信息收集后，康复师可初步判定患者是否存在语言问题，接下来对儿童进行语言能力的标准化量表评估。借助相关的评估软件和量表可以明确儿童语言障碍类型和 ICF 损伤程度等级,尤其是判断其语言发展的优势和劣势,以便为后续的语言治疗提供依据。本部分主要以我国学者刘巧云自主开发的《普通话儿童语言能力临床分级评估表》(Mandarin Clinic Evaluation of Language Fundamental,MCELF)为工具,系统介绍儿童语言功能评估。

(一)前语言沟通能力评估

前语言沟通能力,即儿童能够协调对人和环境的注意,恰当回应外界刺激,并利用眼神、表情、手势动作等非口语形式发起沟通、表达需求的能力,是儿童语言学习前的必要准备。儿童的前语言沟通技能评估包括沟通动机、要求技能、共同注意和模仿技能四个方面。本测验采用半结构化互动的测验方式进行,采用三点计分[0(无相关表现)、1(表现不明显)、2(表现明显)],总分 16 分(表 3-1-2)。如果儿童得分低于 14 分,则表明具备了前语言沟通技能,如果不低于 14 分,则需要进行康复训练。

表 3-1-2　前语言沟通技能测验评估表

序号	题目	表现			得分
1	被叫到名字能恰当反应	□无相关表现	□表现不明	□表现明显	
2	能看着说话的人	□无相关表现	□表现不明	□表现明显	
3	能主动跟随他人的视线	□无相关表现	□表现不明	□表现明显	
4	能关注新异刺激	□无相关表现	□表现不明	□表现明显	
5	能主动提出要求	□无相关表现	□表现不明	□表现明显	
6	能主动模仿他人的简单动作	□无相关表现	□表现不明	□表现明显	
7	能主动模仿他人发声	□无相关表现	□表现不明	□表现明显	
8	能主动吸引别人关注	□无相关表现	□表现不明	□表现明显	
总分					
备注:					

(二)词语理解与表达能力评估

词语理解与表达能力的评估主要考察儿童能否理解和表达常用的核心名词、核心动词和核心形容词的能力。

1. 词语理解能力评估　词语理解能力测验共 35 个题项,其中名词 19 题,动词 11 题,形容词 5 题,考察儿童对词语的理解能力,为判断儿童词语理解能力的发展水平和儿童语言障碍问题的干预起点,提供了科学有效的依据。当儿童词语理解得分的相对年龄低于其实际年龄时,则现阶段需要进行词语理解能力的针对性训练,词语理解能力评估简单易行,用时简短,是筛查语言发育迟缓、语言理解障碍的理想工具。该评估可以使用早期语言障碍评估与干预仪软件进行测试。

(1)操作流程

1)打开"早期语言障碍评估与干预仪软件",进入训练页面。

2)点击"评估"按钮,进入评估界面。

3）点击"词语理解"评估按钮,进入评估界面之后,首先是例题练习环节,目的在于使儿童理解评估规则。界面正中是四个选项图,软件自动播放"找一找……",儿童单击图片"……"即完成本题评估。若儿童已熟悉指导语,点击左上角白色小喇叭,可关闭提示音,则软件只播放"……"。

4）例题结束后,系统将自动开始正式评估。得分记录为正确计 1 分,错误计 0 分;若儿童连续 8 题没有反应或者反应完全错误则停止测验。

（2）查阅结果并分析

1）评估结束后,可查看评估结果记录表。

2）点击词语理解评估中的"导出数据"按钮,系统将自动生成评估结果,并保存;

3）结果显示每道题的得分(1 为正确,0 为错误)、每类词汇的平均得分以及词语理解评估的总得分。

2. 词语表达能力评估　词语表达评估常采用命名的方式进行测量,即通过让儿童对事物或者事物的图片或模型进行贴标签的形式来考察儿童词汇表达能力。如出示图片要求儿童回答"这是什么?"从而考查儿童对图片里的事物命名的能力。词语命名是语言发展过程中的一个重要环节,是在一定认知基础上从语言理解到语言表达的重要过渡。词语命名是儿童能够用语言对看到、听到、闻到或触摸到的东西贴标签的过程。本部分测验共 65 个题项,通过要求儿童按照指导语,对所提供的图片进行命名,其目的是考察儿童名词、动词、形容词、量词的命名能力。当儿童词语命名得分的相对年龄低于其实际年龄,则现阶段需要进行词语命名的针对性训练。

（1）操作流程

1）打开"早期语言障碍评估与干预仪软件",进入评估界面。

2）点击"词语命名"评估按钮,进行例题的学习,共三题。

3）例题结束后,系统将自动开始正式评估。得分记录为正确计 1 分,错误计 0 分;若儿童连续 8 题没有反应或者反应完全错误则停止测验。

（2）查阅结果并分析

1）评估结束后,可查看评估结果记录表。

2）点击词语命名评估中的"导出数据"按钮,系统将自动生成评估结果,并保存。

3）结果显示每道题的得分(1 为正确,0 为错误)、每类词汇的平均得分以及词语命名评估的总得分。

（三）句子理解与表达能力评估

句子理解和表达评估主要考察儿童是否掌握常用的语法规则,并结合实际内容进行运用。

1. 句子理解能力评估　句子理解是指能够将句中关键信息进行整合,从而明白句子的含义,进行恰当回应的能力。句子理解能力测验根据汉语的语法结构,遵循汉语语法构建规则和儿童语言发展规律,主要考查儿童对包括无修饰句、简单修饰句和特殊句式等在内的常用句式的理解。其中简单修饰句包含了一个或两个修饰成分的修饰句,特殊句式包含了非可逆句、可逆句、把字句、被字句以及比较句,该测验共 23 个题项。

(1)操作流程

1)打开"早期语言障碍评估与干预仪软件",进入评估页面。

2)点击"句子理解"评估按钮,进行例题的学习,共两题。

3)例题结束后,系统将自动开始正式评估。得分记录为正确计 1 分,错误计 0 分;若儿童连续 8 题没有反应或者反应完全错误则停止测验。

(2)查阅结果并分析

1)评估结束后,可查看评估结果记录表。

2)点击句子理解评估中的"导出数据"按钮,系统将自动生成评估结果,并保存。

3)结果显示每道题的得分(1 为正确,0 为错误)及句子理解评估的总得分。

2. 句子表达能力评估 刘巧云教授采用句式[①]仿说的方式来考察儿童句子表达能力。句式仿说能力测验遵循汉语语法构建规则和儿童语言发展规律,主要考查儿童对常用句式,包括无修饰句、简单修饰句(含一个修饰成分,含两个修饰成分),特殊句式和复句等几种句式的语法结构的提取和迁移能力,每种句式从语法和语义两个方面进行评估,建立句子表达分级评估体系。该测验共 30 个题项,目的在于考察儿童提取句子结构并结合句子内容进行表达的能力。当儿童句式仿说得分的相对年龄低于其实际年龄,则现阶段需要进行句子表达的针对性训练。

(1)操作流程

1)打开"早期语言障碍评估与干预仪软件",进入评估界面。

2)点击"句式仿说"评估按钮,进行例题的学习,共两题。

3)例题结束后,系统将自动开始正式评估。得分记录采用 0、0.5、1、1.5、2 的五点记分方法,若儿童连续 8 题没有反应或反应全部错误则终止测验。

(2)查阅结果并分析

1)评估结束后,可查看评估结果记录表。

2)点击句式仿说评估中的"导出数据"按钮,系统将自动生成评估结果,并保存。

3)结果显示每道题的得分及句式仿说评估的总得分。

(四)言语语言综合能力评估

发声诱导能力评估主要考察儿童在复述有意义语言(双音节词)时,对于时长和基频的控制能力,反映其言语过程中的自然度。选词考虑到辅音的送气与不送气以及韵母的单韵母和复韵母结构对时长的可能影响,和声调对基频的影响,会选用的特定的语料如"熊猫""跳舞"来计算测试者的平均时长和平均基频值。当儿童双音节词时长、基频参数值不在其实际年龄的正常范围时,则需进行针对性训练。

---

① 句式是指句子的语法结构格式,是由一定语法形式显示的表示一定语法意义的句子的结构格式,可表述为:由词类序列、特定词(或字)、固定格式、语调等形式显示的包含句法结构和语义结构以及语用功能的句子的抽象结构格式。

1. 操作流程

（1）评估前准备

1）打开"语言认知评估训练与沟通仪软件"（图3-1-2）。

2）单通道低通滤波器、背景噪声设置、言语等级设置、录音和播放设置，同嗓音声学评估。

3）进行实时训练和分析参数设置。

（2）正式测试并记录

1）进行实时训练和分析言语基频和强度测试参数设置。

2）点击"设置"菜单，选择"实时训练和分析参数设置"，选择"声波"选项。

3）录音：采集儿童的双音节词语音进行言语基频和时长测量时，要求儿童自然朗读或跟读该词汇"熊猫""跳舞"。测量要求注意患者的声音是否自然舒适，若没有，则要求重新录音。

4）保存声音文件。

5）采集言语基频和时长的数据：分析基频时，通过声波显示，绿框选取所需片断或通过在主窗口上对声音文件进行剪切，得到所需片断；选择"分析"菜单中的统计报告，显示基频的相关数据（图3-1-3上）。分析时长时，通过语谱图显示，选取双音节词的产生的起点和终点，获该双音节词的时长（图3-1-3下），通过计算两个双音节词的平均时长获得双音节词市场的整体数据。

图3-1-2 "语言认知评估训练与沟通仪软件"界面

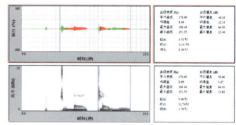

图3-1-3 双音节词评估示例

（3）记录结果并分析：将数据记录在相应表格，并与常模对比。全部测试好之后，将结果与各个参数的参考范围进行比较，输入到ICF转换器获得损伤程度等级（表3-1-3），就结果进行分析并提出建议，尤其应注意明确临床含义。

三、语言功能康复的临床实训

康复师在诊断明确患者语言障碍程度的基础上，制订系统与有针对性的语言康复计划，该康复计划包括语言治疗的主要任务、治疗方法治疗前患者的程度、预期目标（短、长期目标）、治疗后患者所达到的程度以及实施计划的人员等。实施临床康复训练时，需要根据患者的实际情况，将多种治疗方法及康复手段进行有机结合，以便在有效时间内让患者得到最有针对性的治疗，获得最佳的康复效果。

表 3-1-3 儿童语言功能损伤 ICF 等级转换表

身体功能 =即人体系统的生理功能损伤程度			无损伤	轻度损伤	中度损伤	重度损伤	完全损伤	未特指	不适用
			0	1	2	3	4	8	9
b16700	口语理解	词语理解	☐	☐	☐	☐	☐	☐	☐
		句子理解	☐	☐	☐	☐	☐	☐	☐
	对口语信息的解码以获得其含义的精神功能。									
	信息来源:☐病史 ☐问卷调查 ☒临床检查 ☐医技检查									
	问题描述:									
			0	1	2	3	4	8	9
b16710	口语表达	词语命名	☐	☐	☐	☐	☐	☐	☐
		双音节词时长(2cvT)	☐	☐	☐	☐	☐	☐	☐
		双音节词基频(2cvF$_0$)	☐	☐	☐	☐	☐	☐	☐
		句式仿说	☐	☐	☐	☐	☐	☐	☐
	以口语产生有意义的信息所必需的精神功能。									
	信息来源:☐病史 ☐问卷调查 ☒临床检查 ☐医技检查									
	问题描述:									

(一)儿童语言治疗计划制订

康复师全面地掌握了儿童的语言能力现状后,便可为康复对象制订系统且有针对性的训练计划。训练计划包括训练内容与方法,应根据儿童目前的功能损伤程度选用不同的语言训练内容,依据当前目标,采用"小步子多反复"、循序渐进的方式进行。制订儿童语言康复计划时,康复师对应的表格中进行勾选即可(表 3-1-4)。

表 3-1-4 儿童语言治疗计划表

治疗任务		治疗方法	康复医师	护士	物理治疗师	作业治疗师	言语语言康复师	心理工作者	特教教师	初始值	目标值	最终值
b16700 口语理解 (儿童)	词语理解	☐ 词语认识 ☐ 词语探索 ☐ 词语沟通 ☐ 词语认知 • 名词:动物、人体部位、衣物、常用物品、食品、室内物品、室外物品、玩具、器皿、交通工具、人物及地点										

续表

治疗任务		治疗方法	康复医师	护士	物理治疗师	作业治疗师	言语语言康复师	心理工作者	特教教师	初始值	目标值	最终值
b16700 口语理解（儿童）	词语理解	• 动词：常用动作 1、常用动作 2、常用动作 3、常用动作 4、常用动作 5、常用动作 6、常用动作 7、常用动作 8、常用动作 9、常用动作 10										
	句子理解	□ 句子认识 • 主语、谓语、宾语、可逆句、存现句、是字句、把字句、被字句 □ 句子认知 • 多了什么、有什么不同										
b16710 口语表达（儿童）	词语命名	□ 词语认识 ☑ 词语探索 ☑ 词语沟通 □ 词语认知 • 名词：动物、人体部位、衣物、常用物品、食品、室内物品、室外物品、玩具、器皿、交通工具、人物及地点 • 动词：常用动作 1、常用动作 2、常用动作 3、常用动作 4、常用动作 5、常用动作 6、常用动作 7、常用动作 8、常用动作 9、常用动作 10					√			1	0	0
	双音节词时长	□ 声音感知训练 □ 最长声时训练 □ 词语拓展训练 □ 发声诱导训练 • 时长延长 • 时长缩短 • 时长延长与缩短轮替										
	双音节词基频	□ 音调感知训练 ☑ 音调控制训练 □ 词语拓展训练 □ 发声诱导训练 • 音调升高 • 音调降低 • 音调升高与降低轮替					√			3	2	2

续表

治疗任务	治疗方法	康复医师	护士	物理治疗师	作业治疗师	言语语言康复师	心理工作者	特教教师	初始值	目标值	最终值
b16710 口语表达 （儿童）	句式仿说	□ 句子认识 • 主语、谓语、宾语、可逆句、存现句、是字句、把字句、被字句 □ 句子认知 • 多了什么、有什么不同										

（二）儿童语言康复治疗及实时监控

基于 ICF 理论，儿童语言功能治疗主要包括口语理解和口语表达两部分。本部分将重点阐述儿童语言功能训练的方法和内容。

1. 儿童前语言期沟通能力训练 前语言沟通能力训练内容包括基本沟通能力训练和前语言唤醒。基本沟通能力的训练内容主要包括沟通动机、模仿技能、共同注意等。前语言唤醒的训练内容主要包括对语音的感知与训练，即从音节时长、响度、强度、停顿起音等多个维度对言语声进行感知与表达。

沟通唤醒及前语言唤醒部分为语言发展年龄仍然处于无意识交流阶段的儿童提供音乐刺激，该阶段是向有意识交流阶段过渡的一个过程。沟通唤醒中的主要内容为视听迁移和视听统合，前语言唤醒中的主要内容为生活用品、动物和植物、玩具和学习用品、室外物品和水等。沟通唤醒及前语言唤醒含有听觉视觉刺激的音乐视频，起到调动患者情绪、促进患者与外界沟通交流的意识，一般用于教学中的导入环节。

（1）打开"早期语言障碍评估与干预仪软件"，进入"咿呀学语"板块。

（2）选择视频播放方式

1）在"沟通唤醒"页面上，直接点击任一内容即可进入可根据需要进行选择。"沟通唤醒"页面上，有视听迁移中的"第一部分"~"第六部分"。另外在视听统合中有"小巴赫""小莫扎特""小贝多芬"三种不同类型，可根据需要进行选择；其中"小巴赫"和"小莫扎特"通过舒缓中性的音乐和孩子熟悉的玩具作为视频材料，目的是激起儿童学习的兴趣；"小贝多芬"通过正性音乐调动情绪低落孩子的积极性。

2）在"前语言唤醒"页面上，直接点击任一内容即可进入可根据需要进行选择。在"前语言唤醒"页面上，根据不同训练主题划分了不同的训练材料，主要包括生活用品、动物和植物、玩具和学习用品、室外物品和水等，训练目标主要包括感知声音、感知响度、感知音调和感知起音等，可根据不同训练目标选择训练材料；在此阶段我们还可以进行发声意识的训练，提高儿童的注意力，以及为后续的课程内容做铺垫。

（3）进行训练：可根据儿童反应调整视频播放的次数。

（4）查看训练结果 / 实时监控：通过行为观察的方式观察儿童的情绪反应，以实时监控训练结果（表3-1-5、表3-1-6）。

表 3-1-5　沟通唤醒实时监控表

时间	训练类型	内容	训练结果				
			无应答	回应式共同注意	发起式共同注意	模仿发声	自主发声
	□沟通唤醒	□视听迁移 　□第一部分　□第二部分　□第三部分 　□第四部分　□第五部分　□第六部分					
		□视听统合 　□巴赫1　□巴赫2　□巴赫3 　□莫扎特1　□莫扎特2 　□贝多芬1　□贝多芬2　□贝多芬3 　□贝多芬4　□贝多芬5　□贝多芬6					
		□词语映射 　□身体部位　□交通工具　□生活用品 　□动物植物　□玩具、学习用品 　□室外用品　□水 词语内容：____					
		□脑电波诱导（可视音乐、动感视频） 　音乐模式：____　音乐长度：____ 　□播放类型：____ 　□双屏播放： 　　左屏效果：____　右屏效果：____ 　□灯光效果 　　基准频率：____　诱导模式：____ 　　变化节奏：____　灯光强度：____					
		□频谱治疗					

表 3-1-6　发声诱导实时监控表

时间	训练类型	内容	训练结果				
			无应答	回应式共同注意	发起式共同注意	模仿发声	自主发声
	□前语言唤醒	□发声诱导： 　感知：□声音　□音调　□响度　□起音 　产生：□声音　□音调　□响度　□起音					
	□辅助沟通	主题内容：_____ 版式选择：□1×3　□2×3　□3×6 符号形式：□图片＋文字　□图片　□文字 音乐干预：□低频段　□中频段　□高频段					

2. 儿童词语理解与表达训练 词汇量的发展是衡量儿童语言发展的重要指标,也是衡量儿童认知发展的重要指标。儿童只有在掌握了大量的词语的基础上,才能更好地、更畅快地与人进行沟通交流。根据从易到难、由浅入深的原则,训练通过词语认识、词语探索、词语沟通和词语认知四个部分进行。通过认识篇、探索篇和沟通篇,学习核心词语包括 125 个核心名词与 50 个核心动词。通过认知篇学习 100 个词语(包括职业、场所)的功能、32 对描述物品特征的概念、23 个表示类别的集合名称、60 对相互匹配的物品。

(1)打开"早期语言障碍评估与干预仪软件",选择"学词语"训练板块。

(2)"学词语"训练板块包括了词语认识、词语探索、词语沟通、词语认知,这些不同的训练篇章代表对同一内容的不同的训练形式,根据患者的目前语言理解能力水平选择合适的内容进行训练。

1)词语认识:词语认识部分主要是通过用图片呈现物体或动作的典型形象和语音提示,在词语的语音和语义之间建立对应关系认识核心词语的基本含义,并多层次练习解决听觉感知、听觉记忆问题。词语认识训练分成了认识名词和认识动词两大部分内容,下面以"认识名词"为例。

A. 选择训练内容:该板块设有全面系统的词库,分成十一个类别,每个类别内有至少 9 个词语,作为训练的资料库,可通过两种方式完成:

一是按照系统设定的类别来选择,直接单击某一类别前的黄色圆圈即可,一次可选择一个或多个类别,点击"已选内容"查看具体的训练内容。

二是通过编辑自选课程来选择,该方法可以选择不同类别的词汇作为一次学习的内容。点击"编辑自选课程"按钮,进入编辑自选课程界面。点击要选择的内容,最后保存就会看到要求输入课程名称的对话框,填入课程名称后点击"保存"。

B. 选择训练类型:在类型中,设有学习和训练两项可供选择。其中,"学习"主要是呈现实物图片,而"拓展"是呈现卡通抽象图片,可以点击下方的"类型说明"按钮察看具体含义;"训练"有 4 个难度级别可供选择,分别是启蒙训练、初级训练、中级训练和高级训练,同时可设置应答时限和目标正确率。

C. 正式训练:在"学习"部分,系统提问"这是什么?",患者只需点击图片即可完成;在"训练"部分,"启蒙阶段"是在没有干扰项的情况下学习并选择目标词语;"初级训练"在学习目标词后,需患者在一个干扰项下选择目标词语,目标词语有提示;"中级训练"与"初级训练"形式相似,只是不提示目标词语;"高级训练"既没有目标词语的学习,也没有相应的提示,在有干扰项的情况下选择目标词语。

D. 查看训练结果 / 实时监控:完成训练内容后点击"返回"即可查看训练结果,以实时监控训练结果(表 3-1-7)。

2)词语探索:本训练是将在认识篇中学过的核心词语放到生活情景中,让儿童探索和发现这些词语所指的对象,帮助儿童加深对核心词的理解,有助于儿童在生活中运用这些词语。该软件还通过场景模拟解决迁移和再认问题,包括探索名词和探索动词两部分内容。由于这两部分内容在操作上相同,故现在以探索名词为例介绍词语探索篇的操作方式。

表 3-1-7　儿童词语认识训练及实时监控表

用户姓名：		训练日期：	
训练项目：	目标正确率：		应答时限：
训练难度：	□ 启蒙训练　□ 初级训练　□ 中级训练　□ 高级训练		
目标词语	平均反应时		训练正确率
			/
			/
			/
总平均反应时：	s	总正确率：	/　=　%

Λ. 选择训练内容：内容板块中选择需要训练哪一类名词，一类名词对应一个场景。当选中一类名词的时候，在内容板块的右边会显示该类别的 5 个词语，通过是否打钩来增减内容。在附加选项中，可以选择需要训练的非重点词语。

B. 选择训练类型：设有四项，"搜寻名词"指选中物品或动作发出者时，系统自动给出相应的名词、动词的语音和文字；"搜寻名词和描述"指选中物体时，系统自动给出名词的语音和文字，并对该物品进行简单描述；"辨别名词"指按照语音提问找出目标名词或动词，如"找出鸟在叫"；"辨别描述"指系统给出一句描述物品的话，根据描述找出物品。

C. 正式训练：同上。

D. 查看训练结果 / 实时监控：同上（表 3-1-8 ）。

表 3-1-8　儿童词语探索训练及实时监控表

用户姓名：		训练日期：
训练项目：		应答时限：
训练类型：		□ 辨别名词　□ 辨别描述
目标词语		训练正确率
		/
		/
总正确率：		/　=　%

3）词语沟通：本训练把认识篇中学过的核心词语放进句子中，通过互动的形式，让儿童自由运用这些核心词语，并培养儿童沟通意识。初步感知句子结构。内容包括名词沟通图版一和图版二，动词沟通图版一和图版二，共四部分。由于这四部分操作方式相同，故现在以名词沟通图版一为例介绍沟通篇的操作方式。

A. 选择训练内容：首先选择图版的第一面还是第二面，两者分别对应不同的内容，不可同时选择。选择好图版之后，再选择每面图版中的具体词语，每一面图版包括 5 个类别的词语，根据训练要求选择其中的一类或者几类。

B. 选择训练类型：系统设有四种不同的训练形式，"图片匹配"是强化复习核心词语,根据图片和声音找出与备选图片相同的目标图片;"词语识别"是根据声音从备选图片中找出与目标语音相同的图片;"名词种类"强化复习核心词语,能按种类依次找出目标词语;"相互交流"是指通过点击,能够连词成句并达到简单表达的训练。

　　C.正式训练:同上。

　　D.查看训练结果/实时监控:同上(表3-1-9)。

表 3-1-9　儿童词语沟通训练及实时监控表

用户姓名:		训练日期:	
训练项目:		应答时限:	
训练类型:		□ 图片匹配　□ 词语识别　□ 词语种类	
目标词语	训练次数		正确次数
总正确率:　　　/　　　=　　　%			

　　4)词语认知:本训练通过进行核心词语功能训练,加深对词语的整体理解,包括功能、特征、分类和匹配四个部分。由于这四部分操作方式相同,故现在以词语认知功能板块为例介绍认知篇的操作方式。

　　A.选择训练内容:该板块设有全面系统的词库,分成十个类别,每个类别内有至少 6 个词语,作为训练的资料库,可通过两种方式完成。

　　a.是按照系统设定的类别来选择,直接单击某一类别前的黄色圆圈即可,一次可选择一个或多个类别,点击"已选内容"查看具体的训练内容。

　　b.是通过编辑自选课程来选择,该方法可以选择不同类别的词汇作为一次学习的内容。点击"编辑自选课程"按钮,进入编辑自选课程界面。点击要选择的内容,最后保存就会看到要求输入课程名称的对话框,填入课程名称后点击"保存"。

　　B.选择训练类型:词语认知-功能:该部分的内容选择界面与"词语认识-名词"相似。其中,类型中"学习"的练习方式是先出现某样物品的实物图片,点击图片后出现一张描述该物品功能的卡通图片和介绍功能的语音;"找功能"表示根据功能找出物品,"找物品"表示根据物品找出功能。

　　a.词语认知-特征:内容选择界面中的"学习"为点击图片中的物体后从某个角度(如大小等)对该物体进行描述,"训练"为根据特征描述找出相应的物品。如果直接在内容中选择一对描述特征的词汇作为学习对象,在实际练习的时候每一对将会有 3~5 组物品作为练习材料,如通过鱼缸、树、罐子、木板、衣橱 5 组物品来学习"有无"。

　　b.词语认知-分类:内容选择界面中的"学习分类"为点击物品后程序告诉该物品所属类别。"下位训练和下位测试"是找出属于某一类别的物品,"上位训练和上位测试"是找出某一物品所属的类别,"同位训练和同位测试"是找出与某一物品属于同一类别的其他物品。

词语认知 - 匹配：内容选择界面与"词语认识 - 名词"相似。

C. 正式训练：同上。

D. 查看训练结果 / 实时监控：同上（表 3-1-10~ 表 3-1-13）。

表 3-1-10　儿童词语认知 - 功能训练及实时监控表

用户姓名：		训练日期：	
训练项目：	目标正确率：		应答时限：
训练类型：	□找功能训练　□找物品训练		
训练难度：	□初级训练　□中级训练　□高级训练		
目标词语	平均反应时		训练正确率
			/
			/
总平均反应时 /s：	总正确率：		/　　=　　%

表 3-1-11　儿童词语认知 - 特征训练及实时监控表

用户姓名：		训练日期：	
训练项目：	目标正确率：		应答时限：
训练难度：	□启蒙训练　□初级训练　□中级训练　□高级训练		
目标词语	平均反应时		训练正确率
			/
			/
总平均反应时 /s：	总正确率：		/　　=　　%

表 3-1-12　儿童词语认知 - 分类训练及实时监控表

用户姓名：		训练日期：	
训练项目：	目标正确率：		应答时限：
训练类型：	□上位训练　□下位训练　□同位训练		
训练难度：	□初级训练　□中级训练　□高级训练		
目标词语	平均反应时		训练正确率
			/
			/
总平均反应时 /s：	总正确率：		/　　=　　%

表 3-1-13　儿童词语认知 - 匹配训练及实时监控表

用户姓名：		训练日期：	
训练项目：	目标正确率：		应答时限：
训练难度：	□ 初级训练　□ 中级训练　□ 高级训练		
目标词语	平均反应时		训练正确率
			/
			/
总平均反应时 /s：		总正确率：　　　　/　 = 　%	

3. 儿童词组理解与表达训练　词组理解与表达能力的掌握是儿童在语言发展过程中必不可少的一个重要的阶段，词组认识训练的目标是，让儿童认识词组的基本语法结构，在大量感性的视听材料中，感知词语之间的相互搭配规律，形成初步的语法印象。该部分帮助儿童掌握汉语中最常见的 5 种词组形式，学习内容包括并列词组 40 个、动宾词组 40 个、主谓词组 40 个、偏正词组 40 个、介宾词组 40 个。

（1）打开"早期语言障碍评估与干预仪软件"，选择"学词组"训练板块。

（2）选择训练内容：在"学词组"板块，主要包括词组认识篇，根据患者的目前语言理解能力水平选择合适的内容进行训练，帮助有语言障碍的儿童简单感知生活中经常出现的动宾词组、主谓词组、偏正词组、并列词组、介宾词组。

（3）选择训练类型：在类型中，设有学习和训练两项可供选择。其中，"学习"主要是呈现实物图片，可以点击下方的"类型说明"按钮察看具体含义；"训练"有 4 个难度级别可供选择，分别是启蒙训练、初级训练、中级训练和高级训练，同时可设置应答时限和目标正确率。

（4）正式进行训练：操作同"词语认识"。

（5）查看训练结果 / 实时监控：操作同"词语认识"（表 3-1-14）。

表 3-1-14　儿童词组认识训练及实时监控表

用户姓名：		训练日期：	
训练项目：	目标正确率：		应答时限：
训练难度：	□ 启蒙训练　□ 初级训练　□ 中级训练　□ 高级训练		
目标词组	平均反应时		训练正确率
			/
			/
			/
总平均反应时 /s：		总正确率：　　　　/　 = 　%	

4. 儿童句子理解与表达训练　随着词语和词组数量的增加，儿童语言水平进入句子阶段，儿童会依据生活情景连词成句，并不断地增加句子成分，扩展句

长,将人、事、物通过句子连续表达出来。语言障碍儿童在该方面的困难更为明显,常出现词序颠倒、关键词遗漏、句子结构不完整等错误。因此,根据特殊儿童的特点选择适当的内容以及针对性的方法进行句子理解与表达能力的训练十分必要。句子理解与表达能力训练主要适用于语言水平处于早期造句阶段和熟练造句阶段的儿童,通过认识句子、探索句子、句子沟通和句子认知训练四个步骤,培养儿童理解简单句和常用句,以及运用所学句子表达日常所需的能力,学句子部分是帮助儿童掌握汉语主谓宾的基本句式(主语对比、宾语对比、谓语对比、主宾置换)和四种最常见的句型(存在句 10 个、是字句 10 个、把字句 10 个、被字句 10 个)。根据从易到难,由浅入深的原则进行编排,包括句子认识和句子认知两个部分。

(1)打开"早期语言障碍评估与干预仪软件",选择进入"学句子"训练板块。

(2)选择训练内容:在"学句子"板块,包括了句子认识和句子认知,这些不同的训练篇章代表对同一内容的不同训练形式。根据患者的目前语言理解能力水平选择合适的内容进行训练。

1)句子认识:通过直观易懂的例子,让儿童认识主谓宾的简单句式和五种常用句型,并通过多层次的练习,帮助患者感知简单句的正常语序,包括主语、谓语和宾语三类;理解五种常用句,包括存在句、是字句、把字句、被字句,其他操作同"学词语 - 词语认识"。

2)句子认知

A. 多了什么:有两种训练类型,一是同时性训练,指在界面上呈现两张图片,找第一幅图片比第二幅图片多了哪些东西;二是继时性训练,指在界面上呈现一张图片,几秒钟之后呈现第二张图片,找出第二张图片比第一张图片多了哪些东西。两种训练类型都包括四种级别,分别是启蒙训练、初级训练、中级训练和高级训练。

B. 有什么不同:两张图片在细节上存在不一样,需要患者观察后找出。操作同"多了什么"。

(3)正式进行训练:操作同"学词语"训练。

(4)查看训练结果:操作同"学词语"训练(表 3-1-15~ 表 3-1-17)。

表 3-1-15　儿童句子 - 认识训练及实时监控表

用户姓名:		训练日期:	
训练项目:	目标正确率:		应答时限:
训练难度:	□ 启蒙训练　□ 初级训练		□ 中级训练　□ 高级训练
目标句子	平均反应时		训练正确率
			/
			/
			/
总平均反应时 /s:	总正确率:		/　　=　　%

表 3-1-16　儿童句子 - 多了什么训练及实时监控表

用户姓名：		训练日期：		
训练项目：	目标正确率：			应答时限：
训练类型：		□ 同时型训练　□ 继时型训练		
训练难度：		□ 初级训练　□ 中级训练　□ 高级训练		
内容		正确率		
		/1		
		/1		
		/1		
总正确率：		/　　=　　%		

表 3-1-17　儿童句子 - 有什么不同训练及实时监控表

用户姓名：		训练日期：	
训练项目：有什么不同	目标正确率：		应答时限：
训练类型：		□ 同时型训练　□ 继时型训练	
内容		正确率	
		/3	
		/3	
		/3	
总正确率：		/　　=　　%	

5. 短文理解与表达能力训练　短文阶段训练适用于语法派生阶段之后的儿童,这个阶段的儿童已经掌握了基本句法,需要进一步提高的是对语言的综合运用的能力。短文理解与表达能力训练主要通过短文认识来开展康复训练,在该部分训练中,要充分激发儿童的语言表达,注意语言使用的规范性。学短文部分帮助提高儿童用语言描述事件或事物的能力,主要为短文认识,共有 40 个小故事,每个故事配有难度不同的两篇短文。

(1)打开"早期语言障碍评估与干预仪软件",选择"学短文"训练板块。

(2)选择训练内容:在"学短文"板块,分为短文认识,根据患者的目前语言理解能力水平选择合适的内容进行训练。通过直接呈现故事的图片与语音让儿童直观、简单地了解故事内容。在内容选择界面上,"内容"板块中包含 5 个主题,分别是动物、春天、夏天、秋天和冬天,每个主题包含 10 个小故事。短文认识中有"A级语言"和"B级语言"两个选项,A级内容及句式简单,篇幅短小,适合刚通过句子阶段的患者学习;B级内容句式较为复杂,可在 A 级基础上使用。其他操作同"学词语 - 词语认识"。

(3)正式进行训练:操作同"学词语"训练。

(4)查看训练结果 / 实时监控:操作同"学词语"训练(表 3-1-18)。

表 3-1-18　儿童短文训练及实时监控表

用户姓名：		训练日期：	
训练项目：	目标正确率：		应答时限：
训练难度：	□ 初级训练　□ 中级训练　□ 高级训练		
语言难度：	□ A 级语言　□ B 级语言		
目标短文	平均反应时		训练正确率
			/
			/
			/
总平均反应时 /s：		总正确率：　　　/　 =　　%	

6. 短时目标监控　儿童语言功能训练短期监控主要是在阶段训练完成后对儿童的口语理解、口语表达及言语语言综合功能进行阶段性评估（表 3-1-19~ 表 3-1-21），以整体监控阶段内训练目标的达成情况，以便及时调整。一般而言，儿童口语理解和表达功能的短期目标设定为间隔一个月进行一次，而言语语言综合能力一周进行一次。

表 3-1-19　儿童口语理解功能短期目标监控表

日期	名词	动词	形容词	总分	损伤程度	得分
11 月 23 日	73.68%	72.73%	80%	74.29%	初始值	0
					目标值	
					最终值	

表 3-1-20　儿童口语表达功能短期目标监控表（词语命名）

日期	名词	动词	形容词	量词	总分	损伤程度	得分
11 月 27 日	60.61%	60%	37.5%	0%	53.85%	初始值	1
						目标值	0
12 月 20 日	72.72%	60%	37.5%	0%	60%	最终值	0

表 3-1-21　儿童言语语言综合功能短期目标监控表

日期	双音节词时长	双音节词基频	损伤程度	双音节词时长	双音节词基频
11 月 23 日	1.2s	212Hz	初始值	0	3
			目标值		2
11 月 30 日		229Hz	最终值		2

四、疗效评价

疗效评价是指在训练的初期、中期、后期分别进行康复疗效的评价,目的在于对训练情况做出整体评价,总结经验。如有条件限制,中期疗效评价可省略。初期疗效评价是指患者刚入院时进行的评价,可直接使用第一次对患者的精准评估结果作为初期疗效评价。末期疗效评价是指患者即将出院时进行的评价,评估方法与精准评估方法一致,作为患者的出院指导,并为患者后续的治疗提供依据(表3-1-22)。通过对比整个康复治疗进程的治疗效果,判断其是否达成长期目标,评价患者当前语言能力整体的情况,是否达到患者及其家属所预期的目标。

表 3-1-22　ICF 儿童语言疗效评价表

ICF 类目组合		初期评估 ICF 限定值 问题					目标值	中期评估(康复4周) 干预	ICF 限定值 问题					目标达成	末期评估(康复8周) 干预	ICF 限定值 问题					目标达成
		0	1	2	3	4			0	1	2	3	4			0	1	2	3	4	
b16700 口语理解	词语理解	■																			
	句子理解																				
b16710 口语表达	词语命名	■					0								√		■					√
	双音节词时长	■																			
	双音节词基频	■					2		■						√		■					√
	句式仿说																				

五、儿童语言康复的常用工具

1. 早期语言障碍评估与干预仪　其主要适用于早期语言能力的评估与治疗。

(1)评估部分:包括词语理解能力评估,句子理解能力评估,词语命名能力评估,句式仿说能力评估。通过利用大量图片、实物材料等,从视觉、听觉、触觉等感官通道,综合对儿童的语言理解能力和语言表达能力进行评估。鉴别儿童是否存在语言发展障碍、进一步分析确定其障碍类型和程度,并决定其应首先接受哪一阶段的语言教育康复训练。

（2）训练部分：包括"牙牙学语"和早期语言阶段的理解与表达。"牙牙学语"通过特别设计的有声动画视频，呈现从抽象到具体，再从具体到抽象的线条变化，激发前语言期儿童的沟通动机，使其迈出情感表达与沟通的第一步。包括"沟通唤醒"和"前语言唤醒"。早期语言阶段的语言理解与表达能力训练，采用认识、探索、沟通、认知等方式进行核心名词、核心动词、五类核心词组、四类核心句式的训练（包括：①词语的认识、探索、沟通、认知训练，其中词语认知拓展训练，包括词的功能、特征、类别、匹配概念的训练；②词组的认识训练；③句子的认识与认知训练，包括常见的四类句式训练；④短文的认识训练）。

2. 言语语言综合训练仪　其通过对实时语言（构音、语音、鼻音）、电声门图信号进行基频、谐波、FFT、LPC、语谱图的检测、处理，为言语语言障碍的综合康复训练提供相关信息。具体功能有：①帮助患者进行非语言沟通能力的康复训练；②前语言能力实时视听自反馈的康复训练；③语言理解与表达能力的康复训练；④言语语言综合能力实时视听自反馈的康复训练，此训练主要包含四窗口交式互实时言语语言自反馈训练；⑤可根据语言及韵律功能评估标准提供个别化康复建议，具有语言康复效果监控模拟、综合康复支持以及实时言语测量功能。

3. 积木式语音探索训练软件　该软件是针对语言发育迟缓儿童开发设计的专用辅具，主要用于前语言阶段和学词阶段。该系统能较好地触发儿童的学习动机，增强儿童沟通交流的信心，并有助于儿童尽快认识常用物品、发音练习以及听觉分辨练习。该软件具有以下特点：①图片形象生动，突显学习目标，符合语言障碍儿童的认知特点；②采用互动式的交互方式，吸引儿童注意力的同时能激发儿童的沟通欲望；③简便易行的录音设置，能为不同儿童量身定制个性化的提问以及语言示范。

语音积木板系统包括人体、水果店、服装店、食品店、交通工具、野生动物、家禽家畜学习用品、卫生用品、菜市场、家用电器、餐饮 12 类，共 96 个名词，每个名词有一块对应的积木板。为语言障碍儿童的康复训练提供训练内容以及训练形式。

4. 语音沟通训练软件　语音沟通训练软件运用一定的技术、设备及相关理论，补偿或改善由于言语语言方面发展受限的儿童或成人的沟通能力，主要用于替代和扩大沟通。该软件采用 384 个标准图形符号进行社交技巧训练，为语言障碍儿童的语言矫治提供丰富的训练内容及训练形式。包括 8 大分类：①名词、动词、数量；②水果、点心、饮料、其他；③主食、时间、课程、乐器；④生活、室内活动、户外活动；⑤常用物品、衣物、餐具；⑥公共场所、交通、身体；⑦天气、动物、昆虫、节日；⑧情绪、社交技巧。

5. 综合康复支持（早期语言）软件　该软件设计了一系列"家""医院""商店""交通""学校"和"动物园"等相关的康复课件，课件采用游戏化的形式，帮助患者进行语言功能康复。

训练形式包括认识、探索和沟通，"认识"训练中，主要通过"学一学""配一配"和"练一练"帮助儿童认识词语。"探索"训练中，主要通过"学一学"和"练一练"

帮助儿童进一步掌握词语。"沟通"训练通过互动的形式，让儿童自由的运用这些核心词语，并培养儿童沟通意识，初步感知句子结构。

6. ICF 转换器　它基于 ICF 核心分类组合将言语功能测量评估的结果进行标准化，对言语嗓音、儿童构音、成人构音语音、儿童语言、成人语言、认知等模块的定量测量及评估结果进行标准化等级转换，确定患者的言语、语言、认知功能损伤程度，并提供相关功能损伤的具体情况。

本节中，ICF 转换器主要用于对儿童语言功能损伤进行标准化等级转换，基于 ICF 核心分类组合 b16700 口语理解、b16710 口语表达各项功能进行损伤程度的判定，以及功能损伤的具体问题描述。

第二节　成人语言障碍康复实训

与儿童语言功能康复不同的是，除口语的理解和表达能力以外，成人还有书面语的理解和表达、右脑功能、姿势语的表达等。口语的理解包括听回答、听选择、执行口头指令等；书面语的理解包括食物与图片匹配、文字与图片匹配、选词填空等；右脑功能主要包括情绪辨别、图形匹配、隐喻句理解等；口语表达包括词语命名、简单复述、词语复述、双音节词时长、双音节词基频、句子复述、句子时长、句子基频、系列语言、口语描述、朗读等；书面语表达包括写名字、写数字、听写词语、看图写词语、完形填空等；姿势与表达主要考察通过手势或其他肢体动作产生有意义的肢体语言信息的能力。

本节主要以成人语言障碍的典型患者——失语症病为例进行成人语言障碍评估与训练的整体介绍。失语症康复实验评估和训练的内容和操作步骤两大方面进行介绍，包括口语理解能力评估与训练、书面语理解能力评估与训练、口语表达能力评估与训练、成人言语语言综合能力评估与训练等板块的具体实验内容及操作步骤，以期为今后临床工作中失语症评估的实验实践提供内容与方法的规范化指导。

基于 ICF 的成人语言功能评估与治疗根据 A-T-M-E 规范化操作流程，主要包括个人信息搜集、ICF 儿童语言功能评估、康复治疗及监控、疗效评价（图 3-2-1）。

一、基本信息收集

在基本信息采集中，康复师首先要了解患者的吞咽功能，患者能否正常进食，或是以流食为主，可以提示患者口咽部肌肉的运动功能。患者的言语功能是需要了解的重要信息。实践中可以通过和患者交谈，询问一些基本信息（表 3-2-1），比如姓名、家庭住址 / 成员等，对患者的理解和表达情况做大致了解，也可向患者家属了解相应情况。同时应从患者的言语中判断有无声音嘶哑、气息声、呼吸支持不足等言语功能异常。此外，可用手接触患者的嘴唇、面颊等口部器官，判断感知觉、肌张力等情况。

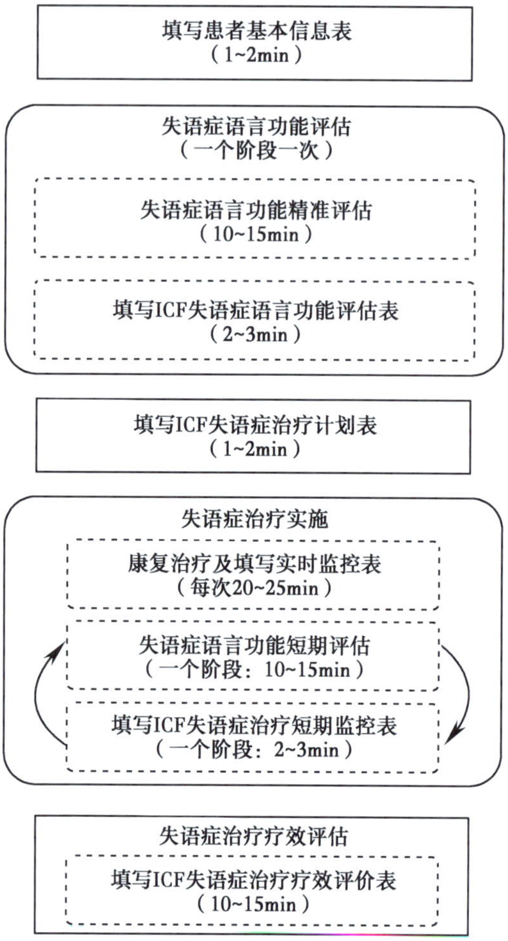

图 3-2-1　成人儿童语言治疗规范化流程(A+T+M+E)

表 3-2-1　患者基本信息表

患者基本信息

姓名＿＿＿＿＿＿＿＿＿＿＿＿　出生日期＿＿＿＿＿＿＿＿　性别□ 男　□ 女

检查者＿＿＿＿＿＿＿＿＿＿　首评日期＿＿＿＿＿＿＿＿　编号＿＿＿＿＿＿＿＿

类型:□ 失语症＿＿＿＿＿＿＿　　□ 神经性言语障碍(构音障碍)＿＿＿＿＿＿＿

　　　□ 器质性嗓音疾病＿＿＿　□ 功能性嗓音障碍＿＿＿　□ 言语失用症＿＿＿

　　　□ 智力障碍＿＿＿　□ 听力障碍＿＿＿　□ 脑瘫＿＿＿　□ 孤独症＿＿＿

　　　□ 其他＿＿＿＿＿＿＿＿＿＿＿＿

主要交流方式:□ 口语　□ 图片　□ 肢体动作　□ 基本无交流

听力状况:□ 正常　□ 异常　听力设备:□ 人工耳蜗　□ 助听器　补偿效果＿＿＿

进食状况:＿＿＿＿＿＿＿＿＿＿＿＿＿＿＿＿＿＿＿＿＿＿＿＿＿＿＿＿＿＿＿＿

言语、语言、认知状况:＿＿＿＿＿＿＿＿＿＿＿＿＿＿＿＿＿＿＿＿＿＿＿＿＿＿

＿＿＿＿＿＿＿＿＿＿＿＿＿＿＿＿＿＿＿＿＿＿＿＿＿＿＿＿＿＿＿＿＿＿＿＿

口部触觉感知与运动状况:＿＿＿＿＿＿＿＿＿＿＿＿＿＿＿＿＿＿＿＿＿＿＿＿＿

二、语言功能评估的临床实训

失语症语言功能的精准评估是 ICF 框架下的失语症评估的首要步骤,能够为后续确定语言功能损伤等级以及制订治疗计划奠定基础。本部分将主要介绍失语症评估的实验内容及操作步骤相关的详细内容,涉及口语理解能力评估、书面语理解能力评估、其他特指的语言理解能力评估、口语表达能力评估、书面语表达能力评估、姿势语表达能力评估和成人言语语言综合能力评估板块的评估内容及操作步骤。

(一)口语理解能力评估

[实验原理]

听觉理解能力是指人对口语的理解能力,听觉理解能力评估按照日常口语使用习惯,选择日常常用的物品、和简单句式,采用听回答(采用问话的形式,让患者根据听到的问题进行判断)、听选择(患者根据听到的物品名称,选择相对应的图片)与执行口头指令(要求患者根据听到的指令,做出相应的动作,评估难度递进为一步、两步和三步指令)的测试形式进行,共 21 个题项,考察失语症患者对口语的理解能力,为判断失语症患者口语理解能力的损伤程度和参与功能,为失语症患者语言障碍问题的干预提供了科学有效的依据。

[实验步骤]

1. 打开"语言障碍康复仪软件"(图 3-2-2),进入评估页面(图 3-2-3)。

图 3-2-2 "语言障碍康复仪软件"界面　　　　图 3-2-3 失语症评估内容

2. 点击"听觉理解"评估按钮,进行听觉理解能力评估,分别进行听回答、听选择和执行口头指令评估;

(1)听回答评估中,听回答评估得分记录规则为 5s 内回答正确 3 分,5s 后回答正确 2 分,自我纠正后回答正确 1 分,回答错误 0 分。

(2)听选择评估中,听选择评估得分记录规则为正确 1 分、错误 0 分。

(3)执行口头指令评估中,执行口头指令评估得分记录规则为第 1、2 题 0、2、3 计分,第 3、4 题 0、2、3、4、5、6 计分,第 5、6 题 0、2、3、4、5、6、7、8、9 计分。

3. 查阅结果并分析

(1)评估结束后,点击"评估结果"按钮,可查看听觉理解评估结果。

(2)将结果进行 ICF 损伤程度转换,可对患者口语理解的损伤程度给出诊断结果(表 3-2-2)。

表 3-2-2　ICF 失语症功能评估表

身体功能 = 即人体系统的生理功能损伤程度:			无损伤	轻度损伤	中度损伤	重度损伤	完全损伤	未特指	不适用
			0	1	2	3	4	8	9
b16700	口语理解	听觉理解	□	□	□	□	□	□	□
	对口语信息的解码以获得其含义的精神功能。								
	信息来源:□病史　□问卷调查　□临床检查　□医技检查								
	问题描述:								
b16701	书面语理解	视觉理解	□	□	□	□	□	□	□
	对书面语言信息的解码以获得其含义的精神功能。								
	信息来源:□病史　□问卷调查　□临床检查　□医技检查								
	问题描述:								
b16708	其他特指的语言理解	右脑功能	□	□	□	□	□	□	□
	对书面语言信息的解码以获得其含义的精神功能。								
	信息来源:□病史　□问卷调查　□临床检查　□医技检查								
	问题描述:								
b16710	口语表达	词语命名	□	□	□	□	□	□	□
		简单复述	□	□	□	□	□	□	□
		词语复述	□	□	□	□	□	□	□
		双音节词时长（2cvT）	□	□	□	□	□	□	□
		双音节词基频（2cvF$_0$）	□	□	□	□	□	□	□
		句子复述	□	□	□	□	□	□	□
		句子时长	□	□	□	□	□	□	□
		句子基频	□	□	□	□	□	□	□
		系列言语	□	□	□	□	□	□	□
		口语描述	□	□	□	□	□	□	□
		朗读	□	□	□	□	□	□	□
	以口语产生有意义的信息所必需的精神功能。								
	信息来源:□病史　□问卷调查　□临床检查　□医技检查								
	问题描述:								
b16711	书面语表达	书写	□	□	□	□	□	□	□
	以书面语产生有意义的信息所必需的精神功能。								
	信息来源:□病史　□问卷调查　□临床检查　□医技检查								
	问题描述:								
			0	1	2	3	4	8	9
b16713	姿势语表达	肢体语言	□	□	□	□	□	□	□
	用非正式授予或其他运动生成信息所必需的精神功能。								
	信息来源:□病史　□问卷调查　□临床检查　□医技检查								
	问题描述:								

（二）书面语理解能力评估

［实验原理］

书面语理解能力评估是指考察个体对文字符号的解码理解能力，即视觉理解能力。书面语理解能力评估按照日常语言使用的方式，采用图片与实物配对（让患者根据看到的物品选择相对应的图片）、文字与图片配对（要求患者根据给定的词语，选择相匹配的图片）和选词填空（要求患者根据给出的一句不完整的句子，选择合适的词语将据句子补完）三方面评估患者的视觉理解能力，共 13 个测试项目。

［实验步骤］

1. 打开"语言障碍康复仪软件"，进入评估页面。

2. 点击"视觉理解"评估按钮，进行视觉理解能力评估，分别进行图片与实物配对、文字与图片配对和选词填空评估。

（1）点击"图片与实物配对"评估按钮，进行图片与实物配对评估，图片与实物配对评估得分记录规则为回答正确 1 分，回答错误 0 分。

（2）点击"文字与图片配对"评估按钮，进行文字与图片配对评估，文字与图片配对评估得分记录规则为回答正确 1 分，回答错误 0 分。

（3）点击"选词填空"评估按钮，进行选词填空评估，选词填空评估得分记录规则为正确 3 分，自我纠正后选择正确 2 分，错误 0 分。

3. 查阅结果并分析

（1）评估结束后，点击"评估结果"按钮，可查看书面语理解评估结果。

（2）将结果进行 ICF 损伤程度转换，可对患者书面语理解的损伤程度给出诊断结果（表 3-2-2）。

（三）其他特指的语言理解能力评估

［实验原理］

其他特指的语言理解能力评估是指对患者右侧大脑半球与语言相关的功能进行评估。语言功能除由左脑的语言中枢控制的成分之外，语言的韵律、节奏等信息需要右脑的参与，因此根据右侧大脑半球相关的语言功能，选择表情辨别、图形匹配和隐喻句理解三个评估项目，共包括 8 个题项，了解患者的右侧大脑与语言相关的功能是否受损。其中，表情辨别要求患者在给出的表情中进行辨别，找出目标表情；图形匹配形式要求患者在给定的选项中找出与目标图形相匹配的图形；隐喻句理解采用短文作为材料，采用听觉与视觉两种评估形式，考察患者对抽象语义的理解能力。右侧大脑半球功能评估为全面了解患者语言功能损伤，制订治疗计划提供依据。

［实验步骤］

1. 打开"语言障碍康复仪软件"，进入评估页面。

2. 点击"右侧大脑半球功能评估"评估按钮，进行右侧大脑半球功能评估模块，分别进行表情辨别、图形匹配和隐喻句理解评估。

（1）点击"表情辨别"评估按钮，进行表情辨别评估，表情辨别评估得分记录规则为回答正确 1 分，回答错误 0 分。

（2）点击"图形匹配"评估按钮,进行图形匹配评估,图形匹配评估得分记录规则为回答正确2分,回答错误0分。

（3）点击"隐喻句理解"评估按钮,进行隐喻句理解评估,隐喻句理解评估得分记录规则为正确10分、重复听取或视觉呈现2分钟后选择记5分,错误0分。

3. 查阅结果并分析

（1）评估结束后,点击"评估结果"按钮,可查看右侧大脑半球功能评估结果。

（2）将结果进行ICF损伤程度转换,可对患者右侧大脑半球功能的损伤程度给出诊断结果（表3-2-2）。

（四）口语表达能力评估

[实验原理]

口语表达能力评估的实验内容包括词语命名评估、简单复述评估、词语复述评估、言语语言综合评估（双音节时长、双音节基频）、句子复述评估、言语语言综合评估（句子时长、句子时频）、口语描述评估、朗读评估等项目。

1. 词语命名评估　其选择日常生活中常见的事物为评估材料,采用听觉刺激、视觉刺激、视听同时刺激、视听继时刺激和续话反应等五种评估形式,组合图片和声音评估患者在不同刺激形势下对生活常见事物的命名能力。

2. 简单复述评估　主要考察成人对无意义音节 /pa/、/ta/、/ka/ 以及无意义音节转换 /pa-ta-ka/ 的复述能力。

3. 词语复述评估　选择生活常用词,反应测试者对生活常用词的复述能力。

4. 言语语言综合评估　双音节时长和双音节基频主要考察成人在有意义语言（双音节词"橡皮""熊猫""跳舞""眼睛"）中对于时长和基频的控制能力。

5. 句子复述评估　选用遵循汉语语法构建规则,语义符合正常逻辑规范和语义不符合正常规范的句子,评估使用听觉刺激结合视觉刺激,评分从复述语序及复述语量两个角度进行评分,评估测试者理解语言后表达的能力。

6. 言语语言综合评估　句子时长和基频主要考察成人在有意义语言（句子）中对于时长和基频的控制能力,考察患者在表达中是否存在异常停顿、延长、语调变化情况;系列言语通过数数、列星期、唱音阶以及唱歌,了解患者对系列言语的表达能力。

7. 口语描述评估　其采用看图叙述,或限定话题的半结构化自发表达的测试形式,通过看图说话、日常沟通和思维能力三方面的评估,了解患者自发性言语的表达能力;

8. 朗读评估　朗读是书面语理解和语言表达功能的综合体现,朗读评估选择日常常用的词语、句子为材料,反映评估者对于词语、句子的朗读能力。

[实验步骤]

1. 打开"语言障碍康复仪软件",进入评估页面。

2. 点击"表达能力评估"评估按钮,进行表达能力评估评估,分别进行词语命名评估、简单复述评估、词语复述评估、言语语言综合评估（双音节时长、双音节基频）、句子复述评估、言语语言综合评估（句子时长、句子时频）、系列言语评估、口语描述评估和朗读评估。

（1）点击"词语命名"评估按钮，进行词语命名评估，表情辨别评估得分记录规则为正确2分，自我纠正、5s内无反应、重复听指令后反应、视觉/听觉提示后反应正确记1分，错误0分。

（2）点击"简单复述"评估按钮，进行简单复述评估，简单复述评估得分记录规则为1~3题每秒5次以上3分，每秒3~4次2分、每秒1~2次1分、每秒1次不到0分，4-5题每秒2次以上3分，每秒1次2分、每秒1次不到1分、无法发音。

（3）点击"词语复述"评估按钮，进行词语复述评估，词语复述评估得分记录规则为正确2分、自我纠正后正确1分、错误0分。

（4）点击"句子复述"评估按钮，进行句子复述评估，句子复述评估得分记录规则为1-2题正确3分、语序颠倒或再次复述后正确2分、再次复述后语序颠倒或再次复述后只能复述半句1分、错误0分；3~5题正确5分、再次复述后正确4分、语序颠倒3分、只能复述半句或再次复述后语序颠倒2分、再次复述后只能复述半句1分、错误0分。

（5）点击"系列言语"评估按钮，进行系列言语评估，系列言语评估得分记录规则为1、2、3、5题按照正确个数计分，如有添加或遗漏，则将添加或遗漏的部分删除，剩余个数计分，如果顺序出错，将顺序错误的部分删除计分，第4题按歌曲小节数计分。

（6）点击"口语描述"评估按钮，进行口语描述评估，口语描述评估包括看图说话、日常沟通和思维能力三种形式，得分记录规则为看图说话总分30分，选择患者表达最好的3句话进行评分，每句最高10分，无反应记0分；日常沟通评分，第一题，回答正确记5分；引导后回答正确记3分；无反应记0分。第二题，用一句以上正确的句子描述，记10分；用一句以上的句子描述，但意义不准确，记7分；用一句以上的句子描述与问题无关的内容，记3分；无反应记0分；思维能力评分为用一句以上正确的句子描述，记10分；用一句以上的句子描述，但意义不准确，记7分；用一句以上的句子描述与问题无关的内容，记3分；无反应记0分。

（7）点击"朗读评估"评估按钮，进行朗读评估，朗读评估得分记录规则为朗读词语正确1分、错误0分；朗读句子6~7句每部分0.5分、8~10句每部分1分，发音延长或不准确不扣分。

3. 查阅结果并分析

（1）评估结束后，点击"评估结果"按钮，可查看口语表达能力评估结果。

（2）将结果进行ICF损伤程度转换，可对患者口语表达能力的损伤程度给出诊断结果（表3-2-2）。

（五）书面语表达能力评估

［实验原理］

书写功能评估根据常用的书写情境，书写功能评估主要包括写名字、写数字、听写词语、看图写词语和完形填空五方面评估患者的书写能力，反映测试者对于在不同状态下对常用文字的书写能力，低于正常同龄者的数值，表示书写功能越差。

［实验步骤］

1. 打开"语言障碍康复仪软件",进入评估页面。

2. 点击"书写"评估按钮,进行书写评估,分别进行写名字、写数字、听写词语、看图写词语和完形填空评估。

(1)点击"写名字"评估按钮,进行写名字评估,写名字评估得分记录规则为四字名字第一字记2分,其余各一分;三字名第一、二字2分,第三字1分;两字名字第一字3分,第二字2分。

(2)点击"写数字"评估按钮,进行写数字评估,写数字评估得分记录规则为如有添加、遗漏或顺序错误,将错误部分剔除不计分,正确1~2个,记1分;正确3~4个,记2分;正确5~6个,记3分;正确7~8个,记4分;正确9~10个,记5分。

(3)点击"听写词语"评估按钮,进行听写词语评估,听写词语评估得分记录规则第一题正确3分,错误0分;第二题正确3分,正确一个字2分,错误0分;第三题正确3分,正确两个字2分,正确一个字1分,错误0分。

3. 查阅结果并分析

(1)评估结束后,点击"评估结果"按钮,可查看书面语表达能力评估结果。

(2)将结果进行ICF损伤程度转换,可对患者书面语表达能力的损伤程度给出诊断结果(表3-2-2)。

(六)姿势语表达能力评估

［实验原理］

姿势语表达能力评估选择生活中常用的肢体语言作为测试项目,主要考察测试者生活常用肢体语言的运用能力,反映测试者对于常用肢体语言的表达能力。低于正常同龄者的数值,表示姿势语表达能力越差。

［实验步骤］

1. 打开"语言障碍康复仪软件",进入评估页面。

2. 点击"肢体语言"评估按钮,进行肢体语言评估,肢体语言评估得分记录规则为反应正确3分、重复听指令后正确2分、反应错误0分。

3. 查阅结果并分析

(1)评估结束后,点击"评估结果"按钮,可查看姿势语表达能力评估结果。

(2)将结果进行ICF损伤程度转换,可对患者姿势语表达能力的损伤程度给出诊断结果(表3-2-2)。

(七)成人言语语言综合能力评估

成人言语语言综合能力评估包括双音节时长、双音节基频和句子时长、句子基频两大部分。双音节时长和双音节基频主要考察成人在有意义语言(双音节词)中对于时长和基频的控制能力,反映测试者在言语过程中的自然度。选词考虑到辅音的送气与不送气以及韵母的单韵母和复韵母结构对时长的可能影响和声调(四声调)对基频的影响,因此选用了符合以上三个原则的双音节词("橡皮""熊猫""跳舞""眼睛")。若患者双音节词时长、基频参数值低于或高于成人的正常范围,则现阶段需要进行言语功能的针对性训练。句子时长和基频主要考察成人在有意义句子中对于时长和基频的控制能力,考察患者在表达中是否存在异常停顿、延长、语调变化情况,反映测试者在言语过程中的自然度,句子时长和基频的语料为"我吃过饭了"。该评估可通过"语言障碍康复仪软件"进行,具体流程同儿童言语语言综合训练。将结果进行 ICF 损伤程度转换,可对患者言语语言综合能力的损伤程度给出诊断结果(表 3-2-2)。

三、语言功能康复的临床实训

基于 ICF 的成人语言评估条目,提出针对各个成人语言功能的康复训练内容,并由言语康复师根据患者的语言情况制订针对性的治疗计划(表 3-2-3)。

表 3-2-3 ICF 失语症言语语言治疗计划表

治疗任务 （14 项）		治疗方法 （实时反馈治疗：8 项） （传统治疗：23 项）	康复医师	护士	主要康复师	言语语言康复师	初始值	目标值	最终值
b16700 口语理解	听觉理解	□ 认识 □ 判断 □ 选择 □ 执行指令 ➤ 实时反馈治疗 □ 绘本治疗 □ 听觉语音反馈训练 □ 选择性听取训练							
b16701 书面语理解	视觉理解	□ 认识 □ 图文匹配 □ 图形核证 □ 选词填空 ➤ 实时反馈治疗 □ 辅助沟通训练 □ 联想视听训练							
b16708 其他特指 语言功能	右脑功能								
b16710 口语表达	词语命名	□ 命名训练 □ 续话训练 □ 列名训练 □ 辅助沟通训练							
	简单复述	□ 口部运动治疗 □ 口腔轮替运动训练 □ 实时重读治疗							
	词语复述	□ 词语复述训练 ➤ 实时反馈治疗 □ 口语诱导训练							

续表

治疗任务 （14项）		治疗方法 （实时反馈治疗：8项） （传统治疗：23项）	康复 医师	护士	主要 康复 师	言语 语言 康复 师	初 始 值	目 标 值	最 终 值
b16710 口语表达	双音节词 时长 （2cvT）	□音节时长训练 □停顿起音训练 □实时重读治疗（RAM） □韵律语调治疗（MIT）							
	双音节词 基频 （2cvF$_0$）	□音调控制、乐调匹配训练 □实时重读治疗（RAM） □音位对比重读治疗（pcRAM） □韵律语调疗法（MIT）							
	句子复述	□句子复述训练 ➤实时反馈治疗 □逐字增加句长训练							
	句子时长	□音节时长训练 □停顿起音训练 □实时重读治疗（RAM） □韵律语调治疗（MIT）							
	句子基频	□音调控制、乐调匹配训练 □实时重读治疗（RAM） □音位对比重读治疗（pcRAM） □韵律语调疗法（MIT）							
	系列言语	□系列言语训练							
	口语描述	□看图说话训练 □言语重读治疗 □韵律语调疗法							
	朗读	□认字训练 □朗读训练							
b16711 书面语表达	书写	□组字训练 □抄写训练 □听写训练 □看图写词语 ➤实时反馈治疗 □书写联想视听训练							
b16713 姿势语表达	肢体语言								

　　由言语语言康复师根据制订的治疗计划进行精准康复，并监控短期目标完成情况及实时康复效果。本部分将详细介绍失语症康复训练的相关内容，涉及口语理解能力训练、书面语理解能力训练、口语表达能力训练、书面语表达能力训练和成人言语语言综合能力训练板块的实验内容及操作步骤。

（一）口语理解能力训练

［实验原理］

口语理解能力训练的实验内容主要包括认识训练、判断训练、选择训练和执行指令训练四部分。

1. 认识训练 其根据训练难度分为基本认识与综合认识两种训练形式。认识训练通过高强度的重复听觉和视觉刺激，从基本词语认识到综合深入认识物品的各个方面。基本认识训练强调听觉刺激（语音）和视觉刺激（文字、图片）相结合，帮助患者重新建立语音和语义联系；综合认识训练强调通过听觉刺激、视觉刺激对功能、特征、分类、匹配进行认识，从物品的类别、特征及功能等方面帮助患者认识物品。

2. 判断训练 其根据训练难度分为基本判断和综合判断两种训练形式。基本判断训练强调通过听觉语音刺激判断图片与听觉信息是否相符，在训练中可以通过将问题用文字形式呈现给患者进行提示，患者通过听到的信息与图片进行核证，恢复语音和语义的联系；综合判断训练强调采用听觉刺激，通过功能、特征、分类、匹配进行判断，患者通过对物品的功能和属性进行判断，恢复、强化语音和语义的联系。

3. 选择训练 其强调通过听觉刺激选择图片，分为单条件和双条件选择两种形式。单条件选择训练要求患者从单一维度进行选择，双条件选择训练则要求患者从两个维度理解指导语，若患者存在困难，可以借助视觉文字辅助。

4. 执行指令 其训练强调通过听觉刺激引导患者做出相应动作，训练难度从一个动作向两个动作、三个动作逐渐增加，多动作指令之间的转换符合日常活动习惯，若患者执行困难，可借助能体现目标动作的视觉图片辅助。

［实验步骤］

1. 打开"语言障碍康复仪软件"（图 3-2-4），进入训练页面（图 3-2-5）。

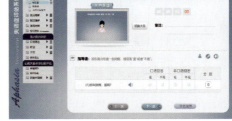

图 3-2-4 "语言障碍康复仪软件"界面　　　图 3-2-5 失语症评估内容

2. 选择适合患者的训练内容与形式：在口语理解能力训练板块，包括了认识训练、判断训练、选择训练和执行指令训练部分，这些不同的训练部分代表对同一内容的不同的训练形式，根据患者的目前语言理解能力水平选择合适进行训练。

（1）认识训练

1）选择训练类型：在类型中，认识训练根据训练难度分为基本认识与综合认识两种训练形式，可任意选择两种训练形式进行认识训练；同时，训练时可以选择训练的语速,包括正常、较快和较慢三种语速,根据患者目前的语言理解能力水平进行适当选择。

2)选择训练内容:该板块设有全面系统的认识训练词库,分成16个类别,包括人体部位、生活用品、衣物、配饰、家用电器、家具、厨房用品、水果、蔬菜、主食点心、饮料、交通工具、动物、文具、体育用品和数码产品等类别,每个类别至少有1个训练单元,包括4个主题类别词语,作为认识训练资料库,可通过两种方式完成:

一是按照系统设定的类别来选择,点击"推荐课程",系统按照失语症类型选择需要的认识训练课程,完成后点击"完成选择"按钮。

二是通过自选认识训练课程来选择,该方法可以选择不同类别的词汇作为一次学习的内容。点击要选择的认识训练内容,选择完成后,点击"完成选择"按钮。

3)进行正式训练:认识能力训练可以结合"语言障碍康复仪软件"中"认识"板块进行,进入正式训练界面,基本认识为患者呈现一个词语以及相应的图片,同时播放语音,如"牙刷"。把视觉刺激和听觉刺激相结合,再结合有关词语的听觉提示刺激,比如认识牙刷时用刷牙的"刷刷"声进行提示;综合认识为患者呈现描述物品功能、特征或属性的句子和使用某种物品的场景、动作,同时播放语音,如"牙刷是生活用品"。

(2)判断训练

1)选择训练类型:在类型中,判断训练根据训练难度分为基本判断和综合判断两种训练形式,可任意选择两种训练形式进行判断训练;同时,训练时可以选择训练的语速,包括正常、较快和较慢三种语速,根据患者目前的语言理解能力水平进行适当选择。

2)选择训练内容:该板块设有全面系统的判断训练词库,分成16个类别,包括人体部位、生活用品、衣物、配饰、家用电器、家具、厨房用品、水果、蔬菜、主食点心、饮料、交通工具、动物、文具、体育用品和数码产品等类别,每个类别至少有1个训练单元,包括4个主题类别词语,作为判断训练资料库,可通过两种方式完成:

一是按照系统设定的类别来选择,点击"推荐课程",系统按照失语症类型选择需要的判断训练课程,完成后点击"完成选择"按钮。

二是通过自选判断训练课程来选择,该方法可以选择不同类别的词汇作为一次学习的内容。点击要选择的判断训练内容,选择完成后,点击"完成选择"按钮。

3)进行正式训练:判断能力训练可以结合"失语症训练软件"中"判断"板块进行,进入正式训练界面,基本判断由康复师呈现一张图片,或者在屏幕中央呈现一个的视觉图像,同时播放问题,如"这是牙刷,是吗?",患者听问题,将听觉语音线索与看到的图像之间做出辨别,回答"是"或者"不是";综合判断训练只为患者呈现关于物品的相应特点和功能的问题,如"牙刷是用来刷牙的吗?",患者听问题后,回答"是"或者"不是"。

(3)选择训练

1)选择训练类型:在类型中,选择训练根据训练难度分为单条件和双条件两种训练形式,可任意选择两种训练形式进行选择训练;同时,训练时可以选择训练的语速,包括正常、较快和较慢三种语速,根据患者目前的语言理解能力水平进行适当选择。

2)选择训练内容:该板块设有全面系统的选择训练词库,分成 16 个类别,包括人体部位、生活用品、衣物、配饰、家用电器、家具、厨房用品、水果、蔬菜、主食点心、饮料、交通工具、动物、文具、体育用品和数码产品等类别,每个类别至少有 1 个训练单元,包括 4 个主题类别词语,作为选择训练资料库,可通过两种方式完成:

一是按照系统设定的类别来选择,点击"推荐课程",系统按照失语症类型选择需要的选择训练课程,完成后点击"完成选择"按钮。

二是通过自选选择训练课程来选择,该方法可以选择不同类别的词汇作为一次学习的内容。点击要选择的选择训练内容,选择完成后,点击"完成选择"按钮。

3)进行正式训练:选择能力训练可以结合"失语症训练软件"中"选择"板块进行,进入正式训练界面,单条件选择训练要求患者从单一维度进行选择,如"请找出牙刷",单一条件为牙刷;双条件选择训练则要求患者从两个维度理解指导语,并进行选择,如"请找出红色的牙刷",双条件分别为红色和牙刷。若患者存在困难,可以借助视觉文字辅助。

(4)执行指令训练

1)选择训练类型:在类型中执行指令训练根据训练难度分为一个动作、两个动作和三个动作三种训练形式,可任意选择三种训练形式进行执行指令训练;同时,训练时可以选择训练的语速,包括正常、较快和较慢三种语速,根据患者目前的语言理解能力水平进行适当选择。

2)选择训练内容:该板块设有全面系统的执行指令训练词库,分成 16 个类别,包括人体部位、生活用品、衣物、配饰、家用电器、家具、厨房用品、水果、蔬菜、主食点心、饮料、交通工具、动物、文具、体育用品和数码产品等类别,每个类别至少有 1 个训练单元,包括 4 个主题类别词语,作为执行指令训练资料库,可通过两种方式完成:

一是按照系统设定的类别来选择,点击"推荐课程",系统按照失语症类型选择需要的执行指令训练课程,完成后点击"完成选择"按钮。

二是通过自选执行指令训练课程来选择,该方法可以选择不同类别的词汇作为一次学习的内容。点击要选择的执行指令训练内容,选择完成后,点击"完成选择"按钮。

3)进行正式训练:执行指令能力训练可以结合"失语症训练软件"中"执行指令"板块进行,进入正式训练界面,执行指令训练先给患者呈现听觉语言刺激,要求患者接收语音信息后解码语音信息,理解动作指令后完成相应的动作,动作指令选择基本日常生活活动,如"模仿刷牙的动作"。若患者执行困难,可借助能体现目标动作的视觉图片辅助。

(5)记录训练结果/实时监控:完成训练内容后点击"返回"即可查看训练结果,以实时监控训练结果(表 3-2-4)。

表 3-2-4　口语理解功能的实时监控

时间	治疗任务	治疗方法（针对性治疗）	训练前描述（如需）	训练结果
	口语理解 （听觉理解）	□ 认识 　□ 基本认识　□ 综合认识 □ 绘本治疗 □ 判断 　□ 基本判断　□ 综合判断 □ 选择 　□ 单条件　□ 双条件 □ 执行指令 　□ 一个动作　□ 两个动作、□ 三个动作 □ 听觉语音反馈训练 □ 选择性听取训练		

（二）书面语理解能力训练与监控

［实验原理］

书面语理解能力训练的实验内容主要包括图文匹配训练，图形核证训练和选词填空训练三部分。图文匹配训练形式包括文图匹配、图文匹配和连线三种训练形式，图形核证训练将文字符号与图片组合为一组语言刺激呈现给患者，要求选出文字符号和图片内容匹配的一组；选词填空训练形式包括二选一到三选一、四选一三种训练形式。

［实验步骤］

1. 打开"语言障碍康复仪软件"。

2. 选择合适患者的训练内容与形式，并进行训练。在书面语理解能力训练板块，包括了图文匹配训练，图形核证训练和选词填空训练部分，这些不同的训练部分代表对同一内容的不同的训练形式，根据患者的目前语言理解能力水平选择合适的内容与形式进行训练。

（1）图文匹配训练

1）选择训练类型：在类型中，图文匹配训练根据训练难度分为文图匹配、图文匹配和连线三种训练形式，可任意选择三种训练形式进行认识训练；同时，训练时可以选择训练的语速，包括正常、较快和较慢三种语速；并且可以包括二选一、三选一、四选一这三种训练形式，根据患者目前的语言理解能力水平进行适当选择。

2）选择训练内容：该板块设有全面系统的图文匹配训练词库，分成 16 个类别，包括人体部位、生活用品、衣物、配饰、家用电器、家具、厨房用品、水果、蔬菜、主食点心、饮料、交通工具、动物、文具、体育用品和数码产品等类别，每个类别至少有 1 个训练单元，包括 4 个主题类别词语，作为图文匹配训练资料库，可通过两种方式完成：

一是按照系统设定的类别来选择，点击"推荐课程"，系统按照失语症类型选择需要的图文匹配训练课程，完成后点击"完成选择"按钮。

二是通过自选图文匹配训练课程来选择，该方法可以选择不同类别的词汇作为一次学习的内容。点击要选择的图文匹配训练内容，选择完成后，点击"完成选择"按钮。

3)进行正式训练:图文匹配能力训练使用"失语症训练软件"中"图文匹配"板块进行训练,进入正式训练界面,文图匹配是呈现一个文字刺激,要求患者理解文字的语义后,在不同的图片中选择与文字相匹配的图片,如"仔细看文字(肚子),找出相匹配的图片";图文匹配是呈现一个图片刺激,要求患者在不同的文字中选择与图片相匹配的词语,匹配训练难度可以从二选一到三选一、四选一逐渐增加,如"仔细看图片(牙刷),找出相匹配的文字";连线训练是同时呈现多个文字刺激和图片刺激,要求将对应的文字和图片连线,如"仔细看,找出相匹配的文字和图片"。

(2)图形核证训练

1)选择训练类型:在类型中,图形核证训练可以选择训练的语速,包括正常、较快和较慢三种语速,根据患者目前的语言理解能力水平进行适当选择。

2)选择训练内容:该板块设有全面系统的图形核证训练词库,分成 16 个类别,包括人体部位、生活用品、衣物、配饰、家用电器、家具、厨房用品、水果、蔬菜、主食点心、饮料、交通工具、动物、文具、体育用品和数码产品等类别,每个类别至少有 1 个训练单元,包括 4 个主题类别词语,作为图形核证训练资料库,可通过两种方式完成。

一是按照系统设定的类别来选择,点击"推荐课程",系统按照失语症类型选择需要的图形核证训练课程,完成后点击"完成选择"按钮。

二是通过自选图形核证训练课程来选择,该方法可以选择不同类别的词汇作为一次学习的内容。点击要选择的图形核证训练内容,选择完成后,点击"完成选择"按钮。

3)进行正式训练:图形核证能力训练使用"语言障碍康复仪软件"中"图形核证"板块进行训练。图形核证训练将文字符号与图片组合为一组语言刺激呈现给患者,要求患者判断文字符号代表的语义与图片内容是否相符,并选出文字符号和图片内容匹配的一组,如"请找出图片和文字对应的一组"。

(3)选词填空训练

1)选择训练类型:在类型中,选词填空训练可以选择训练的语速,包括正常、较快和较慢三种语速,根据患者目前的语言理解能力水平进行适当选择。

2)选择训练内容:该板块设有全面系统的选词填空训练词库,分成 16 个类别,包括人体部位、生活用品、衣物、配饰、家用电器、家具、厨房用品、水果、蔬菜、主食点心、饮料、交通工具、动物、文具、体育用品和数码产品等类别,每个类别至少有 1 个训练单元,包括 4 个主题类别词语,作为选词填空训练资料库,可通过两种方式完成:

一是按照系统设定的类别来选择,点击"推荐课程",系统按照失语症类型选择需要的选词填空训练课程,完成后点击"完成选择"按钮。

二是通过自选选词填空训练课程来选择,该方法可以选择不同类别的词汇作为一次学习的内容。点击要选择的选词填空训练内容,选择完成后,点击"完成选择"按钮。

3）进行正式训练：选词填空能力训练使用"失语症训练软件"中"选词填空"板块进行训练。选词填空训练形式为呈现一句不完整的句子，空缺的部分为训练目标词，要求患者在给出的词语中选择正确的词语，将句子补充完整，并使句意正确，如问题"梳头的时候要用＿＿"、答案"梳子或雨伞"。

3. 记录训练结果/实时监控　完成训练内容后点击"返回"即可查看训练结果，以实时监控训练结果（表 3-2-5）。

表 3-2-5　书面语理解功能的实时监控

时间	治疗任务	治疗方法 （针对性治疗）	训练前描述（如需）	训练结果
	书面语理解 （视觉理解）	•认识 　□基本认识　□综合认识 •图文匹配 　□文图匹配　□图文匹配　□连线 •图形核证 •选词填空 　□二选一　□三选一　□四选一 •文字感知训练		

（三）口语表达能力训练

［实验原理］

口语表达能力训练的实验内容主要包括复述能力训练、命名能力训练、续话能力训练、列名能力训练、朗读能力训练和看图说话能力训练 6 部分。其中，复述能力训练包括词语复述训练、词组复述训练和句子复述训练；命名训练包括视觉刺激、听觉刺激、听视同时刺激、听视继时刺激 4 种训练形式，在临床实践中可以根据患者词语命名能力的精准评估结果，选择患者的优势刺激形式进行词语命名能力的训练；朗读训练包括朗读词语、词语和句子 3 种，训练难度逐渐增加；朗读能力训练包括认字训练和朗读训练。

［实验步骤］

1. 打开"语言障碍康复仪软件"　进入训练页面。

2. 选择合适患者的内容与形式进行训练　在口语表达能力训练板块，包括了复述能力训练、命名能力训练、续话能力训练、列名能力训练、朗读能力训练和看图说话能力训练部分，这些不同的训练部分代表对同一内容的不同的训练形式，根据患者的目前语言表达能力水平选择合适的内容与形式进行训练。

（1）复述能力训练

1）选择训练类型：在类型中，复述能力训练根据训练难度分为词语复述训练、词组复述训练和句子复述训练三种训练形式，可任意选择三种训练形式进行认识训练；同时，训练时可以选择训练的语速，包括正常、较快和较慢三种语速，根据患者目前的语言表达能力水平进行适当选择。

2）选择训练内容：该板块设有全面系统的认识训练词库，分成 16 个类别，包括人体部位、生活用品、衣物、配饰、家用电器、家具、厨房用品、水果、蔬菜、主食点心、饮料、交通工具、动物、文具、体育用品和数码产品等类别，每个类别至少有1个训练单元，包括4个主题类别词语，作为复述能力训练资料库，可通过两种方式完成：

一是按照系统设定的类别来选择，点击"推荐课程"，系统按照失语症类型选择需要的复述能力训练课程，完成后点击"完成选择"按钮。

二是通过自选复述能力训练课程来选择，该方法可以选择不同类别的词汇作为一次学习的内容。点击要选择的复述能力训练内容，选择完成后，点击"完成选择"按钮。

3）进行正式训练：复述能力训练可以结合"失语症训练软件"中"复述"板块进行。词语复述训练要求患者根据"失语症训练软件"呈现的词语，进行复述，刺激患者对该词汇的感知，若复述正确，进入下一个目标项的练习，若不正确，则继续复述该目标项，如"请复述词语梳子"；同样，词组复述和句子复述训练形式类似，如词组复述"红色的梳子"、句子复述"弟弟有把红色的梳子"。

（2）命名能力训练

1）选择训练类型：类型中，命名能力训练根据训练难度分为视觉刺激、听觉刺激、听视同时刺激、听视继时刺激四种训练形式，可任意选择四种训练形式进行判断训练；同时，训练时可以选择训练的语速，包括正常、较快和较慢三种语速，根据患者目前的语言表达能力水平进行适当选择。

2）选择训练内容：该板块设有全面系统的判断训练词库，分成16个类别，包括人体部位、生活用品、衣物、配饰、家用电器、家具、厨房用品、水果、蔬菜、主食点心、饮料、交通工具、动物、文具、体育用品和数码产品等类别，每个类别至少有1个训练单元，包括4个主题类别词语，作为命名能力训练资料库，可通过两种方式完成。

一是按照系统设定的类别来选择，点击"推荐课程"，系统按照失语症类型选择需要的命名能力训练课程，完成后点击"完成选择"按钮。

二是通过自选命名能力训练课程来选择，该方法可以选择不同类别的词汇作为一次学习的内容。点击要选择的命名能力训练内容，选择完成后，点击"完成选择"按钮。

3）进行正式训练：命名能力训练可以结合"语言障碍康复仪软件"中"命名"板块进行，视觉刺激是给患者呈现与目标训练材料相关的图片视觉刺激，询问患者图片上是什么，通过视觉刺激训练患者的命名能力，如给患者看"它是生活用品"这个句子进行提示，或者播放语音"它是生活用品"，通过文字符号和听觉语音两种刺激形式进行训练提示；听觉刺激是用提问的方式，要求患者认真听问题，然后根据听到的问题进行命名，如"吃饭的时候用什么盛饭?"，训练时可以对训练目标物品的属性和功能进行语音提示或文字提示；听视同时刺激命名训练呈现训练目标的图片，同时进行提问，如呈现"碗"的图片，提问患者"吃饭的时候用什么盛饭?"，训练时可以为患者呈现对物品的特点属性和功能的文字提示和语音提示；听视继时刺激命名训练要求患者先认真听问题，然后再观察图片，进行命名，先为患者呈现听觉刺激,听觉刺激后跟随一个视觉信息,可以通过词头音、手势、描述、上下文、书写、描图等形式进行提示。

(3)续话能力训练

1)选择训练类型:在类型中,续话能力训练可以选择训练的语速,包括正常、较快和较慢三种语速,根据患者目前的语言表达能力水平进行适当选择。

2)选择训练内容:该板块设有全面系统的续话能力训练词库,分成 16 个类别,包括人体部位、生活用品、衣物、配饰、家用电器、家具、厨房用品、水果、蔬菜、主食点心、饮料、交通工具、动物、文具、体育用品和数码产品等类别,每个类别至少有 1 个训练单元,包括 4 个主题类别词语,作为续话能力训练资料库,可通过两种方式完成:

一是按照系统设定的类别来选择,点击"推荐课程",系统按照失语症类型选择需要的续话能力训练课程,完成后点击"完成选择"按钮。

二是通过自选续话能力训练课程来选择,该方法可以选择不同类别的词汇作为一次学习的内容。点击要选择的续话能力训练内容,选择完成后,点击"完成选择"按钮。

3)进行正式训练:续话能力训练可以结合"语言障碍康复仪软件"中"续话"板块进行。续话训练使用一个完整的句子作为引导,要求患者根据前一个句子的提示,补完含有目标训练词的句子,如"毛巾是用来洗脸的,牙刷是用来_____的"。

(4)列名能力训练

1)选择训练类型:在类型中,列名能力训练可以选择训练的语速,包括正常、较快和较慢三种语速,根据患者目前的语言表达能力水平进行适当选择。

2)选择训练内容:该板块设有全面系统的列名能力训练词库,分成 16 个类别,包括人体部位、生活用品、衣物、配饰、家用电器、家具、厨房用品、水果、蔬菜、主食点心、饮料、交通工具、动物、文具、体育用品和数码产品等类别,每个类别至少有 1 个训练单元,包括 4 个主题类别词语,作为列名能力训练资料库,可通过两种方式完成。

一是按照系统设定的类别来选择,点击"推荐课程",系统按照失语症类型选择需要的列名能力训练课程,完成后点击"完成选择"按钮。

二是通过自选列名能力训练课程来选择,该方法可以选择不同类别的词汇作为一次学习的内容。点击要选择的列名能力训练内容,选择完成后,点击"完成选择"按钮。

3)进行正式训练:列名能力训练可以结合"失语症训练软件"中"列名"板块进行。列名训练给患者提供一个语言线索,要求患者根据该语言线索尽可能多地扩充语言内容,如"请列举和牙刷相关的物品"。训练时可以根据患者情况进行提示,如词头音、模仿动作等。

(5)朗读能力训练

1)选择训练类型:在类型中,朗读能力训练根据训练难度分为认字训练和朗读训练两种训练形式,可任意选择两种训练形式进行朗读能力训练;同时,训练时可以选择训练的语速,包括正常、较快和较慢三种语速,根据患者目前的语言表达能力水平进行适当选择。

2）选择训练内容：该板块设有全面系统的朗读能力训练词库，分成 16 个类别，包括人体部位、生活用品、衣物、配饰、家用电器、家具、厨房用品、水果、蔬菜、主食点心、饮料、交通工具、动物、文具、体育用品和数码产品等类别，每个类别至少有 1 个训练单元，包括 4 个主题类别词语，作为朗读能力训练资料库，可通过两种方式完成。

一是按照系统设定的类别来选择，点击"推荐课程"，系统按照失语症类型选择需要的朗读能力训练课程，完成后点击"完成选择"按钮。

二是通过自选朗读能力训练课程来选择，该方法可以选择不同类别的词汇作为一次学习的内容。点击要选择的朗读能力训练内容，选择完成后，点击"完成选择"按钮。

3）进行正式训练：朗读训练可以结合"失语症训练软件"中"朗读"板块进行。认字训练是朗读训练的基础，为患者呈现文字符号，提高患者文字理解能力。认字训练可以结合书写联想视听训练软件（TH5-3）进行；朗读训练在认字训练的基础上，要求患者对目标训练词的文字符号进行解码，然后用口语表达出来，朗读训练包括朗读词语、词语和句子三种，训练难度逐渐增加，如指导语"请朗读词语桌子""请朗读词组踩在椅子上""请朗读句子踩在椅子上拿东西容易摔跤"。

（6）看图说话能力

1）选择训练类型：在类型中，看图说话能力训练可以选择训练的语速，包括正常、较快和较慢三种语速，根据患者目前的语言表达能力水平进行适当选择。

2）选择训练内容：该板块设有全面系统的看图说话能力训练词库，分成 16 个类别，包括人体部位、生活用品、衣物、配饰、家用电器、家具、厨房用品、水果、蔬菜、主食点心、饮料、交通工具、动物、文具、体育用品和数码产品等类别，每个类别至少有 1 个训练单元，包括 4 个主题类别词语，作为看图说话能力训练资料库，可通过两种方式完成：

一是按照系统设定的类别来选择，点击"推荐课程"，系统按照失语症类型选择需要的看图说话能力训练课程，完成后点击"完成选择"按钮。

二是通过自选看图说话能力训练课程来选择，该方法可以选择不同类别的词汇作为一次学习的内容。点击要选择的看图说话能力训练内容，选择完成后，点击"完成选择"按钮。

3）进行正式训练：看图说话训练使用"失语症训练软件"中"看图说话"板块。训练时给患者呈现一张图片，要求患者用句子描述图片中的内容，康复师可以用提问、追问、词头音、模仿动作等方式进行提示，如指导语"仔细看图片，用句子描述其中的内容"。

3. 记录训练结果 / 实时监控　完成训练内容后点击"返回"即可查看训练结果，以实时监控训练结果（表 3-2-6）。

表 3-2-6　口语表达功能的实时监控

时间	治疗任务	治疗方法 （针对性治疗）	训练前描述 （如需）	训练结果
	口语表达 （词语命名）	□ 多通道刺激命名训练 　□ 视觉刺激　　　　□ 听觉刺激 　□ 听视觉同时刺激　□ 听视觉继时刺激 □ 续话训练 □ 列名训练 □ 辅助沟通训练 □ 韵律语调治疗法（MIT）		
	口语表达 （简单复述）	□ 口腔轮替运动训练 □ 塞音构音训练		
	口语表达 （词语复述） （句子复述）	□ 词语复述训练、言语语言综合 □ 频谱治疗 □ 韵律语调治疗法（MIT） □ 逐字增加句长法 □ 句子复述训练、言语语言综合		
	系列言语	□ 数数训练 □ 诗歌训练 □ 唱歌训练		
	口语描述	□ 句子描述训练 □ 逐字增加句长法		
	朗读	□ 文字感知训练 □ 朗读训练		

（四）书面语表达能力训练

［实验原理］

书面语表达能力训练的实验内容主要包括组字能力训练，即时抄写能力训练，延时抄写能力训练，听写能力训练、看图写词语能力训练和书写视听联想训练等六部分。

［实验步骤］

1. 打开"语言障碍康复仪软件"，进入训练页面。

2. 选择合适患者的内容与形式进行训练：在书面语表达能力训练板块，包括了组字能力训练，即时抄写能力训练，延时抄写能力训练，听写能力训练和看图写词语能力训练部分，这些不同的训练部分代表对同一内容的不同的训练形式，根据患者的目前语言表达能力水平选择合适的内容与形式进行训练。

（1）组字能力训练

1）选择训练类型：在类型中，组字能力训练可以选择训练的语速，包括正常、较快和较慢三种语速，根据患者目前的语言表达能力水平进行适当选择。

2）选择训练内容：该板块设有全面系统的组字能力训练词库，分成 16 个类别，包括人体部位、生活用品、衣物、配饰、家用电器、家具、厨房用品、水果、蔬菜、主食点心、饮料、交通工具、动物、文具、体育用品和数码产品等类别，每个类别至少有 1 个训练单元，包括 4 个主题类别词语，作为组字能力训练资料库，可通过两种方式完成：

一是按照系统设定的类别来选择，点击"推荐课程"，系统按照失语症类型选择需要的组字能力训练课程，完成后点击"完成选择"按钮。

二是通过自选组字能力训练课程来选择，该方法可以选择不同类别的词汇作为一次学习的内容。点击要选择的组字能力训练内容，选择完成后，点击"完成选择"按钮。

3）进行正式训练：组字训练使用"失语症训练软件"中"组字"板块进行训练，组字训练是将文字符号根据偏旁部首和汉字笔画拆分成各个部分，让患者将其重新组合成目标词，如指导语"请将下列文字部件组合成目标词语（桌子）"。

（2）即时抄写能力训练

1）选择训练类型：在类型中，即时抄写能力训练可以选择训练的语速，包括正常、较快和较慢三种语速，根据患者目前的语言表达能力水平进行适当选择。

2）选择训练内容：该板块设有全面系统的即时抄写能力训练词库，分成 16 个类别，包括人体部位、生活用品、衣物、配饰、家用电器、家具、厨房用品、水果、蔬菜、主食点心、饮料、交通工具、动物、文具、体育用品和数码产品等类别，每个类别至少有 1 个训练单元，包括 4 个主题类别词语，作为即时抄写能力训练资料库，可通过两种方式完成。

一是按照系统设定的类别来选择，点击"推荐课程"，系统按照失语症类型选择需要的即时抄写能力训练课程，完成后点击"完成选择"按钮。

二是通过自选即时抄写能力训练课程来选择，该方法可以选择不同类别的词汇作为一次学习的内容。点击要选择的即时抄写能力训练内容，选择完成后，点击"完成选择"按钮。

3）进行正式训练：即时抄写能力训练使用软件中"即时抄写"板块进行训练，即时抄写训练为患者呈现文字提示，要求患者抄写给出的文字，如指导语"请抄写词语（椅子）"。

（3）延时抄写能力训练

1）选择训练类型：在类型中，延时抄写能力训练时可以选择训练的语速，包括正常、较快和较慢三种语速，根据患者目前的语言表达能力水平进行适当选择。

2）选择训练内容：该板块设有全面系统的延时抄写能力训练词库，分成 16 个类别，包括人体部位、生活用品、衣物、配饰、家用电器、家具、厨房用品、水果、蔬菜、主食点心、饮料、交通工具、动物、文具、体育用品和数码产品等类别，每个类别至少有 1 个训练单元，包括 4 个主题类别词语，作为延时抄写能力训练资料库，可通过两种方式完成。

一是按照系统设定的类别来选择，点击"推荐课程"，系统按照失语症类型选择需要的延时抄写能力训练课程，完成后点击"完成选择"按钮。

二是通过自选延时抄写能力训练课程来选择，该方法可以选择不同类别的词汇作为一次学习的内容。点击要选择的延时抄写能力训练内容，选择完成后，点击"完成选择"按钮。

3)进行正式训练：延时抄写能力训练使用"失语症训练软件"中"延时抄写"板块进行训练，延迟抄写训练先给患者呈现一个词语，要求患者仔细观察文字并记忆，然后隐藏文字，让患者根据工作记忆中存储的符号书写目标词，如指导语"认真看词语，看完后点击文字，隐藏词语并默写（沙发）"。

（4）听写能力训练

1)选择训练类型：在类型中，听写能力训练时可以选择训练的语速，包括正常、较快和较慢三种语速，根据患者目前的语言表达能力水平进行适当选择。

2)选择训练内容：该板块设有全面系统的听写能力训练词库，分成16个类别，包括人体部位、生活用品、衣物、配饰、家用电器、家具、厨房用品、水果、蔬菜、主食点心、饮料、交通工具、动物、文具、体育用品和数码产品等类别，每个类别至少有1个训练单元，包括4个主题类别词语，作为听写能力训练资料库，可通过两种方式完成：

一是按照系统设定的类别来选择，点击"推荐课程"，系统按照失语症类型选择需要的听写能力训练课程，完成后点击"完成选择"按钮。

二是通过自选听写能力训练课程来选择，该方法可以选择不同类别的词汇作为一次学习的内容。点击要选择的听写能力训练内容，选择完成后，点击"完成选择"按钮。

3)进行正式训练：听写能力训练使用"失语症训练软件"中"听写"板块进行训练，听写训练利用听觉刺激训练患者的书写功能，要求患者根据听到的内容，写下相应的文字，如指导语"请听写词语（桌子）"。

（5）看图写词语能力训练

1)选择训练类型：在类型中，看图写词语能力训练可以选择训练的语速，包括正常、较快和较慢三种语速，根据患者目前的语言表达能力水平进行适当选择。

2)选择训练内容：该板块设有全面系统的看图写词语能力训练词库，分成16个类别，包括人体部位、生活用品、衣物、配饰、家用电器、家具、厨房用品、水果、蔬菜、主食点心、饮料、交通工具、动物、文具、体育用品和数码产品等类别，每个类别至少有1个训练单元，包括4个主题类别词语，作为看图写词语能力训练资料库，可通过两种方式完成：

一是按照系统设定的类别来选择，点击"推荐课程"，系统按照失语症类型选择需要的看图写词语能力训练课程，完成后点击"完成选择"按钮。

二是通过自选看图写词语能力训练课程来选择，该方法可选择不同类别的词汇作为一次学习的内容。点击要选择的看图写词语能力训练内容，选择完成后，点击"完成选择"按钮。

3)正式训练：看图写词语能力训练使用"失语症训练软件"中"看图写词语"板块进行训练，看图写词语训练利用视觉刺激训练患者的书写功能，要求患者根据听到的内容，写下相应的文字，如指导语"请根据图面内容（西瓜）写词语"，训练中可以使用听觉刺激进行提示，通过视、听双通道刺激患者的书写功能。

3. 记录训练结果 / 实时监控 完成训练内容后点击"返回"即可查看训练结

果,以实时监控训练结果(表3-2-7)。

表3-2-7　书面语表达功能的实时监控

时间	治疗任务	治疗方法 (针对性治疗)	训练前描述 (如需)	训练结果
	书面语表达	□ 组字训练 □ 即时抄写训练 □ 延迟抄写训练 □ 听写训练 □ 看图写词语 □ 书写联想视听训练(TH5-3)		

(五)成人言语语言综合能力训练

[实验原理]

成人言语语言综合能力训练的实验内容主要包括音节时长训练、停顿起音训练、音调梯度训练、响度梯度训练、啭音训练、口腔轮替运动训练、逐字增加句长训练和韵律语调治疗等部分。其中,音调梯度训练主要是通过阶梯式音调上升或下降复述目标词语或句子;响度梯度法进行词语复述训练,通过阶梯式限度上升或下降复述目标词语;啭音训练主要有快速啭音,慢速啭音和快慢交替啭音;口腔轮替运动训练下颌,唇,舌及其他口部肌群运动功能及运动协调性;逐字增加句长训练结合词语和句子进行复述训练;韵律语调治疗用音乐的节奏和音调的高低变化促进语言表达能力的恢复,可以用于词语复述、词语命名、句子复述、口语描述训练。

[实验步骤]

1. 打开"言语语言综合训练仪软件",录音和播放设置同评估。

2. 正式训练并记录

(1)音节时长训练

1)点击"设置"菜单,选择"实时训练和分析参数设置",选择"言语基频"选项。

2)录音:分别结合唱音法、最长声时训练进行音节时长、音节时长变化的感知和控制训练,结合韵律语调治疗MIT和音节时长训练进行词语复述训练。唱音法训练时让患者用长音、短音或长短音交替的形式复述目标词语。以"毛巾"为例,患者用短音复述牙刷后,用长音再次复述目标词"毛巾",训练时进行音节时长的实时言语基频反馈训练,并测量正常发声和延长发声的时长进行训练监控,正常发声和延长发声的时长差异达20%,表明音节时长差异显著;最长声时训练通过训练患者一次性尽可能长的发声来进行音节时长训练,通过声波测量为患者提供训练的实时言语基频反馈,康复师也可以选择患者发声的时段进行训练监控;结合韵律语调的变化和音节时长的变化,进行词语复述的强化训练,以"脸盆"为例,将"低 - 高"音调模式的吟唱语调和长短音交替的唱音方式相结合复述目标词语,患者先用"低 - 高"吟唱语调和短音复述词语"脸盆",然后用"低 - 高"吟唱语调发长音"脸 - 盆 - ",最后再用短音吟唱调复述词语。

（2）停顿起音训练

1）同音节时长。

2）录音：分别结合词语复述训练和韵律语调治疗进行停顿起音训练，在词语复述训练时结合停顿起音训练是在进行一次词语复述发声后，平静吸气，短暂停顿后再次复述发声，通过波形帮助患者感知声音的出现，提供停顿起音训练的实时言语基频反馈，并监控患者不同停顿状态下的停顿时长差异，以"牙刷"为例，记录患者正常停顿和延长停顿时间，正常停顿和延长停顿间差异达到 20% 表明停顿时长差异显著；在词语复述训练时结合韵律语调的高低变化和停顿起音变化是患者用吟唱语调进行一次词语复述发声后，平静吸气，短暂停顿后再次复述发声，康复师用"高 - 低"类型的吟唱语调在正常停顿起音和延长停顿后起音的状态下示范目标词"牙刷"，让患者进行模仿。

（3）音调梯度训练

1）同音节时长。

2）录音：分别结合音调梯度训练法进行词语复述和句子复述训练，通过阶梯式音调上升或下降复述目标词语或句子，如患者用音调由低到高，阶梯式上升的方式复述词语"毛巾"或康复师用音调逐渐升高然后逐渐降低的方式示范句子"我用牙刷刷牙"，由患者进行模仿匹配。患者通过训练实时言语基频反馈能够感知音调变化，康复师选择患者发声段进行参数分析监控基频变化情况。

（4）响度梯度训练

1）点击"设置"菜单，选择"实时训练和分析参数设置"，选择"幅度"选项。

2）录音：结合响度梯度法进行词语复述训练，通过阶梯式限度上升或下降复述目标词语，如患者用响度由低到高再由高到低，阶梯式上升的方式复述词语"脸盆"，为患者提供响度变化实时幅度反馈，并实现训练监控。

（5）嗓音训练

1）点击"设置"菜单，选择"实时训练和分析参数设置"，选择"基频和幅度"选项。

2）录音：结合嗓音训练强化词语复述训练效果，以快速嗓音为例，示范嗓音法与词语复述相结合训练。训练要领是发以浊音开头的单音节词，重复用嗓音发出，然后过渡到用正常嗓音发该单音节词，如康复师示范用嗓音发 /mi- 米 /，从嗓音过渡到正常嗓音发"米"，然后由患者进行模仿发声。

（6）口腔轮替运动训练

1）点击"设置"菜单，选择"实时训练和分析参数设置"，选择"声波"选项。

2）录音：口腔轮替运动训练要求患者一口气连续发音，进行口腔构音器官的轮替运动，包括双唇音 /pa/、舌尖音 /ta/、舌根音 /ka/ 以及三个音节的组合 /pata/、/paka/、/kata/、/pataka/，通过声波图为患者提供发声的实时反馈，辅助康复师监控患者的发音次数及发声时长，实现训练监控。

（7）逐字增加句长训练

1）同口腔轮替运动训练。

2）录音：结合逐字增加句长训练进行词语复述、句子复述训练，通过声波能够为患者提供发声的实时反馈,并且康复师可以监控患者时长及基频情况,患者借助逐字增加句长的方法进行复述训练,如"牙刷 - 牙刷刷牙 - 我用牙刷刷牙"。

(8)韵律语调治疗

1)同口腔轮替运动训练。

2)录音:韵律语调治疗通过循序渐进的方式,逐渐从吟唱的发声方式过渡到正常的发声方式,使得患者能够连贯流畅地说出词语、词组和句子,共包括三个阶段。第一阶段,首先康复师参照与目标项相关的图片或者训练情境提示,哼唱目标项的旋律。哼唱之后,依照自然的音调、重音使用高 / 低音调唱这个目标词。例如患者用吟唱语调复述目标词"西红柿"。齐唱之后,进行即刻复述训练,康复师唱目标词并且打拍子,立刻让患者重复唱,并且辅以打拍子。在即刻复述训练之后进行词语命名训练,即最后一步提问,在患者复述词语后进行提问"你说什么?"。第二阶段,从齐唱开始训练,依照自然的音调、重音使用高 / 低音调吟唱这个目标词。让患者模仿康复师一起齐唱目标词,进行词语复述。齐唱之后,进行延迟复述训练,康复师唱目标词并且打拍子,延迟 6s 让患者重复唱,并且辅以打拍子。在延迟复述训练之后进行词语命名训练,即最后一步提问,在患者复述词语等待 6s 再进行提问"你说什么?",韵律语调治疗同样可用于词组复述训练。第三个阶段用于句子复述、口语描述训练,首先延迟重复,结合具体图片或训练情境,康复师唱目标句并且打拍子,延迟 6s 后,让患者重复唱目标句,如患者用吟唱语调复述句子"我用毛巾洗脸";其次,延迟后用口语复述,在吟唱句子复述后,过渡到正常语调的句子复述训练,康复师用正常的语调呈现刺激项,等候 6s 后,让患者用正常的语调重复刺激项;最后,对问题回应,在句子复述后进行口语描述训练,康复师针对训练目标句的图片或情境,用正常的语调提问适合的问题,患者用正常口语进行描述。

3. 记录结果并分析

(1)保存声音文件。

(2)采集成人言语语言综合能力训练时声波、言语基频和幅度的数据。在主窗口上对声音文件进行剪切,得到所需片断;选择"分析"菜单中的统计报告,显示言语时长、基频和幅度的相关数据。

(3)记录结果,进行实时训练结果监控,就结果进行分析并提出建议,尤其应注意明确临床含义(表 3-2-8)。

表 3-2-8 言语语言综合功能的实时监控

时间	治疗任务	治疗方法 (针对性治疗)	训练前描述(如需)	训练结果
	言语语言综合 ➢ 双音节词时长 ➢ 双音节词基频 ➢ 句子时长 ➢ 句子基频	□ 音节时长训练 □ 停顿起音训练 □ 音调控制、乐调匹配训练 □ 重读治疗法(RAM) □ 音位对比重读治疗(pcRAM) □ 韵律语调疗法(MIT)		

四、疗效评价

经过阶段性的康复训练之后，由言语语言康复师为患者进行阶段性评估，了解其是否达到康复目标，并调整康复计划（表 3-2-9）。基于 ICF 的成人语言障碍精准评估与康复训练这四个步骤之间是紧密结合的，在不断的循环过程中实现成人语言功能的改善与提高。

表 3-2-9　ICF 失语症疗效评价表

（仅在"末次评估"时填写，填写"首次、任选 1 个中期、末次"）

ICF 类目组合		初期评估					目标值	中期评估（康复__周）						目标达成	末期评估（康复__周）						目标达成
		ICF 限定值						干预	ICF 限定值						干预	ICF 限定值					
		问题							问题							问题					
		0	1	2	3	4			0	1	2	3	4			0	1	2	3	4	
b16700 口语理解	听觉理解																				
b16701 书面语理解	视觉理解																				
b16708 其他特指的语言理解	右脑功能																				
b16710 口语表达	简单复述																				
	词语复述																				
	双音节词时长（2cvT）																				
	双音节词基频（2cvF$_0$）																				
	词语命名																				
	句子复述																				
	句子时长																				
	句子基频																				
	系列言语																				
	口头描述																				
	朗读																				

续表

初期评估			目标值	中期评估（康复__周）			目标达成	末期评估（康复__周）			目标达成
ICF类目组合	ICF限定值			干预	ICF限定值			干预	ICF限定值		
	问题				问题				问题		
	0　1　2　3　4				0　1　2　3　4				0　1　2　3　4		
b16711 书面语表达	书写										
b16713 姿势语表达	肢体语言										

五、失语症康复的常用工具

使用现代化康复设备能够帮助康复师快速、有效的开展工作，使患者获得较好的康复效果。

1. 语言认知评估训练与沟通仪

（1）言语语言综合训练仪软件：它是利用数字信号处理技术和实时反馈技术，通过对言语、构音、语音进行实时检测处理，对言语功能进行定量测量、评估和实时训练。

（2）失语症评估软件：它是以中文为基准研发的失语症评估工具。该系统是一套针对失语症患者设计的一种现代化康复评估设备。主要应用于衡量患者的语言障碍类型及严重程度；判断患者损失或残余的语言能力；为后续训练提供参考依据，使得训练过程更具有针对性、合理性和科学性。

（3）语言障碍康复仪软件：该软件系统的特点是：①选用日常生活常见词语作为训练内容，合理编排，循序渐进；②使用大量的听觉刺激、图片刺激等工具，能够吸引患者兴趣；③从听觉、视觉等多通道对患者进行刺激，充分利用患者的优势刺激模式。

（4）言语重读干预软件：用于言语韵律障碍的测量评估，提供言语韵律训练、言语重读干预。

（5）辅助沟通训练软件：主要用于替代和扩大沟通，指运用一定的技术、设备及相关理论，补偿或改善由于言语语言方面受限的成人的沟通能力。

2. 联想视听统合训练仪　其通过对实时听觉言语、视听诱导信号进行基频、谐波、FFT、LPC、语谱图的检测、处理，为语言障碍的康复训练、疗效监控提供相关信息。为可视音乐、视觉交叉和脑电波诱导干预提供技术参数及康复指导。

3. 口语诱导软件　其利用数字信号处理技术和实时反馈技术，将声音转化为"可视化"的色彩和线条的变化，通过视觉的刺激反馈，进行"可视化"诱导发声训练，刺激患者的语言理解与表达，极大地激发患者开口发声的兴趣，帮助患者实现从"无声"到"有声"的转变。

4. ICF 转换器　它基于 ICF 核心分类组合将言语功能测量评估的结果进行标准化,对言语嗓音、构音语音、儿童语言、成人语言、认知等模块的定量测量及评估结果进行标准化等级转换,确定患者的言语、语言、认知功能损伤程度,并提供相关功能损伤的具体情况。

第三节　语言障碍康复案例分析

本节将以个别化案例分析的形式,阐述如何对常见典型的语言障碍儿童(发育迟缓儿童)和语言障碍成人患者(失语症病人)进行语言治疗规范化流程(A+T+M+E)。

一、儿童语言障碍的康复案例分析

(一)儿童基本信息

儿童基本信息如表 3-3-1 所示。

表 3-3-1　儿童基本信息

患者基本信息
姓名__×××__　　出生日期__2018 年 4 月 9 日__　　性别□男　☑女
检查者__×××__　评估日期__2022 年 3 月 9 日__　　编号__001__
类型:□智力障碍____　　□听力障碍____　　□脑瘫____　　□孤独症____　　☑发育迟缓____
□失语症_____　　□神经性言语障碍(构音障碍)_____
□言语失用症_____　□其他_____
主要交流方式:□口语　□图片　□肢体动作　☑基本无交流
听力状况:☑正常　□异常　听力设备:□人工耳蜗　□助听器　补偿效果_____
进食状况:_____偏好软食____
言语、语言、认知、情绪状况:言语方面,基本无言语交流,言语清晰度较差,声母音位仅掌握/b/、/m/,构音处于第一阶段;语言方面,能理解常用的名词和日常指令,仅会表达"爸""妈"等简单称谓和要求;认知方面,对颜色、形状、数字等概念的认知能力较差。
口部触觉感知与运动状况:无明显异常

(二)ICF 语言功能评估

使用《普通话儿童语言能力临床分级评估表》中的对小苹果(化名)进行评估,结果如下:

儿童语言能力精准评估结果

(1)词语理解与命名能力:词语理解正确率为 54.29%,词语命名能力正确率为 4.62%。

(2)句子理解能力:句子理解正确率为 34.78%。

(3)句式仿说能力:双音节未产生正确的句式仿说,正确率 0%。

(4)言语语言综合能力:双音节词平均时长为 1s,平均基频为 329Hz。

(5)ICF 语言功能评估结果:将小苹果语言功能评估结果进行 ICF 转换(表 3-3-2)。

表 3-3-2 ICF 语言功能评估结果

身体功能 = 即人体系统的生理功能损伤程度			无损伤	轻度损伤	中度损伤	重度损伤	完全损伤	未特指	不适用
			0	1	2	3	4	8	9
16700	口语理解	词语理解	☐	☒	☐	☐	☐	☐	☐
		句子理解	☐	☒	☐	☐	☐	☐	☐
	ICF 损伤程度统计值		平均值：1.0 标准差						
	ICF 损伤程度		1						

对口语信息的解码以获得其含义的精神功能。

信息来源：☑ 病史　☐ 问卷调查　☑ 临床检查　☐ 医技检查

问题描述：

1. 词语理解得分为 54.29%↓，相对年龄 3 岁以下，对词语进行正确理解的心智功能存在轻度损伤。

进一步描述：名词理解正确率为 68.42%，已理解的名词有"火车、鞋子、爸爸、警车、动物、冰淇淋、彩虹、圆形、太阳、冬天、生日、小鸟、瓶子"，未理解的名词有"老人、空调、凉鞋、胸、公路、鞭炮"；动词理解正确率为 45.45%，其中已理解的动词有"老人、空调、凉鞋、胸、公路、鞭炮"，未理解的动词有"吹、上楼、倒、跳、打针、擦"；形容词理解正确率为 20.00%，其中已理解的形容词有"高"，未理解的形容词有"快、直的、伤心、硬"。

治疗建议：词理解正确率未达到 80%，建议进行该类词的认识、探索和沟通训练。

2. 句子理解得分为 34.78%↓，相对年龄 3 岁以下，对句子进行正确理解的心智功能存在轻度损伤。

进一步描述：无修饰句理解正确率为 75%，已理解的无修饰句有"小明画苹果、小明开汽车、小红有汽车"，未理解"小明在房间里"；简单修饰句理解正确率为 30.77%，已理解的无修饰句有"晚上小明唱歌、小明有红色的汽车、小明在房间玩汽车、小明拿着两辆红色的汽车"，未理解"车开过来了、胖胖的男孩有汽车、小明吃完了苹果、小明摔碎了红色的杯子、晚上小明在房间里唱歌、戴眼镜的男孩拿着红色的汽车、穿红衣服的小明在房间里玩汽车、小明在房间外画好了苹果、小明刚要吃苹果"；特殊句式理解正确率为 16.67%，仅理解"小红把椅子推倒了"，其余均未理解。

治疗建议：句理解正确率未达到 80%，建议进行该类句型的认识、探索和沟通训练。

			0	1	2	3	4	8	9
b16710	口语表达	词语命名	☐	☐	☐	☒	☐	☐	☐
		双音节词时长（2cvT）	☒	☐	☐	☐	☐	☐	☐
		双音节词基频（2cvF₀）	☒	☐	☐	☐	☐	☐	☐
		句式仿说	☐	☐	☐	☐	☒	☐	☐
	ICF 损伤程度统计值		平均值：1.0 标准差						
	ICF 损伤程度		1						

身体功能 ＝即人体系统的生理功能损伤程度	无损伤	轻度损伤	中度损伤	重度损伤	完全损伤	未特指	不适用
以口语产生有意义的信息所必需的精神功能。							
信息来源:☑病史　□问卷调查　☑临床检查　□医技检查							
问题描述: 　　1. 词语命名:词语命名得分为 4.62%↓,相对年龄 3 岁以下;对事物进行正确命名的精神功能存在重度损伤。 　　2. 双音节词时长:双音节词时长为 1.00s;双音节词时长处于正常范围,双音节词时长控制能力正常。 　　3. 双音节词基频:双音节词基频为 329Hz;双音节词基频处于正常范围,双音节词基频控制能力正常。 　　4. 句式仿说:句式仿说得分为 0.00%↓,相对年龄 3 岁以下;对于语法结构的提取和迁移的精神功能存在完全损伤。 进一步描述 　　名词命名正确率为 6.06%,仅能命名的名词为"肚子、玉米",其余均错误;动词命名正确率为 6.67%,仅能命名的动词为"画画",其余均错误;形容词、量词正确率均为 0%。 训练建议: 　　名词、动词、形容词和量词命名正确率未达到 80.00%,建议进行该类词语的命名训练。							

(三)ICF 语言功能康复

1. 制订康复计划　根据小苹果 ICF 儿童语言功能评估报告表,儿童词语和句子的理解与表达能力均有不同程度损伤,根据儿童语言发展特点,优先对儿童词语理解与命名能力进行训练,制订如下治疗计划表(表 3-3-3)。

表 3-3-3　儿童语言功能康复计划表

治疗任务		治疗方法	康复医师	护士	言语语言康复师	心理工作者	特教教师	初始值	目标值	最终值
口语理解(儿童)	词语理解	☑词语认识 ☑词语探索 ☑词语沟通 ☑词语认知 • 名词:动物、人体部位、衣物、常用物品、食品、室内物品、室外物品、玩具、器皿、交通工具、人物及地点 • 动词:常用动作 1、常用动作 2、常用动作 3、常用动作 4、常用动作 5、常用动作 6、常用动作 7、常用动作 8、常用动作 9、常用动作 10			√			1	0	0

续表

治疗任务		治疗方法	康复医师	护士	言语语言康复师	心理工作者	特教教师	初始值	目标值	最终值
口语表达（儿童）	词语命名	☑ 词语认识训练 ☑ 词语探索训练 ☑ 词语沟通训练 ☑ 词语认知训练 • 名词：动物、人体部位、衣物、常用物品、食品、室内物品、室外物品、玩具、器皿、交通工具、人物及地点 • 动词：常用动作 1、常用动作 2、常用动作 3、常用动作 4、常用动作 5、常用动作 6、常用动作 7、常用动作 8、常用动作 9、常用动作 10			√			3	1	1

2. 语言康复及实时监控　下面，以康复师对小苹果进行一次词语命名的训练为例，来看康复师怎样进行康复治疗的。

在词语命名能力训练中，康复师根据小苹果在词语认识篇中已学过的家人词语"爸爸、妈妈、爷爷、奶奶、宝宝"放进以"我喜欢_____"等的句式中，通过互动的形式，让小苹果熟练运用这些核心词语，并培养其沟通意识。

第一步，康复师使用自备图片或"早期语言障碍评估与干预仪软件"上的图片，让小苹果进行词语"爸爸、妈妈、爷爷、奶奶、宝宝"与图片匹配，强化复习核心词语（图 3-3-1）。

第二步，康复师从"爸爸、妈妈、爷爷、奶奶、宝宝"中随机进行语音提示，要求小苹果从备选图片中找出与语音对应的图片，进行词语识别训练（图 3-3-2）。

第三步，康复师明确说明"家人"的含义，要求小苹果能按"家人"依次找出目标词语（图 3-3-3）。

第四步，采用填充固定句式的方式，康复师与小苹果进行简单表达的训练，相互交流，多次练习（图 3-3-4）。

图 3-3-1　图片匹配

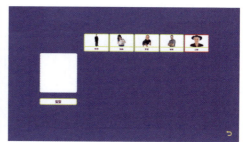

图 3-3-2　图片匹配

图 3-3-3　名词种类

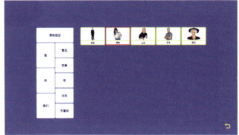
图 3-3-4　相互交流

本次训练小苹果的实时监控如表 3-3-4 所示：

表 3-3-4　儿童词语沟通训练及实时监控表

用户姓名：× × ×		训练日期：2022 年 3 月 20 日
训练项目：词语沟通		应答时限：5
训练类型：		□ 图片匹配　☑ 词语识别　□ 词语种类
目标词语	训练次数	正确次数
爸爸	6	3
妈妈	5	2
爷爷	6	6
奶奶	5	5
宝宝	2	2
总正确率：18/24 =75%		

（四）语言功能治疗效果评价

阶段治疗结束后，康复师对小苹果这一个月口语理解与表达能力的治疗进行疗效评价，填写 ICF 语言疗效评价表。患者经 4 周的治疗后，其词语理解能力已经正常，词语明明能力由中度改善为轻度。建议下一阶段的治疗中增加词语表达能力、词语在句子中应用能力提高患者的语言表达能力（表 3-3-5）。

表 3-3-5　ICF 语言疗效评价表

ICF 类目组合		初期评估					目标值	中期评估（康复__周）						目标达成	末期评估（康复__周）						目标达成
		ICF 限定值						干预	ICF 限定值						干预	ICF 限定值					
		问题							问题							问题					
		0	1	2	3	4			0	1	2	3	4			0	1	2	3	4	
b16700 口语理解	词语理解						0	√							×	√					√
b16710 口语表达	词语命名						1	√						×	√						√

二、成人语言障碍的康复案例分析

(一) 患者基本信息

金××，56 岁，男。2021 年 11 月 26 日，患者出现右侧肢体无力、言语不清、伴恶心呕吐。家属紧急送至当地医院急诊，头颅 CT 示左侧基底节及额叶血肿。对症治疗后，患者神志渐清，12 月 29 日复查头颅 CT 显示左侧基底节及额叶出血有所吸收，周围水肿较明显。后患者进入康复科言语语言康复组进行康复训练。患者接受评估前的具体情况及基本信息见表 3-3-6。

表 3-3-6　患者基本信息表

×××医院康复科
患者基本信息 　　姓名[*]　×××　　出生日期[*]　1972 年 3 月　　性别[*]：☑ 男　□ 女 　　检查者　×××　　首评日期[*]　2022 年 1 月 16 日　　编号[*]　002 　　类型：☑ 失语症　运动性失语　　□ 神经性言语障碍（构音障碍）＿＿＿＿＿ 　　　　　□ 嗓音器质性疾病＿＿＿　□ 功能性嗓音障碍＿＿＿　□ 言语失用症＿ 　　　　　□ 智力障碍＿＿＿　□ 听力障碍＿＿＿　□ 脑瘫＿＿＿　□ 孤独症＿ 　　　　　□ 其他＿＿＿＿＿ 　　主要交流方式：☑ 口语　□ 图片　□ 肢体动作　□ 基本无交流 　　听力状况：☑ 正常　□ 异常　设备：□ 人工耳蜗　□ 助听器　补偿效果＿＿＿＿＿ 　　进食状况：＿正常＿ 　　言语、语言、认知状况：言语功能相对较好，但存在呼吸支持较差、音调单一的问题。语言理解能力较好，能理解部分日常交流内容，但其口语表达能力较差，表达过程中存在构音错误、电报式语言等特点。认知功能正常。 　　口部触觉感知与运动状况：＿正常＿

(二) ICF 语言功能评估

1. 患者语言能力精准评估结果

（1）口语理解与表达能力

1）患者口语理解正确率 85.24%，听回答能力正确率为 100.0%；听选择能力正确率为 90.0%；执行口头指令能力正确率为 77.8%。

2）该患者整体词语命名能力正确率为 48.0%，其中视觉刺激 40%、听觉刺激 50%、视听同时刺激 60%、视听继时刺激 50%、续话反应 40%。由此可见，该患者词语命名能力较差，存在找词困难问题，根据词语命名精准评估结果，患者对听觉刺激结合视觉刺激命名评估表现最好。

3）词语复述能力整体得分为 18 分，正确率 56.3%，其中单字词正确率为 87.5%、双字词正确率为 75%、三字词为 50%、四字词为 12.5%，复述音节数较多的词语表现较差。

4）整体句子复述能力得 8 分，正确率为 38.1%，无法复述音节数较多的句子。

（2）书面语理解与表达能力：患者书面语理解正确率 78.9%，图片与实物配对能力正确率为 100.0%；图片与文字配对能力得分，正确率为 80.0%；选词填空能力得分,正确率为 66.6%。

（3）其他特指的理解与表达能力:患者其他特指的语言理解正确率 82.1%。

（4）言语语言综合能力:言语语言综合评估结果显示,患者双音节词时长为 1.19s,基频为 139Hz;句子时长为 2.7s,基频为 102Hz。由此可见患者对于时长和基频的控制能力较差,存在双音节词基频、句子基频低,句子时长过长的问题。

2. 患者语言能力 ICF 评估表 将患者语言功能评估结果进行 ICF 转换(表 3-3-7)。

表 3-3-7 ICF 失语症语言功能评估表

身体功能 =即人体系统的生理功能损伤程度:		无损伤	轻度损伤	中度损伤	重度损伤	完全损伤	未特指	不适用
		0	1	2	3	4	8	9
b16700	口语理解　听觉理解	☒	☐	☐	☐	☐	☐	☐
	ICF 损伤程度统计值	平均值 1.0　标准差 0						
	ICF 损伤程度	1						
	对口语信息的解码以获得其含义的精神功能。 信息来源:☑病史　☐问卷调查　☑临床检查　☐医技检查 问题描述: 　1.口语理解能力得分率为 85.24%↓,正常范围为 95.01%~100% 　2.对口语信息解码,并进行正确理解的精神功能存在轻度损伤 进一步描述: 　1.听回答能力得分:15 分,正确率为 100.0% 　2.听选择能力得分:9 分,正确率为 90.0% 　3.执行口头指令能力得分:28 分,正确率为 77.8% 康复建议: 　建议进行听判断、听选择、执行指令训练							
b16701	书面语理解　视觉理解	☐	☒	☐	☐	☐	☐	☐
	ICF 损伤程度统计值	平均值 1.0　标准差 0						
	ICF 损伤程度	1						
	对书面语言信息的解码以获得其含义的精神功能。 信息来源:☑病史　☐问卷调查　☑临床检查　☐医技检查 问题描述: 1.书面语理解能力得分率为 78.9%↓ 2.对书面语进行解码,并进行正确理解的精神功能存在轻度损伤 进一步描述 1.图片与实物配对能力得分:5 分,正确率为 100.0% 2.图片与文字配对能力得分:4 分,正确率为 80.0% 3.选词填空能力得分:6 分,正确率为 66.6% 康复建议:建议进行图文匹配、图形核证、选词填空和视听理解训练							

身体功能 =即人体系统的生理功能损伤程度:		无损伤	轻度损伤	中度损伤	重度损伤	完全损伤	未特指	不适用
b16708	其他特指的语言理解 右脑功能	☐	☒	☐	☐	☐	☐	☐
	ICF损伤程度统计值	平均值1.0 标准差0						
	ICF损伤程度	1						

对书面语言信息的解码以获得其含义的精神功能

信息来源:☑病史 ☐问卷调查 ☑临床检查 ☐医技检查

问题描述:
1. 右脑功能得分率为82.1%↓
2. 右侧大脑半球与语言有关的功能存在轻度损伤
进一步描述:
1. 表情辨别能力得分:4分,正确率为100.0%
2. 图形匹配能力得分:4分,正确率为100.0%
3. 隐喻句理解能力得分:15分,正确率为75.0%

		无损伤	轻度损伤	中度损伤	重度损伤	完全损伤	未特指	不适用
b16710	词语命名	☐	☐	☐	☒	☐	☐	☐
	简单复述	☐	☐	☐	☒	☐	☐	☐
	词语复述	☐	☐	☒	☐	☐	☐	☐
	双音节词时长（2cvT）	☐	☐	☒	☐	☐	☐	☐
	双音节词基频（$2cvF_0$）	☐	☒	☐	☐	☐	☐	☐
	句子复述	☐	☐	☐	☒	☐	☐	☐
	句子时长	☐	☐	☐	☒	☐	☐	☐
	句子基频	☐	☐	☒	☐	☐	☐	☐
	系列言语	☐	☐	☐	☒	☐	☐	☐
	口语描述	☐	☐	☐	☒	☐	☐	☐
	朗读	☐	☐	☒	☐	☐	☐	☐
	ICF损伤程度统计值	平均值2.5 标准差0.7						
	ICF损伤程度	3						

b16710 口语表达

以口语产生有意义的信息所必需的精神功能

信息来源:☑病史 ☐问卷调查 ☑临床检查 ☐医技检查

问题描述:
1. 词语命名能力得分为48.00%↓,正常范围为95.01%~100%,对事物进行正确命名的精神功能存在重度损伤
进一步描述:视觉刺激词语命名能力正确率为40.0%,听觉刺激词与命名能力正确率为50.0%,听视觉同时刺激词与命名能力正确率为60.0%,听视觉继时刺激词与命名能力正确率为50.0%,续话反应能力正确率为40.0%

身体功能 ＝即人体系统的生理功能损伤程度：	无损伤	轻度损伤	中度损伤	重度损伤	完全损伤	未特指	不适用
治疗建议：词语命名正确率达到51%；建议进行命名训练、续话训练、列名训练、韵律语调治疗、辅助沟通训练。具体参见失语症训练软件（　）命名、续话、列名板块，言语语言综合训练软件，辅助沟通软件							
2. 简单复述能力得分为40.00%↓，正常范围为95.01%~100%，简单复述的精神功能存在重度损伤							
治疗建议：简单复述能力得分达到51%；建议进行口腔轮替运动训练。具体参见言语语言综合训练软件。							
3. 词语复述能力得分为56.30%↓，正常范围为95.01%~100%，词语复述的精神功能存在中度损伤							
进一步描述：单字词得分率为87.5%，双字词得分为75.0%，三字词得分为50.0%，四字词得分为12.5%							
治疗建议：词语复述正确率达到76%；建议进行复述训练、口语诱导训练。具体参见失语症训练软件复述板块，口语诱导软件							
4. 双音节时长为1.38s↑，正常范围为0.7~1.05s。双音节时长控制能力存在中度损伤。							
进一步描述：患者启动发音困难							
治疗建议：建议进行言语重读治疗、停顿起音训练、音节时长训练、音调变化训练、响度变化训练等实时反馈治疗。具体参见言语语言综合训练软件、言语重读干预软件							
5. 双音节基频为97Hz↓，正常范围为100~144Hz。双音节基频控制能力存在轻度损伤							
进一步描述：患者音调低下							
治疗建议：建议进行言语重读治疗、停顿起音训练、音节时长训练、音调变化训练、响度变化训练等实时反馈治疗。具体参见言语语言综合训练软件、言语重读干预软件							
6. 句子复述能力得分为38.10%↓，正常范围为95.01%~100%。句子复述的精神功能存在重度损伤							
治疗建议：句子复述正确率达到51%；建议进行句子复述训练、逐字增加句长训练。具体参见失语症训练软件复述板块，言语语言综合训练仪							
7. 句子时长为2.70s↑，正常范围0.83~1.57s。句子时长控制能力存在重度损伤							
治疗建议：建议进行言语重读治疗、停顿起音训练、音节时长训练、音调变化训练、响度变化训练等实时反馈治疗。具体参见言语语言综合训练软件、言语重读干预软件							
8. 句子基频102.00Hz↓，正常范围为128~195Hz。句子基频控制能力存在中度损伤							
治疗建议：建议进行言语重读治疗、停顿起音训练、音节时长训练、音调变化训练、响度变化训练等实时反馈治疗。具体参见言语语言综合训练软件、言语重读干预软件。							
9. 系列言语能力得分为48.00%↓，正常范围为95.01%~100%。产生系列言语的精神功能存在重度损伤							
治疗建议：建议进行系列言语训练							
10. 口语描述得分为29.30%↓，正常范围为95.01%~100%，对图片或事件进行描述的精神功能存在重度损伤							

续表

身体功能 ＝即人体系统的生理功能损伤程度：		无 损伤	轻度 损伤	中度 损伤	重度 损伤	完全 损伤	未 特指	不 适用
	进一步描述：看图说话得分率为 26.7%，日常沟通得分为 40.0%，思维能力得分率 为 26.7% 治疗建议：口语描述正确率达到 51%；建议进行韵律语调治疗、看图说话训练。具 体参见失语症训练软件看图说话板块 11. 朗读得分为 55.00%↓，正常范围为 95.01%~100%，对词语或句子正确朗读的 精神功能存在中度损伤 进一步描述：朗读词语得分率为 60.0%，朗读句子得分率为 53.1% 治疗建议：朗读正确率达到 76%，建议进行认字训练、朗读训练，具体参见失语症 训练软件的朗读板块，联想视听软件							
b16711	书面语表达　　　书写	☐	☐	☒	☐	☐	☐	☐
	ICF 损伤程度统计值	平均值 2.0　标准差 0						
	ICF 损伤程度	2						
	以书面语产生有意义的信息所必需的精神功能							
	信息来源：☑病史　☐问卷调查　☑临床检查　☐医技检查							
	问题描述： 1. 书写得分为 64.2%↓，正常范围为 95.01%~100% 2. 正常产生有意义的书面语信息所必需的精神功能存在中度损伤 治疗建议：书面语表达正确率达到 76%；建议进行组字训练、即时抄写训练、延迟 抄写训练、听写训练、看图写词语训练、书写视听联想训练。具体参见失语症训练 软件组字、听写、即时抄写、延迟抄写、看图写词语板块，联想视听软件。							
		0	1	2	3	4	8	9
b16713	姿势语表达　　　肢体语言	☒	☐	☐	☐	☐	☐	☐
	ICF 损伤程度统计值	平均值 0　标准差 0						
	ICF 损伤程度	0						
	用非正式授予或其他运动生成信息所必需的精神功能							
	信息来源：☑病史　☐问卷调查　☑临床检查　☐医技检查							
	问题描述： 肢体语言得分率为 100.0%↓，正常范围为 95.01%~100% 通过手势或其他肢体动作产生有意义的肢体语言信息所必需的精神功能表现正常							

（三）ICF 语言功能康复

1. 制订康复计划　　根据 ICF 语言功能评估报告表，该患者口语表达能力损伤最为严重，且伴随启动发音困难、停顿异常、句长短以及音调偏低等言语问题，训练可以口语表达训练为重点，并结合言语语言综合训练，制订康复计划（表 3-3-8）。

2. 语言康复及实时监控　　下面以患者进行词语复述、音节时长训练治疗训练为例，来看言语语言康复师怎样进行康复的。

表 3-3-8　ICF 成人语言治疗计划表

治疗任务 （14项）		治疗方法 （实时反馈治疗：8项） （传统治疗：23项）	康复医师	护士	主要康复师	言语语言康复师	初始值	目标值	最终值
b16710 口语 表达	词语命名	☑命名训练 □续话训练 □列名训练 □韵律语调治疗 ➤实时反馈治疗 □辅助沟通训练				√	3	2	2
	简单复述	□口腔轮替运动训练 □塞音构音训练				√	2	1	1
	词语复述	☑词语复述训练 ➤实时反馈治疗 ☑口语诱导训练							
	双音节词 时长（2cvT）	➤实时反馈治疗 ☑言语重读治疗				√	2	1	1
	双音节词 基频 （2cvF$_0$）	☑韵律语调治疗 □停顿起音训练 ☑音节时长训练				√	1	0	0
	句子时长	☑音调变化训练				√	3	2	2
	句子基频	□响度变化训练				√	2	1	1
	系列言语	□系列言语训练							
	口语描述	□看图说话训练							
	朗读	□认字训练 □朗读训练							

（1）词语复述训练：根据康复师提供的实物或失语症训练软件上的图片（图 3-3-5），在康复师说出目标词语后，患者进行复述，利用语音刺激训练患者的口语表达能力，若复述正确，进入下一个目标项的练习，若不正确，则继续复述该目标项。

图 3-3-5　复述词语示例"耳朵"

（2）音节时长训练：患者存在发音困难、音节时长过长的问题，所以需要选择音节时长训练结合词语复述训练，提高患者对不同音节时长变化的控制能力，增强患者连续语音的流利性。

第一步，用短音发目标词语，康复师使用言语语言综合训练软件SLI进行短音示范目标词语"耳朵"，让患者跟随复述（图3-3-6）。

第二步，用长音发目标词语，康复师使用言语语言综合训练仪软件SLI进行长音示范目标词语"耳——朵——"，让患者跟随复述（图3-3-7）。

第三步，长短音交替发目标词语，康复师使用言语语言综合训练仪软件SLI进行长短音交替发目标词语的示范"耳朵，耳——朵——耳朵"（图3-3-8），让患者跟随复述。

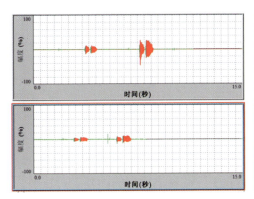

图3-3-6 短音复述训练
（上为康复师，下为患者）

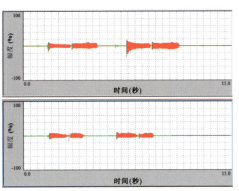

图3-3-7 长音复述训练
（上为康复师，下为患者）

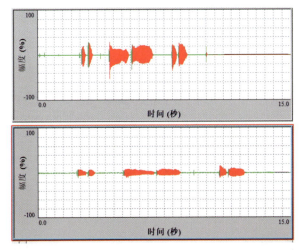

图3-3-8 长短音交替复述训练（上为康复师，下为患者）

经本次治疗，患者词语复述正确率由33%提高到66.6%，词语复述能力有所提高；双音节词时长由1.32s降低至1.00s，双音节词时长控制能力提高（表3-3-9）。

表 3-3-9　口语表达功能的实时监控

时间	治疗任务	治疗方法 （针对性治疗）	训练前描述 （如需）	训练结果
1 月 20 日	口语表达（词语复述）	词语复述训练	词语复述正确率 33%	词语复述正确率 66.6%
	言语语言综合（双音节词时长）	音节时长训练（言语语言综合）	双音节词时长 1.32s	双音节词时长 1.00s

患者每周进行三次康复训练，连续一周后，进行短期目标监控（表 3-3-10）。

表 3-3-10　短期目标监控

时间	词语复述	双音节词时长 /s	损伤程度	词语复述	双音节词时长
1 月 20 日	56.3%	1.38	初始值	2	2
			目标值	1	1
1 月 22 日	69.5%	1.26	最终值	2	2
1 月 24 日	84.5%	1.02		1	1

（四）ICF 语言功能疗效评价

阶段治疗结束后，康复师对患者这一个月口语表达能力的治疗进行疗效评价，填写 ICF 语言疗效评价表。患者经 4 周的治疗后，其词语命名能力的损伤程度由重度改善为中度，词语复述能力的损伤程度由中度改善为轻度，双音节时长控制能力的损伤程度由中度改善为轻度，与本阶段训练前的评估结果相比有了明显的提高，建议下一阶段的治疗中增加句子复述和表达训练，结合韵律语调法、音调变化法、逐字增加句长法等方法进行训练，使患者能够更流利地进行表达（表 3-3-11）。

表 3-3-11　所示 ICF 语言疗效评价表

ICF 类目组合		初期评估					目标值	中期评估（康复＿周）						目标达成	末期评估（康复＿周）						目标达成
		ICF 限定值						干预	ICF 限定值						干预	ICF 限定值					
		问题							问题							问题					
		0	1	2	3	4			0	1	2	3	4			0	1	2	3	4	
b16710 口语表达	词语复述						1	√							√						
	双音节词时长						1	√							√						

—————————————　**复 习 思 考**　—————————————

1. 案例模拟　假定一名语言发育迟缓患儿（男，5 岁），请利用"言语语言综合训练仪软件"对其进行语言理解、语言表达及双音节词时长和基频的评估，并将评估结果进行分析。

2. 案例模拟　假定一名脑卒中患者（男，69 岁），请模拟利用"失语症训练软件"对口语理解能力训练进行评估，并将评估结果进行分析。

（郭岚敏　黄　立　谭　洁）

第四章 听力听觉障碍的康复实训

听觉是人类重要的感觉功能之一,正常的听功能对于维系人与人之间、人与周围环境之间的相互关系具有重要意义。当个体出现听力障碍时,将进一步导致听觉障碍,由此带来的学习、社交能力的障碍以及心理、精神的创伤,是值得关注的深层次问题。不同类型和程度的听力障碍对于正常言语、语言的形成、发展和成熟过程将产生不同的影响。

本章首先将对听觉康复相关的评估工具和训练设备的使用说明加以介绍,并简单讲解在实践中如何应用这些工具设备。接着,本章将重点介绍 4 例听力障碍个案(2 例儿童助听器验配案例、1 例儿童人工耳蜗植入案例、1 例成人听力障碍案例)的评定与康复治疗过程,帮助学生加深对规划教材中听力学知识的理解,并建立初步的临床思维。

第一节 听力听觉康复实训

本章节所涉及的用于听觉康复的医疗康复仪器设备主要包括听觉评估仪和听觉康复训练仪,前者适用于听觉功能的评估,而后者则主要用于康复训练,在第二节的前 2 个案例分析中均借助了上述设备开展评估和治疗。

一、儿童视觉强化测听的临床实训

【实验内容】

1. 声场的校准 3 名同学组成一组,1 名同学负责听力计的操作,2 名同学负责声级计的操作和读数。

2. 视觉强化测听操作,并记录结果 视觉强化测听前准备,3 名同学组成一组,进行听力师 - 患儿角色扮演。第一轮实验由其中 1 名同学扮演听力障碍儿童,1 名同学扮演主测试者,另 1 名同学扮演诱导观察者;第二轮和第三轮实验中 3 名同学角色互换。要求每位同学熟悉自己所扮演角色的任务,尤其是扮演听力障碍儿童的同学,掌握与年龄对应的听觉临床表现,并将临床表现特征在实训中尽可能体现出来。扮演听力师的同学尽可能专业地模拟视觉强化测听的评估方法。

3. 视觉强化测听结果分析 指导康复方案的制订和调整。

【实验仪器及用品用具】

1. 测试室 符合听力测试要求的声场。

2. 设备　听力计、扬声器、配有闪亮奖励玩具的灯箱(计算机连续动画视觉奖励器)等。

3. 测试过程中所需要的玩具。

【实验步骤】

1. 测试前的准备工作

(1)声场的校准

1)检查、控制声场的环境噪声。

2)考虑扬声器的放置(角度、高度、距离):扬声器与儿童测试耳同高,与测试点的距离为1m。

3)标定参考测试点并检查符合要求:测试点与扬声器同高,距离1m,对于所有频率,测试点上下左右15cm处,与测试点的声音水平不超过 ±2dB。

4)进入听力计的校准模式。

5)测试各个测试信号(啭音、言语噪声等),每个频率依次进行,如果需要则做调整。声级计一般选"SPL""慢""250Hz"滤波。

6)有些听力计直接显示校准值,有些需要计算。

(2)测试时儿童及父母位置的设定

1)儿童位置:儿童坐在声场校准点的椅子内,扬声器的位置应与孩子的视线成90°夹角。奖励强化玩具应在扬声器之上。

2)父母位置:父母的座位安排应在远离扬声器的地方,一般坐在孩子的背后或侧后方。

(3)测试人员的安排:诱导观察者坐在儿童对面,主测试者坐在同一房间内儿童及诱导观察者的侧面,便于观察诱导观察者和儿童。主测试者负责病史采集并向家长讲解测试目的和方法;诱导观察者利用这段时间与儿童建立亲近的关系。

2. 训练儿童建立条件化反射　测试者给出刺激声,一般为啭音,强度为预估阈值上 20dB。观察儿童出现的行为反应,比如转头、微笑或其他反应。当发现儿童出现这种反应时,迅速给予显示灯箱的奖励玩具;此时观察者应该引导儿童去看发光、活动的玩具,并给予口头奖励,训练 2~3 次,儿童建立条件反射为止。

3. 正式测试

(1)测试方法:测试应用纯音测听法基本步骤,采用"降十升五"法。使用声场或耳机寻找受试儿童的听阈(具体方法见纯音测听法)。

(2)测试频率顺序:首先测 1 000Hz 相对好耳,1 000Hz 相对差耳;其次是 4 000 Hz 相对好耳,4 000Hz 相对差耳;再次是 500Hz 相对好耳,500Hz 相对差耳;最后是 2 000Hz 相对好耳,2 000Hz 相对差耳。

注意事项:

1)玩具的选择和摆放位置:玩具应当灵活、柔软,与受试儿童的年龄相适应,能有效发挥分散儿童注意力的作用。玩具的摆放位置一般放在儿童的前方,偏向发光玩具的对侧。

2)对孩子注意力的控制:根据儿童的情况,及时地更换玩具。

3)测试人员之间的配合:当刺激声出现时,避免动作停止、眼神漂移、表情变换等暗示信号。

4. 实验报告内容

（1）测试时间、地点、主测试者及诱导观察者姓名。

（2）测试中所用的设备、声信号。

（3）测试声场单位。

（4）500Hz、1 000Hz、2 000Hz、4 000Hz 频率的听阈。

【实验结果】

将测试结果记录在下表中（表4-1-1）。

表 4-1-1　儿童视觉强化测听结果

实验报告内容			
测试时间		测试地点	
测试设备		主测试者/诱导观察者	
声场单位		测试所用声信号	
测试结果			
侧别	不同频率的听阈/dB HL		
	500Hz	1 000 Hz	2 000 Hz	4 000 Hz
左耳				
右耳				
双耳				

【实验讨论】

1. 儿童的听阈是否在言语香蕉图内？根据听觉康复评估标准，该患儿的听力补偿范围、最大言语识别率和康复级别分别是什么？

2. 根据儿童的听觉结果，如何对康复方案进行制订或调整？

二、听觉功能评估的临床实训

【主要实验】

1. 数量评估。

2. 功能评估。

【主要实验的步骤】

（一）数量学习及评估

在数量评估之前可使用全频音进行练习，诱导患者进入声音环境。全频音主要包括音乐声和环境声。音乐声伴随着一系列主题的动画图片播放，环境声由声音配合相应的图片，每一张图片对应一个声音。

数量评估主要用于评估患者的听阈，考察听觉通路的完整性，是判断助听（重建）效果的重要手段。将测试结果与香蕉图或 SS 线比较，可以判断患者的助听效果是最适、适合、较适还是看话水平。数量评估包括对裸耳听阈和戴助听器听阈两方面的评估。

［实验目的］

1. 掌握数量学习及数量评估的操作。

2. 了解不同测试音及适用情况。

3. 理解听力图的种类与助听听阈的意义。

［实验仪器］

听觉评估仪软件"数量评估及模块"。

［实验步骤］

1. 开机进入　打开"听觉评估仪软件"，新建用户，根据患者情况如实填写，也可删除或修改用户信息（图4-1-1、图4-1-2）。

图4-1-1　所有用户资料界面

图4-1-2　新建用户记录界面

2. 数量评估　点击"数量评估"，可进行裸耳听阈和助听听阈的评估。裸耳听阈测试需联结听力计使用，一般单独使用时仅用于助听听阈测试。

（1）裸耳听阈测试（图4-1-3、图4-1-4）

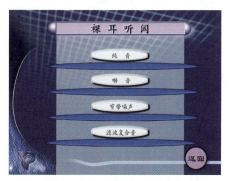

图4-1-3　裸耳听阈菜单

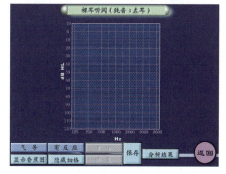

图4-1-4　裸耳听阈测试界面

（2）戴助听器听阈测试：戴助听器听阈评估是用于评估戴助听器或植入人工耳蜗的患者，判断其助听效果是最适、适合、较适还是看话水平。

1）声音类型选择：点击"戴助听器听阈"后可以看到有3种选项，分别是啭音、窄带噪声、滤波复合音（图4-1-5）。

2）声音强度的校准（图4-1-6）：首先必须进行声场校准，这对于数据的精确度非常重要。点击"啭音"按钮进入，显示"测听方式"页面，首先选择校准单位，然后点击"校准"按钮进入下个页面进行"声场校准",此时要用到"声级计"。若校准单位选择声压级,则测量每个频率段的声音,使声级计在各个频率段显示达到70dB SPL 即可;若校准单位为听力级,必须测量 250Hz、500Hz、1 000Hz、2 000Hz、3 000Hz、4 000Hz 频率段的声音分别对应的声音强度为 90dB SPL、78dB SPL、74dB SPL、74dB SPL、67dB SPL、65.5dB SPL。校准后点击"保存",返回"测听方式"页面,选择测试耳(左耳、右耳和双耳),点击"继续"按钮,进入听力图页面。

3)教患者练习反应方式:给出足够大的声音(估计听阈阈上 20dB 左右),教会患者点击"小按钮"或"大按钮"或"触摸屏"进行响应,做对了在儿童界面会出现奖励动画;"脚踏"开关告知测试者结束信号,同时教师界面的灯泡会亮起。点击"返回"按钮,回到听力图页面。

说明:测试时可设置最大给声间歇时间。

4)正式测试:点击开始测试,进行下一步测试,此页面给声间隔时间是可以调整的,应根据幼儿情况随时调节,避免幼儿根据规律作出反馈。测试频率一般从1 000Hz 开始,然后 2 000Hz、4 000Hz、500Hz 最后复测 1 000Hz,两次测 1 000Hz 差值不能超过 10dB,超出范围就说明结果不准确,需要重测(图 4-1-7)。

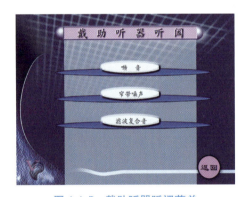

图 4-1-5　戴助听器听阈菜单

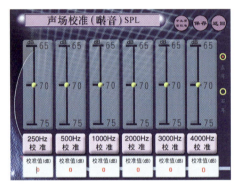

图 4-1-6　声场校准(啭音)界面

5)结果记录与查看:电脑自动记录测试结果,或在听力图上手动输入测试结果,点击"分析结果"出现测试耳的平均听力损失和建议助听器的补偿范围。返回"测听方式"界面,点击"显示结果"(图 4-1-8),可显示该次测试的结果,点击"助听器处方"可由治疗师填写,建议佩戴何种助听器(图 4-1-9)。

3. 专业工具　点击"专业工具"按钮,可以看到数量评估的两个专业工具——滤波器和言语分析仪(图 4-1-10)。滤波器具有滤波功能,滤波功能是康复师用于研究的工具,它可用于分析录入声音的强频区,并能用于产生主频特性明确的滤波复合音;言语分析仪具有言语主频分析和模拟功能,言语分析功能是康复师用于模拟助听效果,分析学生言语的工具,能用于产生频率特性明确的言语声。

[实验结果]

通过数量评估,获得患者裸耳听阈和助听听阈的结果,并分析其助听效果。

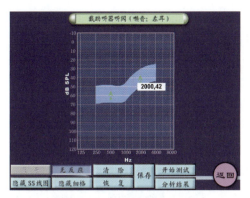

图 4-1-7　助听听阈测试界面

图 4-1-8　结果分析界面

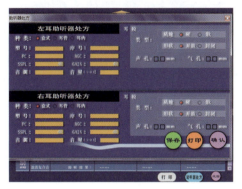

图 4-1-9　助听器处方界面

图 4-1-10　专业工具"滤波器"和"言语分析仪"

［讨论］

患者李某，女，3 岁 4 月龄，3 岁时被诊断为双耳重度听力损失，后双耳选配大功率助听器，2 个月后来门诊进行助听听阈的测试和助听效果的评估，500Hz、1 000Hz、2 000Hz、3 000Hz、4 000Hz 频率的助听听阈分别为 40dB HL、45dB HL、45dB HL、45dB HL、40dB HL，请根据该结果书写听觉评估报告单，给出相应的结果分析和康复建议。

（二）功能评估

在进行功能评估之前可使用学习部分让患者形成初步的印象。学习内容包括识别练习和拼音练习 2 部分。功能评估包括 12 个儿童言语测听词表，分别为自然环境声、听觉定向、韵母识别、声母识别、数字识别、单音节词识别、双音节词识别、三音节词识别、短句识别和选择性听取等。

［实验目的］

1. 掌握功能评估的操作。

2. 了解功能评估所用的 12 个测试表及其测试内容。

3. 能够对评估结果进行分析，并书写康复方案。

［实验仪器］

听觉评估仪软件"功能评估模块"。

[实验步骤]

1. 开机进入 打开"听觉评估仪软件",新建用户,根据患者情况如实填写,也可删除或修改用户信息。

2. 功能评估

(1)校准:点击"功能评估",出现校准页面(图4-1-11),选择所需测试耳(左耳、右耳或双耳),点击"校准"按钮,通过调节"菱形"按钮左右移动,可控制测试界面发出啭音,选择1个最适合患者的音。点击"继续",进入功能评估页面。

(2)功能评估内容:功能评估(图4-1-12)包括12个言语测听词表,其中自然环境声、听觉定向是患者缺乏语音能力时采用;韵母识别、声母识别是最核心的部分,其所用的词语出现概率与日常生活中出现的一致;数字识别、单音节声调识别、双音节声调识别、单音节词识别、双音节词识别、三音节词识别、短句识别是患者有一定语言基础时采用;选择性听取是患者听觉功能更强时采用。

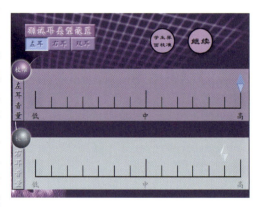

图4-1-11 校准界面

1)参数设置:点击"自然环境声"进入识别界面,测试之前先进行参数设置(下面板块都需进行参数设置,操作相同,选择性听取除外),可改变测试方式(手动:自选测试图像声音,自动:按顺序出现)、测试组间隔时间、测试音间隔时间、兴趣调动(手动:自选奖励动画,自动:随机出现)、测试组数,教师可根据患者的情况设置(图4-1-13)。

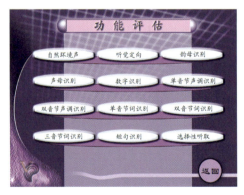

图4-1-12 功能评估菜单界面

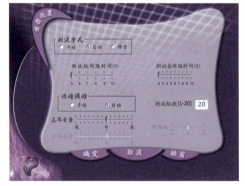

图4-1-13 参数设置界面

2)自然环境声识别:设置后点击"确定"回到测试页面(图4-1-14、图4-1-15),画面可以随机调整,点击"确定"开始测试声音。每组有5个图片,根据播放的声音选择相应的图片即可。测试过程中可随时停止,加入兴趣调动,整个测试结束后可停止,点击显示结果,出现测试结果,显示高、中、低频上的正确率。按"返回"按钮可以保存结果。

图 4-1-14　自然环境声内容界面　　　　图 4-1-15　自然环境声测试界面

3）听觉定向：点击进入，响应时间可以根据幼儿情况进行调节（图 4-1-16）。点击"开始"，进入测试页面（图 4-1-17），点击黑色的三角形给声，此时患者界面上也有左、右两个大字，然后患者根据给声的方向选择左或右，设备会自动记录测试结果，点击结束，出现听觉定向识别结果，包括左声道识别率和右声道识别率。点击返回，保存测试结果。

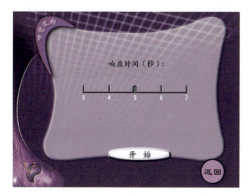

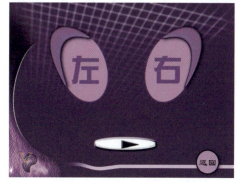

图 4-1-16　听觉定向响应时间调整　　　　图 4-1-17　听觉定向测试界面

4）韵母识别：选用了 75 个词，编成 25 组，每组 3 个声母相同韵母不同的词（图 4-1-18）。进入测试后，系统先播放 3 个音，再播放测试音，要求患者选出正确的音（图 4-1-19）。测试结束后，显示结果点击"韵母错误率分布"可看到韵母的错误率，点击右上方"错误走向"可看到韵母识别率、助听效果及错误走向。

5）声母识别、数字识别、单音节声调识别、双音节声调识别、单音节词识别、双音节词识别、三音节识别、短句识别（图 4-1-20~ 图 4-1-23）。操作同上。

6）选择性听取：主要分为双音节词识别和短句识别测试方式（图 4-1-24）。选择性听取就是在测试中混有背景噪声让患者听电脑提问，选择正确的答案。首先进行参数设置，本测试提供 16 种背景噪声可供选择，同时可调节背景噪声音量，除了测试组间隔时间、测试音间隔时间、兴趣调动（手动：自选奖励动画，自动：随机出现）、测试组数以外，还需对信噪比进行设置（信噪比是信号强度与噪声强度的差，信噪比越大，背景噪声就越小），进入测试之后，操作同上（图 4-1-25）。

图 4-1-18　韵母识别测试内容界面

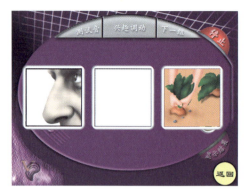

图 4-1-19　韵母识别测试界面

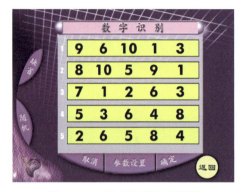

图 4-1-20　数字识别内容界面

图 4-1-21　单音节声调识别内容界面

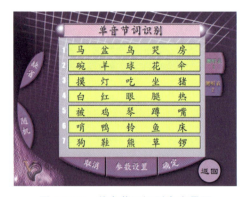

图 4-1-22　单音节词识别内容界面

图 4-1-23　双音节词识别内容界面

3. 结果查看　评估结束后，该项的选项会变蓝色，点击后会下拉"重新开始"和"显示结果"两个选项，点击"显示结果"可查看该项结果，选择"全面测试结果"还可查看所有测试结果。

［实验结果］

通过功能评估，获得患者相应的功能评估结果。

图 4-1-24　选择性听取菜单界面　　　　图 4-1-25　选择性听取测试界面

[讨论]

患者刘某,男,3岁3月龄,2岁时被诊断为双侧重度听力损失,后选配双耳大功率助听器。助听听阈评估结果为 500Hz、1 000Hz、2 000Hz、3 000Hz、4 000Hz 助听听阈分别为 45dB HL、50dB HL、50dB HL、50dB HL、45dB HL。经听觉功能评估,韵母和声母部分得分 90%,数字 10%,单音节和双音节声调 50%,单音节词 85%,其他测试均无法进行。请根据该结果书写听觉评估报告,给出相应的结果分析及康复建议。

三、听觉功能训练的临床实训

【主要实验】

1. 听觉察知能力训练。
2. 听觉分辨能力训练。
3. 听觉识别能力训练。
4. 听觉理解能力训练。

【主要实验的步骤】

（一）听觉察知能力训练

无意察知部分选用儿童经常接触的动物声、自然环境声、日常生活声等,通过影片、动画进行诱导;有意察知部分利用环境声和频率特征明显的音乐声和言语声,通过 3D 动画和动态舌位图来培养患者有意识地、主动地聆听声音的能力(图 4-1-26)。

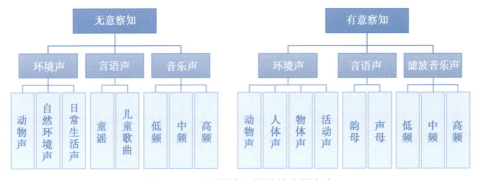

图 4-1-26　听觉察知训练的主要内容

〔实验目的〕

1. 了解听觉察知的训练对象。

2. 熟练掌握无意察知和有意察知的训练内容。

3. 熟练掌握有意察知训练形式的切换。

〔实验仪器〕

听觉康复训练仪软件"听觉察知训练模块"。

〔实验步骤〕

1. 了解康复对象信息

（1）案例1：王某，男，2岁半，左耳听力损失500~4 000Hz都为110dB HL，右耳同，人工耳蜗开机3天，之前未配戴助听器，且无任何听觉训练。

（2）案例2：段某，女，2岁半，左耳听力损失500~4 000Hz都为110dB HL，右耳同，人工耳蜗开机2周，之前曾配戴助听器，且曾经对中、低频学会听声放物，但高频声音聆听较为缓慢。

2. 开机进入相应模块　在安静环境中，打开"听觉康复训练仪软件"数据界面，填写被试的基本信息（图4-1-27）。完成后进入整个系统模块主界面（图4-1-28），可看到8个子模块内容，可进入无意察知或有意察知。

图4-1-27　基本信息界面

图4-1-28　听觉康复训练仪主界面

3. 内容选择　康复师根据患者听觉察知评估结果选择训练内容。若患者不能主动对声音做出反应，则选择无意察知部分的内容进行训练；若患者可以对声音做出反应，只是反应不稳定，则可选择有意察知部分的内容进行训练。内容选择时，可以灵活使用5种方式：①通过听觉康复训练仪软件"无意察知"或"有意察知"模块的主菜单选择（图4-1-29）；②通过训练界面的悬浮菜单选择（图4-1-30）；③通过历史记录选择（图4-1-31）；④通过推荐课程选择（图4-1-32）；⑤通过外置课程PPT进行选择，当训练需要与言语、语言或听觉不同模块的内容进行整合训练时，可使用该功能进行选择。使用该功能时，首先由康复师点击到系统相关界面，并按快捷键F11，则内容可自动生成到1个幻灯片文件上，同一台设备中的幻灯片文件可组合。当退出该程序后，打开并播放该幻灯片文件，则可通过超文本链接的方式直接跳转到系统中该内容界面。该功能可帮助建立整合的听觉康复课程。

图 4-1-29　通过主菜单选择内容

图 4-1-30　通过悬浮菜单选择内容

图 4-1-31　通过历史记录条选择内容

图 4-1-32　通过推荐课程选择内容

4. 训练形式　训练形式是指训练所采用的活动方式。无意察知部分主要包括"图文版""沟通版"2 种形式，有意察知部分则包括图文版、沟通版、游戏版 3 种形式。不同形式可通过悬浮菜单进行快速切换。图文版主要由视频、图片、文字组成（图 4-1-33、图 4-1-34），主要功能在于帮助患者形成某一阶段的特定要求。沟通版主要由图片和文字组成（图 4-1-35），操作灵活性强。主要功能包括：①备选项的调整；②外接沟通板；③生成家庭作业；④录音功能；⑤童锁功能（图 4-1-36）。游戏版主要是在图文版的基础上完成，其主要特色是排除视觉提示，主要通过听觉信号完成相关游戏，帮助患者提高听觉能力。

图 4-1-33　无意察知图文版界面

图 4-1-34　有意察知图文版界面

图 4-1-35 有意察知沟通版界面

图 4-1-36 "童锁"功能界面

在无意察知训练阶段,由于患者是被动地做出反应,因此没有游戏;在有意察知训练阶段,目前已有的游戏为"滑滑梯",界面如图 4-1-37 所示。

5. 参数设置 参数设置是通过改变训练条件从而改变训练形式或难度的一种方式,具体由康复师根据患者训练的情况设定,可对游戏方式、呈现形式、内容切换、背景噪声等进行综合调整(图 4-1-38)。

图 4-1-37 游戏"滑滑梯"界面

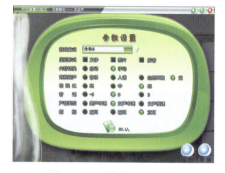
图 4-1-38 参数设置界面

(1)游戏方式:主要针对游戏版而言,若训练时患者对一种游戏失去兴趣时,则可更换另一种游戏。在听觉察知部分,可通过下拉菜单选择"滑滑梯"或"拼图"。

(2)呈现形式:主要针对文字、图片、拼音的显示或隐藏问题进行调整。若选中则在训练活动时显示。在听觉察知部分,图片必选。

(3)内容切换:是指训练内容在一组训练完成后是否自动切换到下一组。

(4)背景噪声:是指是对背景噪声的有无、类型及信噪比进行控制。一般在刚开始进行听觉察知能力训练时不使用背景噪声干扰。当患者在安静环境下能对声音的有无做出稳定反应时,则可适当添加背景噪声。

(5)音调:主要是指通过软件对原始的声音进行调整,调整方式主要有 2 种,负值对应降调,正值对应着升调,0 对应着原始声音。听觉察知部分不使用音调控制。

(6)声音类型:主要是指软件中的言语声种类,主要包括 3 种类型:男声中速、女声中速、女声慢速。听觉察知阶段有意察知 - 言语声部分可以选择男声中速和女声中速。

（7）侧别：是指通过哪一侧的音响输出，主要包括左侧、右侧和双侧3种播放形式。训练中以双侧为主。如需考察患者某一侧的听觉能力时，则可通过该按钮进行控制。

（8）"听觉康复训练仪软件"中其余模块的参数设置与该部分基本相同，后文不再赘述。

6. 查看训练结果及历史记录　训练结果是指对患者基本信息和训练结果的记录，可帮助康复师了解患者对训练内容的掌握情况，主要是对图文版和游戏版训练成绩的记录。训练结果列表会形成历史记录，查看方式主要有2种，一是通过训练界面的悬浮菜单点击"显示表格"查看，二是通过历史记录进行查看（表4-1-2、表4-1-3）。

表4-1-2　有意察知训练结果记录与分析表

听觉康复训练仪 – 听觉察知			
有意察知结果记录与分析表			
基本信息			
编号	01	出生日期	2005/12/12
姓名	聪聪	训练日期	2009/10/13（10：06：38–10：04：35）
性别	男	训练形式	图文版
背景噪声	无	信噪比	低
呈现形式	图片	音调	0
侧别	双耳		

训练结果			
训练题数	12	总评成绩	58.33%
分析与建议			

表 4-1-3　有意察知训练内容列表

听觉康复训练仪 – 听觉察知		
有意察知训练内容列表		
序号	内容	得分
1	/n/	1
2	/m/	1
3	/l/	1
4	/p/	0
5	/m/	1
6	/b/	0
7	/k/	0
8	/h/	1
9	/f/	1
10	/t/	0
11	/g/	1
12	/j/	0

［实验结果］

模拟利用"听觉康复训练仪软件"为案例 1 或案例 2 进行训练的流程，并分析结果。

［讨论］

1. 为案例 1 或案例 2 制订一日康复方案。

2. 案例 1 和案例 2 两者的不同之处？

3. 听觉察知训练的常用方法有哪些？

（二）听觉分辨能力训练

听觉分辨能力训练的核心目标是提高患者判断声音相同和不同的能力，该阶段主要包括综合分辨和精细分辨 2 部分，其主要形式是让患者判断经特别处理的声音信号的异同。在"听觉康复训练仪软件"中综合分辨内容主要包括环境声和言语声。精细分辨内容主要包括了时长分辨、强度分辨、语速分辨和频率分辨（图 4-1-39）。

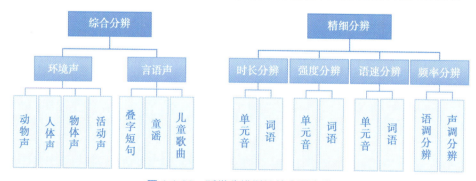

图 4-1-39　听觉分辨训练的主要内容

［实验目的］

1. 了解听觉分辨能力的训练对象。

2. 熟练掌握综合分辨和精细分辨的训练内容。

3. 熟练掌握精细分辨训练形式的切换。

［实验仪器］

听觉康复训练仪软件中"听觉分辨训练模块"。

［实验步骤］

1. 了解康复对象信息

（1）案例 1：姚某，男，3 岁，左耳听力损失 500~4 000Hz 都为 110dB HL，右耳植入人工耳蜗，开机 1 个月，500Hz、1 000Hz、2 000Hz、4 000Hz 重建听阈均为 35dB HL。且已经过 1 个月的听觉训练，目前能稳定地完成听声放物的任务。但无法分清声音的长短、快慢和高低、大小等。

（2）案例 2：尹某，女，3 岁半，左耳听力损失 500~4 000Hz 都为 110dB HL，右耳同，双耳助听器配戴 4 周，助听听阈均为 500Hz、1 000Hz、2 000Hz、4 000Hz 助听听阈分别为 55dB HL、55dB HL、55dB HL、60dB HL。已能稳定地听声放物，但对拟声词等分不清楚。

2. 开机进入相应模块　在安静环境中，打开"听觉康复训练仪软件"数据界面，填写被试的基本信息。完成后进入整个系统模块主界面，可看到 8 个子模块内容，可进入综合分辨或精细分辨。

3. 内容选择　若患者只对声音有反应而不能区分 2 个存在较大差异的声音，此时应该选择综合分辨的内容进行训练（图 4-1-40）；若患者可以分辨有多维度差异的声音，但是不能分辨存在单一维度差异的声音时，则应选择精细分辨的内容进行训练（图 4-1-41）。内容选择时，同样可以灵活使用 5 种方式。

图 4-1-40　综合分辨图文版界面　　　　图 4-1-41　精细分辨图文版界面

4. 训练形式　训练形式包括图文版、沟通版、游戏版三种形式。该部分图文版操作时，康复师首先应选择 2~3 组语音作为例子，帮助患者理解操作方法，当设备播放的 2 个声音一样时，选择代表一样含义的图标；声音不一样时，选择代表不一样含义的图标。然后再选择其他内容进行训练。此外在图文版的训练中，康复师还可启用"隐藏图文"的功能(图4-1-42),通过取消图片和文字的提示作用来增加训练的难度,要求患者仅根据听觉来进行判断,以此考察患者是否真正能够准确而快速地进行分辨。

5. 参数设置　参数设置同听觉察知。

6. 查看训练结果及历史记录　训练结果及历史记录查看同听觉察知。

［实验结果］

模拟利用"听觉康复训练仪软件"为案例1或案例2进行训练的流程,并分析结果。

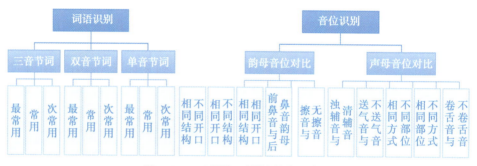

图4-1-42　听觉分辨"隐藏图文"界面

［讨论］

1. 为案例1或案例2制订一日康复方案。

2. 案例1和案例2两者的不同之处是什么?

3. 听觉分辨训练的常用方法有哪些?

（三）听觉识别能力训练

听觉识别能力训练核心目标在于提高患者把握声音主要特性的能力,分为词语识别和音位识别。词语识别根据声母使用频率的不同分为最常用、常用和次常用3部分,每部分都包含了三音节、双音节和单音节词语。音位识别内容主要包括韵母识别和声母识别(图4-1-43)。

图4-1-43　听觉识别训练的主要内容

［实验目的］

1. 了解听觉识别能力的训练对象。

2. 熟练掌握词语识别和音位识别的训练内容,尤其是强化训练的运用。

3. 熟练掌握自定义选择音位识别,进行组合。

［实验仪器］

听觉康复仪训练仪软件"听觉识别训练模块"。

［实验步骤］

1. 了解康复对象信息

（1）案例1:张某,男,3岁,左耳听力损失500~4 000Hz都为120dB HL,右耳植入人工耳蜗,开机3个月,500Hz、1 000Hz、2 000Hz、4 000Hz重建听阈均为35dB HL。且已经过3个月的听觉训练,目前能区分清声音的长短、快慢和高低、大小等,但无法识别词语。

(2)案例 2:高某,女,3.5 岁,左耳听力损失 500~4 000Hz 都为 110dB HL,右耳听力损失 500~4 000Hz 为 90dB HL,双耳助听器佩戴 10 周,左耳 500Hz、1 000Hz、2 000Hz、4 000Hz 助听听阈分别为 55dB HL、55dB HL、55dB HL、60dB HL。右耳 500Hz、1 000Hz、2 000Hz、4 000Hz 助听听阈分别为 45dB HL、45dB HL、55dB HL、60dB HL,已能稳定地听声放物,且能语音均衡式韵母识别 92%,声母识别 88%,但音位识别结果为 70%,需立即干预。其中 m/n、b/d、p/k、p/t、z/zh、c/ch、s/sh 等需强化训练。

2. 开机进入相应模块 在安静环境中,打开"听觉康复训练仪"软件数据界面,填写被试的基本信息。完成后进入整个系统模块主界面,可看到 8 个子模块内容,可进入词语识别或音位识别。

3. 内容选择 若患者不能识别存在较大差异的词语时,此时应选择词语识别的内容进行训练。若患者不能识别存在较小差异的音位对比词语时,则可选择音位识别的内容进行训练。内容选择时,同样可以灵活使用 5 种方式。进入内容选择界面(图 4-1-44)后,强化训练可选择"1、2、3、4",表示同一训练内容可以用 1~4 张不同的图片表示。图片效果表示同一张图片可以通过图片效果处理而看出不同形式。

图 4-1-44 听觉识别多图强化选择界面

该部分内容选择的特别之处在于增加了"自定义"功能。该功能可灵活地将不同的声母、韵母和声调进行组合,从资源库中快速找出相应的词语,具体界面如图 4-1-45 所示。

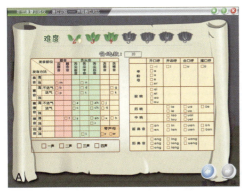 

图 4-1-45 自定义操作界面
A. 自定义主界面 B. 自定义内容选择界面

4. 训练形式 训练形式包括"图文版""沟通版""游戏版"3 种形式。该部分图文版操作时,康复师首先应教会患者正确的反应方式(设备播放的 2 个声音,患者根据系统指导语选出目标音);然后再选择相应的内容进行训练。该部分游戏形式较为丰富。图4-1-46和图4-1-47分别为词语识别和音位识别图文版训练界面。

图4-1-46 词语识别图文版界面　　　　图4-1-47 音位识别图文版界面

5. 参数设置 参数设置同听觉察知。

6. 查看训练结果及历史记录 训练结果及历史记录查看同听觉察知。

［实验结果］

模拟利用软件为案例1或案例2进行训练的流程，并分析结果。

［讨论］

1. 为案例1或案例2制订一日康复方案。

2. 听觉识别训练的常用方法有哪些？

3. 人工耳蜗儿童和助听器儿童音位对比识别的难度是否一致？

（四）听觉理解能力训练

听觉理解能力训练的核心目标是提高患者将音和义结合的能力。该阶段要求患者在分析并整合声音特性的基础上，能将声音特性与语言、认知等结合起来，理解意义甚至能做出联想和反馈。在"听觉康复训练仪软件"中词语理解内容主要包括单条件、双条件和三条件词语。短文理解内容主要包括情景对话、故事问答和故事复述（图4-1-48）。

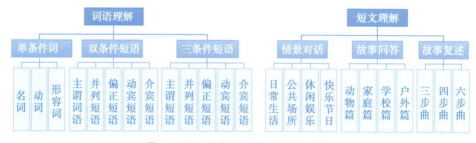

图4-1-48 听觉理解训练的主要内容

［实验目的］

1. 了解听觉理解能力的训练对象。

2. 熟练掌握词语理解和短文理解的训练内容。

3. 熟练掌握情景对话和故事问答的训练方法。

［实验仪器］

听觉康复训练仪软件"听觉理解训练模块"。

［实验步骤］

1. 了解康复对象信息

（1）案例 1：徐某，男，4 岁，左耳听力损失 500~4 000Hz 都为 110dB HL，右耳植入人工耳蜗，开机 6 个月，500Hz、1 000Hz、2 000Hz、4 000Hz 频率的重建听阈均为 35dB HL。且已经过 6 个月的听觉训练，目前音位对比识别及单条件词语理解已通过同龄正常儿童参考标准，双条件和三条件需立即干预。

（2）案例 2：陶某，女，4.5 岁，左耳听力损失 500~4 000Hz 都为 110dB HL，右耳同，双耳助听器配戴 8 个月，双耳 500Hz、1 000Hz、2 000Hz、4 000Hz 助听听阈分别为 50dB HL、50dB HL、55dB HL、50dB HL。双条件和三条件词语理解已通过同龄正常儿童参考标准，能完成简单对话，但对故事内容常常不能理解。

2. 开机进入相应模块　在安静环境中，打开"听觉康复训练仪"软件数据界面，填写被试的基本信息。完成后进入整个系统模块主界面，可看到 8 个子模块内容，可进入词语理解或短文理解。

3. 内容选择　如果患者只能识别声音而不了解意义，应选择词语理解部分的内容进行训练；若患者的听觉能力已经能够实现词语音和义的联结时，则应选择短文理解部分的内容进行训练。内容选择时，同样可以灵活使用 5 种方式。

4. 训练形式　词语理解训练形式包括图文版（图 4-1-49）、沟通版（图 4-1-50）2 种形式，短文理解则仅有"图文版"。情景对话选取日常生活中常见的主题，由设备呈现一张主题场景图片，由康复师和患者通过角色扮演进行模拟对话，若对话很难进行，则可通过系统提供的示范音进行模仿（图 4-1-51）。故事问答主要选择简短、易懂的故事作为训练材料，要求患者通过听故事回答问题的方式，提高患者听觉理解能力。每个故事均配图片来帮助患者理解故事，并根据故事内容设置了 4 个问题，问题难度由浅入深，共 3 种类型：①直接问题，可从故事中直接获得答案；②间接问题，需对故事内容进行简单思考后才能得出答案；③归纳总结或延伸性问题，需要患者在把握故事主要内容的基础之上对故事进行归纳、推理或演绎。3 类问题难度不同，以第一、第二类问题为主（图 4-1-52）。

图 4-1-49　词语理解图文版界面

图 4-1-50　词语理解沟通版界面

图 4-1-51　短文理解（情景对话）训练界面　　图 4-1-52　短文理解（故事问答）训练界面

5. 参数设置　参数设置同听觉察知。

6. 查看训练结果及历史记录　训练结果及历史记录查看同听觉察知。

［实验结果］

模拟利用"听觉康复训练仪软件"为案例 1 或案例 2 进行训练的流程，并分析结果。

［讨论］

1. 为案例 1 或案例 2 制订一日康复方案。

2. 听力障碍儿童双条件和三条件词语理解的特征有哪些？

3. 听觉理解训练的常用方法有哪些？

第二节　听力听觉障碍康复案例分析

一、听力障碍儿童听力补偿或重建后听力评估的案例分析

学习目的

通过本案例学习，帮助学生掌握听力障碍儿童听力补偿或重建后听力评估方法。拓展课堂理论学习，为临床实习奠定实践基础。

学习要点

儿童主观听力测试方法中视觉强化测听的测试方法，测试方法中的注意事项；听力障碍儿童听觉能力评估方法。

王某，男童，出生日期 2012 年 8 月，足月顺产，新生儿听力筛查未通过，6 月龄在当地医院诊断为先天性听力障碍，听性脑干反应测试结果为左耳听阈 75dB HL，右耳听阈 80dB HL，给予双耳助听器（品牌 ××）进行听力补偿，配戴助听器时间不规律，在家由妈妈和奶奶照顾。1 岁 8 月龄进入康复中心进行听觉言语康复 6 个月。据家长反映幼儿在听觉语言方面有很大的进步，该儿童现在可以表达一些日常用语，如妈妈、爸爸、苹果、娃娃等。2014 年 12 月来院进行听力检查。

1. 根据病史,王某在日常生活中可有哪些听力方面的临床表现?

　　A.对他人喊叫自己的名字能够给予反应

　　B.无法对韵母进行识别

　　C.无法对声母进行识别

　　D.可以理解日常生活中的简单指令

解析: 分析王某的病史,发现该儿童的年龄较小且听力损失程度属于重度听力障碍,由于已经给予双耳助听器进行听力补偿,且进行了半年的听觉言语康复训练,叫喊其名字时能够给予一定的反应,通过与其父母的交流也得知,可以理解日常生活中一些简单的指令,与该儿童在自然状态下的听觉言语交流发现,对韵母、声母的识别较好。

2. 应对王某进行哪些听力评估?

　　A.助听效果的听觉能力评估

　　B.游戏测听

　　C.视觉强化测听

　　D.行为观察测听

解析: 根据王某的年龄和病史、临床表现的情况,我们需要对其进行裸耳听力的听力测试、助听器补偿后的助听听阈的听力测试及听觉能力评估。听力测试方法选择行为测试中的视觉强化测听,过程和结果分别如下:

(1)裸耳听力测试+助听听阈测试(视觉强化测听)

测试时间:2014年12月9日

测试人员:刘某

测试地点:声场

测试设备:GSI168;声信号为啭音

测试方法:视觉强化测听

测试步骤:

1)儿童及其父母位置:儿童坐在声场校准点的椅子内,扬声器的位置应与孩子的视线成90°夹角。奖励强化玩具应在扬声器之上。父母的座位安排应在远离扬声器的地方,一般坐在儿童的背后或侧后方。

2)测试人员的安排:诱导观察者坐在儿童对面,主测试者坐在同一房间内儿童及诱导观察者的侧面,便于观察诱导观察者和儿童。主测试者负责病史采集并向家长讲解测试目的和方法;诱导观察者利用这段时间与儿童建立起亲近的关系。

3)训练儿童建立条件反射:测试者给出刺激声,一般为啭音,强度为预估阈值上15~20dB。观察儿童出现的行为反应,比如转头、微笑或其他反应。当发现儿童出现这种反应时,迅速给予显示灯箱的奖励玩具;此时观察者应该引导孩子去看发光、活动的玩具,并给予口头奖励,训练2~3次,儿童建立条件反射为止。

4)正式测试:测试方法为应用纯音测听法基本步骤——降十升五法。使用声场或耳机寻找受试儿童的听阈。先测1 000Hz相对好耳,1 000Hz相对差耳;其次是4 000Hz相对好耳,4 000Hz相对差耳;再次是500Hz相对好耳,500Hz相对差耳；最后是2 000Hz相对好耳；2 000Hz相对差耳。

注意事项：

1）玩具的选择和摆放位置：玩具应当灵活、柔软，与受试孩子年龄相适应，能有效发挥分散儿童注意力的作用；玩具的摆放位置一般放在儿童的前方，偏向发光玩具的对侧。

2）对儿童注意力的控制：根据儿童的情况，及时的更换玩具。

3）测试人员之间的配合：当刺激声出现时，避免动作停止、眼神漂移、表情变换等暗示信号。

由于测试对象年龄为2岁4月龄，根据年龄选择对应的测试方法为视觉强化测听，根据其听觉言语的临床表现也发现，患儿可以配合进行视觉强化测听，先测试裸耳听力，然后佩戴助听器，进行助听听阈测试。

根据裸耳测试的结果（表4-2-1），患儿的听力为左耳83.75dB HL，右耳86.25dB HL。给予助听器进行听力补偿后（表4-2-2），左耳和右耳的500Hz、1 000Hz、2 000Hz和4 000Hz频率的助听听阈都在言语香蕉图内，助听效果最适。

表4-2-1　裸耳测试结果

测试频率	各频率听阈/dB HL			
	500Hz	1 000Hz	2 000Hz	4 000Hz
左耳	80	80	85	90
右耳	80	85	90	90

表4-2-2　助听器补偿后听力测试结果

测试频率	各频率阈值/dB SPL			
	500Hz	1 000Hz	2 000Hz	4 000Hz
左耳	50	55	55	45
右耳	55	55	55	50

根据上述视觉强化测听结果，我们可以得知，目前患儿的裸耳听力为极重度听力损失（行为测试结果）；患儿的助听听阈都在言语香蕉图内，说明患儿目前的助听器还可以满足患儿的听力需求。

（2）听觉能力评估：根据王某的年龄和病史、临床表现的情况，我们需要对其进行听觉能力评估，听觉能力评估方法为《听障儿童听觉能力评估标准及方法》，根据其听觉言语表现，对其进行声母、韵母、双音节词和短句识别能力评估。过程和结果分别如下：

测试时间：2014年12月9日

测试人员：刘某

测试地点：声场，本底噪声≤45dB（A）

测试工具：听力障碍儿童听觉能力评估词表（声母、韵母和双音节词识别能力评估词表）

测试方法：听声识图法

测试步骤：

1）韵母识别能力和声母识别能力评估：分别采用韵母识别能力评估词表和声母识别能力评估词表对该儿童进行韵母和声母识别能力评估。

测试时，该儿童坐在测试参考点位置，以组为单位出示词表，选取词表1作为发音词表，其他2个词表作为陪衬词表，25组图片循环出示1次即可完成测试。测试过程中测试者应注意回避儿童的眼睛，采用正常言语声强度（约70dB SPL），出示词表的同时发音。结果计算公式：识别得分（%）=（正确回答数/25）×100%。

2）双音节词识别能力评估和短句识别能力评估：测试采用双音节词评估词表和短句识别能力评估词表。

测试时，儿童坐在测试参考点位置，以组为单位出示图片，测试者分别随机读2张图片让被试识别，依次按组进行测试，第二次循环时，将该组未测的3张图片分别读出让被试识别。整个评估中所有测试词表共需循环出示2次，每个词都有发音机会。结果计算公式：识别得分（%）=（正确回答数/测听内容总数）×100%。测试过程中测试者应注意回避被试者的眼睛，采用正常言语声强度（约70dB SPL）。

注意事项：在测试前，要明确指导语，比如："小朋友，听一听，指一指"。让患儿能够明白每组测试中每一个图片所对应的声音，然后让患者指出是目标词是哪一个。在测试过程中，要注意不要让患儿看到测试者的口型，测试过程中不要捂嘴。

通过评估所得结果记录在表4-2-3中。

表4-2-3　听觉能力评估结果

评估项目	测试结果
声母识别能力	76%
韵母识别能力	68%
双音节词识别能力	76.7%
短句识别能力	60%

3. 根据上述评估结果，需要对王某进行哪些听觉能力康复训练？

　　A.声母识别能力训练　　　　B.韵母识别能力训练

　　C.词汇识别能力训练　　　　D.短句识别能力训练

解析：根据上述结果，患儿的声母、韵母、双音节词和短句识别能力分别为76%、68%、76.7%和60%，听觉言语识别能力为（声母+韵母+双音节词+短句）/4=70%，听觉能力康复效果为较适，结合助听听阈的测试结果为最适，我们认为，患儿的声母、韵母、双音节词和短句识别能力都还有很大的发展空间，因此需要继续进行声母、韵母、声调、词汇、短句等听觉能力的康复训练。

───────── **学习小结** ─────────

儿童听力学测试方法包括主观测听和客观测听，行为测听是一种测试儿童听阈的主观听力测试方法。儿童行为测听由于受到其年龄、智力和听觉言语发育程度的影响，因而和成人的主观听力学测试比较，具有更大的困难和挑战。听力师的经验和临床技巧是儿童听力评估成功的关键。儿童行为测听主要包括行为观察测听、视觉强化测听和游戏测听。行为观察测听临床应用于 6 月龄以内的婴儿；视觉强化测听临床常用于 7 月龄~2.5 岁年龄范围的儿童听力测试；游戏测听临床用于 2.5~4 岁年龄范围的儿童听力学测试；视觉强化测听还可以用于年龄超过 2.5 岁，不能配合游戏测听的患儿，也可以配合游戏测听对患儿进行听力测试。

视觉强化测听的目的是训练孩子对刺激声建立条件反射，同时吸引孩子转向奖励闪光玩具，使受试儿逐步建立起"听到刺激声寻找奖励"的定向条件反射。当受试儿能听到声音后，即使没有奖励玩具，也会立即将头转向带有视觉奖励的声源。

视觉强化测听需要由两名受过专业训练的听力师进行测试。主测者负责给出刺激声和显示奖励玩具并记录测试结果；诱导观察者负责在孩子反应结束后不再追寻奖励玩具并帮助主测者分析孩子对声刺激反应情况。

《听障儿童听觉能力评估标准及方法》是目前国内用于儿童听觉评估的主要工具。该评估工具基于儿童语言的发展规律，使用的词表取自听力障碍儿童康复教材"幼儿学说话"。力求用较少的词汇体现较多的汉语语音成分，从自然环境声响、语音、声调、词汇及短句等不同侧面评估听障儿童的听觉功能。该词表目前已广泛应用于全国康复系统、医院和特殊学校等，是目前在国内康复系统通用的听觉能力评估方法。

二、配戴助听器儿童的听觉康复案例分析

学习目的

通过本案例的学习，帮助学生掌握助听器儿童听觉评估的流程以及康复训练方案的制订及实施，启发临床思路。

学习要点

助听器儿童的听觉发展规律；听觉评估流程和注意事项；制订听觉康复训练方案。

康某，男童，2009 年 11 月生。足月剖宫产，未通过新生儿筛查，3 月龄时经复旦大学附属儿科医院确诊为神经性听力损失，进行听性脑干反应和多频听性稳态反应，结果示左耳 55dB，右耳 70dB，属于中度听力损失。遂双耳配戴助听器（品牌 ××），但由于该儿童不习惯，在 1 岁之前每天只佩戴 1~2 小时，1 岁之后开始每天佩戴助听器，在家由妈妈照顾，并未进行过正规的康复训练。2011 年 8 月 19 日进入上海市某幼稚园进行亲子同训课 10 节，主要内容是围绕听觉、言语、语言基础内容进行。据家长反映幼儿在语言方面有进步，经过训练该儿童可以表达一些日常用语，如鸭、妈妈、爸爸等。于 2011 年 9 月 5 日进入康复中心，接受听觉、言

语康复训练。

  1. 康某的听觉障碍有哪些具体的临床表现？

    A. 对他人喊叫自己的名字不予以反应

    B. 对精细的声音长短、快慢等分辨不清

    C. 无法对韵母进行识别

    D. 无法对声母进行识别

    E. 对日常生活中简单的指令无法理解

    F. 需教师或家长多次重复说话

    G. 有一定的发声问题

    H. 有一定的构音问题

  解析：分析康某的病史，发现其年龄较小且听力损失程度属于中度听力障碍，叫喊其名字时给予一定的反应，可以区分声音的长短、快慢、频率和节奏，对韵母、声母的识别不佳，可以理解日常生活中一些简单的指令，但需要教师或家长重复多次。与该儿童进行自然状态下的言语交流发现，在言语方面，该儿童的呼吸支持不足，呼吸与发声协调性不佳，存在一定程度的粗糙声和嘶哑声，构音清晰度极低，目前声母仅习得 /b/、/m/，尚不稳定，韵母习得 /a/、/e/、/u/，未稳定习得 /i/、/o/，其他韵母均未习得。

  2. 康某应接受哪些相关的听觉功能评估？

    A. 助听效果的听觉评估   B. 林氏五音测试

    C. 听觉分辨能力评估   D. 听觉识别能力评估

    E. 听觉理解能力评估

  解析：根据康某的情况我们对其进行完整的听觉功能的评估，其结果和过程分别如下：

  听觉察知能力评估是考察康某是否已对声音形成有意识的关注，具体方法如下：

  （1）首先利用便携式听觉评估仪（图 4-2-1）进行无意察知的评估，其评估目标主要在于考察该儿童的助听听力及对声音的关注能力。评估过程中保持环境安静，在 500Hz、1 000Hz、2 000Hz、3 000Hz、4 000Hz 这五个频率点上采用"降十升五"的原则，强度从 70dB 开始进行测试，采用听声放物的反应方式，要求该儿童听到声音将积木放进篮子中，评估结果如下表所示（表 4-2-4）。

表 4-2-4　无意听觉察知评估

侧别	不同频率听觉察知 /dB				
	500Hz	1 000Hz	2 000Hz	3 000Hz	4 000Hz
双耳	50	45	45	50	50

  将该结果记录到香蕉图上，显示该儿童的双耳助听效果 500~4 000Hz 均在香蕉图内，助听效果为最适（图 4-2-2）。

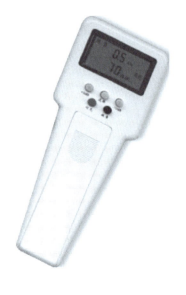
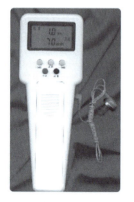

图 4-2-1　便携式听觉评估仪

（2）利用主频特征明确的林氏五音 /m/、/u/、/ɑ/、/ʃ/、/s/ 及卡片进行有意察知的评估，其目的是考察该儿童关注声音的意识和能力。评估过程中由康复师从 2m 距离点开始，采用自然状态下发声，说出 /m/、/u/、/ɑ/、/ʃ/、/s/，每个音发 3 次，音量为 50dB，儿童采用听声放物的反应方式，听到声音将积木放进篮子中，儿童听到声音，则记为"1"，没有听到声音，则记为"0"。若同一个音连续 2 次及以上通过，则该音的评估结束，进入下一个音。若连续 2 次及以上没有反应，康复师向儿童所在方向挪动 0.5m，依此类推，直至记录到离其 0.5m 处的结果为止。评估结果如下表所示（表 4-2-5）。

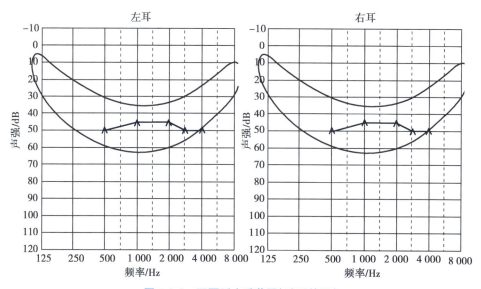

图 4-2-2　双耳听力香蕉图（助听效果）

表 4-2-5　林氏五音测试有意察知评估结果

序号	测试项目	测试目标 /Hz	测试内容	2m 内结果
1	低频	250	/m/	111
2	低频	300~900	/u/	110
3	中频	700~1 500	/ɑ/	111
4	高频	2 000~4 000	/ʃ/	111
5	高频	3 500~7 000	/s/	111

该结果表明康某对声音已能形成主动反应,反应准确可靠,能利用残余听力聆听语音,并且在 2m 范围内聆听低、中、高频声音。

（3）听觉分辨能力评估:利用超音段分辨能力评估卡片(图 4-2-3)对儿童进行听觉时长、强度、频率、节奏的分辨,目的是考察儿童分辨声音声学特性的能力,主要让其通过判断 2 个声音相同还是不同进行考察,对于年纪比较小的儿童也可通过指出声音的来源或者配合声音做出相应的动作即可。评估结果如表 4-2-6所示。

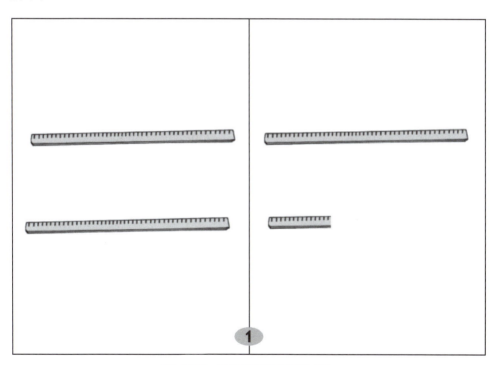

图 4-2-3　时长分辨能力评估卡片

表 4-2-6　听觉分辨能力评估

听觉分辨	时长分辨	语速分辨	强度分辨	频率分辨	总分
	100%	100%	100%	100%	100%

结果表明儿童能区分声音的声学特性,虽然不能理解"一样"与"不一样",但是能模仿声音,能根据声音的不同做出相应的动作,听觉分辨能力较好。

(4)听觉识别能力评估:听觉识别能力评估包括语音均衡式听觉识别评估和音位对比式识别能力评估 2 部分。语音均衡式识别能力评估是考察儿童识别日常生活中常用词语的能力。语音均衡是指词表中语音出现的概率与日常生活中出现的概率相一致。最小音位对比识别是指对汉语语音中仅有 1 个维度差异音位对进行识别。利用评估卡片,由康复师拿着评估卡片每个词先朗读一遍,再发出目标音让儿童复述或指认。儿童由于能力有限,只进行了语音均衡式听觉识别能力的韵母识别及最小音位对比的韵母识别,未进行声母识别。评估结果如表 4-2-7。

听觉识别结果显示,儿童的语音均衡韵母识别得分为 85%,比对其最适的助听效果,儿童未充分利用残余听力进行听觉识别,仍需进行听觉识别的训练,其韵母最小音位对比结果为 49.6%,未能达到同龄听力正常儿童的水平,故需进行听觉音位对比识别的训练。

表 4-2-7　听觉识别能力评估结果

语音均衡式识别			
韵母	85%	声母	/
音位对比式识别			
韵母音位对		声母音位对	
总分	49.6%	总分	/
相同开口不同结构	66.7%	擦音与无擦音	/
不同开口相同结构	46.2%	浊辅音与清辅音	/
相同开口相同结构	37%	送气音与不送气音	/
前鼻音与后鼻音韵母	27.8%	相同部位、不同方式	/
		相同方式、不同部位	/
		卷舌音与非卷舌音	/

(5)听觉理解能力评估:听觉理解能力评估目的是考察儿童将音和义结合,是否真正懂得声音的意义,主要包括单条件词语、双条件词语和三条件词语的听觉理解,通过康复师拿着评估卡片直接发目标音让儿童指出对应的图片。由于儿童能力有限,只进行了单条件词语的听觉理解评估。评估结果如表 4-2-8 所示。

表 4-2-8　听觉理解能力评估结果

单条件词语理解		双条件词语理解		三条件词语理解	
总分	62.5%	总分	/	总分	/
一类	87.5%	并列	/	并列	/
二类	75%	动宾	/	动宾	/
三类	67.5%	主谓	/	主谓	/
四类	67.5%	偏正	/	偏正	/
五类	50%	介宾	/	介宾	/

结果显示,儿童处于跟踪随访和无须干预的临界处,表明儿童听觉理解能力尚不稳定,需要进行听觉单条件理解及双条件理解训练。

3. 康某应接受哪些相关的听觉功能训练?

  A.听觉察知的训练

  B.听觉分辨时长训练

  C.听觉识别韵母词语识别训练

  D.听觉识别韵母最小音位对识别训练

  E.听觉识别声母词语识别训练

  F.听觉识别声母最小音位对识别训练

  G.听觉理解单条件词语理解训练

  H.听觉理解双条件词语理解训练

解析:从康某的评估结果来看,康某目前处于听觉识别阶段,应进行听觉识别的训练。在训练前应根据评估结果对内容进行分层。例如,在音位识别中,若该儿童某组词语的评估结果为"000",说明该组词语为"无反应词语",应首先查阅听力情况,若听力受限,则进行感知训练,不要求完成听觉识别;若评估结果为"010""001"或"100",则该组词语为待习得词语,应重点强化;若评估结果为"110""101"或"011",说明该组词语已经习得,可对这部分内容进行更高要求的训练。

训练方法可根据孩子情况进行选择,针对康某的年龄比较小、认知水平有限的情况,选择识别图文版训练法、动作匹配法、强化物刺激法等。

(1)识别图文版训练法:是通过"听觉康复训练仪软件"中"听觉识别"模块的图文版,让康某将目标音与图片进行匹配的一种方法。首先康复师准备好"听觉康复训练仪软件",选择相应的训练内容,进入听觉识别图文版(图4-2-4)。系统按顺序播放一组声音,并提示对应的图片。然后系统随机播放目标音,康复师指导康某选择。若康某对设备的声音不熟悉,可改由康复师自己发音。若康某选择有困难,康复师可通过提高音量、延长音节等方式发出声音,并利用软件图片进行选择。训练内容结束后,可通过参数设置进行声音类型、备选项数量、背景噪声等的调整,增加难度。

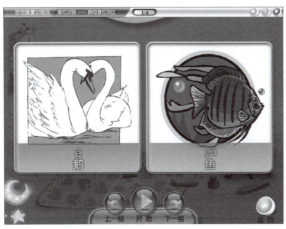

图4-2-4　听觉识别图文版训练

（2）动作匹配法：动作匹配法是配声动作类活动的一种，该方法是指康复师根据训练内容创编相应的动作，培养该儿童通过动作与目标音的匹配识别不同的声音，并要求该儿童复述。首先康复师准备好训练内容，例如 u/ ü，康复师给康某示范 u 的时候做 u 的手指语，ü 的时候做 ü 的手指语，然后让康某跟着一起做，最后由康复师给出目标音，让该儿童做动作并且要求该儿童边说边做，过程中康复师最好是坐在该儿童身后，以免其看到康复师的嘴巴从而获得视觉提示，若面对面进行，康复师需要进行挡口。

（3）强化物激励法：该方法是在康某正确识别目标音时给予强化物（积木、拼图、食物、玩具等），从而维持他参与活动的积极性。该方法结合所有方法一起进行，每次当康某能选择正确后都给予他奖励（口头的表扬或者强化物），针对该儿童年龄较小，康复师通常给予口头的表扬，在训练结束之后给予其糖果等奖励。

听觉识别的训练方法有很多，例如特征解释法、多图强化法、音节扩展法等，但这些方法对于案例中 2 岁多的孩子来说难度较大，故不选择。

4. 如何评价康某接受的训练效果？

A. 助听效果的听觉评估　　　　　　B. 林氏五音测试

C. 听觉分辨评估　　　　　　　　　D. 听觉识别评估

E. 听觉理解评估　　　　　　　　　F. 教师评价

解析： 由于康某已经通过了听觉察知及听觉分辨阶段，故助听效果的听觉评估、林氏五音的测试及听觉分辨的评估无需作为监控效果的工具，听觉识别的评估是十分必要的评价方法，听觉理解的评估由于该儿童目前未进行听觉理解相关训练，故也不适合用来评价康某的训练效果。再结合教师的主观评价，评价上述训练的疗效。详见下表（表 4-2-9）。

表 4-2-9　训练前后听觉识别能力的比较

听觉识别		训练前	训练后
韵母音位对		49.6%	55.8%*
相同开口 不同结构	e/ ü	66.7%	66.7%
	er/ ü	33.3%	100%*
	u/ ü	66.7%	100%*
	uan/ üan	66.7%	66.7%*
	i/u	0.0%	33.3%*
	……		
	总	66.7%	86.2%*
不同开口 相同结构		46.2%	46.2%
相同开口 相同结构		37.0%	37.0%
前鼻音与后鼻音韵母		27.8%	27.8%

＊表示该项目经过训练后，得到提高

结果显示训练前康某的韵母音位对得分为 49.6%，训练后有了略微的改善，得分为 55.8%，但是这仅仅只是 2 堂课的训练。若观察两堂课的训练，可以看到 e/ü、er/ü、u/ü、uɑn/üɑn、i/u 这五对音位对有着显著的提升，这说明该儿童通过听觉识别的训练之后听觉识别能力有所提高，在今后的训练中，继续对该儿童采用多样化的训练方法，能使其达到同龄听力正常儿童的听觉识别水平。

学习小结

听觉对人的发展非常重要，但由于它是内部的心理活动，往往被人们忽视。即使是由于听觉障碍所造成的言语障碍，人们也往往更多地重视言语问题的解决。这一方面是由于人们混淆了听力与听觉的概念，认为戴上助听设备或植入人工耳蜗，听觉问题自然而然就解决了；另一方面，是由于对汉语言听觉技能和言语感知的研究相当困难，使得听觉康复一直未能与言语矫治很好地结合。

正常儿童在前言语阶段中的简单发音阶段为 3 月龄以内，依发音的难易程度主要掌握韵母的发音，声母较少；4~8 月龄为连续音节阶段，能发出声母、声韵结合的一些连续性音节；9~12 月龄为学说话的萌芽阶段，能经常地、系统地模仿和学习新的语音，一定的语音开始与具体事物联系起来。

听力干预的策略为早发现、早诊断、早干预、早康复。本案例中，该儿童 3 月龄时发现听力有问题之后立即进行诊断，诊断为神经性听力损失，遂双耳配戴助听器，1 岁之后长期配戴助听器，但未经过严格的康复训练，在孩子 21 月龄时才参与亲子同训，渐渐介入康复训练。该儿童尽管诊断发现较早，但是康复介入未持续并严格遵守，目前该儿童正处于语言发展的关键期，进行听觉康复训练刻不容缓。

听觉康复训练是指对听力障碍者的听力补偿与重建效果进行科学、全面的评估，然后制订和执行个别化康复方案，同时进行监控的过程，其目的在于使听力障碍者能够"听清、听懂"，使他们交流困难最小化并减轻交流困难带给他们的痛苦。

以往传统的听觉康复训练是以集体课的形式展开，只强调教师为中心进行标准化学习，很少学生参与，多是单一刺激，效果不佳。目前随着数字时代的到来，针对听力障碍儿童的听觉康复训练也逐渐步入现代化教育时代提倡听力障碍儿童康复"1+X+Y"模式，即"集体教育＋个体化康复＋家庭康复"康复教育模式。在集体课上，主课教师利用各种主题活动让该儿童学会观察，参与活动；在个体化训练课上，康复师采用多媒体技术的训练软件——"听觉康复训练仪软件"进行训练，训练形式可以多样化，让孩子打破以往被动学习的模式，同时将训练结合各种游戏，让孩子在玩中学、学中玩；每日训练后，康复师与家长沟通交流，将作业布置到家庭，让该儿童在家庭中继续得到康复，并注重与别人的沟通交流，使得训练效果最大化。事实也证明该儿童在通过听觉训练之后，其听觉能力有所提高，相信在未来的日子里继续以这样"评估 - 训练 - 监控"的模式进行训练，该儿童可以充分利用残余听力，进行正常的生活学习。

三、人工耳蜗植入儿童的听觉康复案例分析

学习目的

通过本案例的学习，令学生掌握人工耳蜗植入儿童的听觉评定与康复治疗的方法，为临床实习奠定实践基础。

学习要点

人工耳蜗植入效果评估；人工耳蜗植入术后的听觉功能评估；人工耳蜗植入儿童康复训练方案制订及实施。

方某，女童，2008 年 12 月出生。出生后未进行新生儿听力筛查。在 7 个月大时，家长发现该儿童对声音无反应，但未立即进行检查。直至 2009 年 10 月，在赣州人民医院进行耳声发射检查未通过，此时该儿童为 10 月龄。2009 年 11 月在中山大学孙逸仙医院进行 ABR、耳声发射检查，结果示 100dB 未引出，随即双耳配戴助听器（品牌××）。佩戴 3 个月后，家长因该儿童听力无明显改善，于 2010 年 4 月 28 日进行人工耳蜗植入手术，右耳植入人工耳蜗（品牌××），同年 5 月 12 日开机。开机后 4 个月在广州市某康复中心进行一周 1 次的康复训练，训练以游戏形式为主，无标准的听觉或言语训练，据其家长反映无明显效果。在 2010 年 8 月至 2010 年 11 月，转至珠海某聋儿康复中心进行日托式训练，亦无标准的听觉或言语训练，据其家长反映效果不佳。2011 年 1 月进入某早教机构以亲子课的形式进行训练，训练以游戏形式进行，主要目标为适应集体生活，在其中渗透简单的语言训练，家长反映效果仍不佳。2011 年 2 月 21 日进入上海市某幼儿园康复部进行康复训练。

1. 目前该儿童的听觉功能障碍有哪些具体的临床表现？
   A. 对于正常音量（55~60dB HL）的谈话有困难
   B. 对于比较复杂或陌生的主题交谈较困难
   C. 听到声音不能反应，如举手或放物
   D. 对关键词较多的问题回答较慢
   E. 不能分辨声音的大小和间断
   F. 注意力偶尔会分散

解析：通过分析方某的病史和康复史，了解她目前正处在听觉理解的双条件词语理解向三条件词语理解的过渡阶段，与方某进行自然言语状态下的交流过程中，发现她能在无意察知的状况下察知到意外的响声（如敲门声），并具备一定程度的定向能力；她能够有意识地察知言语声，但反应的速度较慢，需要康复师的提醒；也能够进行听觉分辨，并根据康复师的要求，增加言语响度进行对话；当康复师对方某熟悉的事件进行单个关键词提问时，发现她的听觉反应速度较慢，但能够对形容词、名词、动词等关键信息进行回答，具备单条件词语理解能力；在听觉注意力方面，方某的听觉注意力和敏感性基本正常，偶尔仍需康复师提醒。

2. 方某应接受哪些相关的听觉功能评估？

A. 听觉察知 - 无意察知能力评估

B. 听觉察知 - 有意察知能力评估

C. 听觉分辨 - 超音段分辨能力评估

D. 听觉识别 - 语音均衡式识别能力评估

E. 听觉识别 - 音位对比式识别能力评估

F. 听觉理解能力评估

解析： 根据方某的听觉言语表现，我们认为她在听觉理解方面的问题最严重，尤其双条件和三条件词语理解方面；此外，方某对响度较低的信号声察知可能还存在一定的问题。根据方某的情况，我们为她进行了完整的听觉功能评估。

（1）听觉察知能力评估：考察方某是否已对声音形成有意识的关注。数量评估考察各主要频点上的察知情况，其评估结果也间接反映听力重建的情况；林氏五音考察不同频段的言语声是否能察知，内容为考察该儿童对 /m/、/u/、/a/、/sh/、/s/ 五音在 2m、1m 和 0.5m 3 个距离点的听声反应情况，从 2m 开始，每个距离点给声 3 次，3 次中通过 2 次则停止缩短距离。

听觉分辨能力评估考察方某能否区分声音一样不一样的能力，从时长、强度、语速和频率 4 个角度分别进行考察。采用的评估材料是《儿童超音段分辨能力评估》。

（2）听觉识别能力评估：包括语音均衡式识别和最小音位对比式识别。

1）语音均衡式识别能力评估：是考察方某识别日常生活中常用词语的能力，语音均衡词表中的语音出现概率与日常生活中出现的概率一致。通过语音均衡式的评估，可以获得患儿对多个维度不同语音的听觉识别能力情况。语音均衡式的得分（%）与方某听力补偿效果的言语识别率进行比较，若两者一致，则说明她较好地利用了残余听力；若测试得分低于应有的言语识别率，则说明她没有充分利用残余听力，有一定的发展空间，可进行进一步强化训练。

2）最小音位对比式识别评估：为了更有针对性地了解方某到底在哪些音位之间存在混淆，听觉识别能力评估还设有第二大评估——最小音位对比识别评估，通过该评估，可获得方某对汉语语音中仅有 1 个维度差异音位对识别的能力。最小音位对的得分可以与标准化常模进行参照分析，也可以进行百分等级参照分析，以获得她在同龄听力正常儿童中所处的听觉识别能力位置。此外还有错误项目分析，通过归纳评估过程中的错误走向，为后期的针对性训练及训练效果监控提供了依据。

（3）听觉理解能力评估：考察方某音义结合的能力，从单条件词语、双条件词语、三条件词语 3 个部分进行考察。目前已有标准化常模供参考，也有百分等级参照表，康复师还可以根据方某的错误走向，了解她在哪些概念出现不理解或混淆的情况。

评估结果如下：

（1）听觉察知 - 数量评估：采用便携式听觉评估仪进行有意察知的评估，评估内容为 500Hz、1 000Hz、2 000Hz、3 000Hz 和 4 000Hz 啭音，结果如表 4-2-10，均落在 SS 线内,说明人工耳蜗重建效果相当于最适,所对应的言语识别率应大于 90%。

(2)听觉察知 - 林氏五音测试:方某均能在给声距离为 2m 的情况下,达到 100% 的正确率,说明她已形成对声音的主动反应,能够在距离 2m 的位置察知低、中、高频的言语声。

表 4-2-10　听觉察知能力评估结果

	序号	测试项目	测试目标频率 /Hz	左耳听觉察知能力 /dB SPL	右耳听觉察知能力 /dB SPL
数量评估	1	低频	500	/	40
	2	中频	1 000	/	35
	3	高频	2 000	/	35
	4	高频	3 000	/	35
	5	高频	4 000	/	35
	序号	测试项目	测试目标频率 /Hz	测试内容	2m 内结果
语音评估	1	低频	250	/m/	111
	2	低频	300~900	/u/	111
	3	中频	700~1 500	/ɑ/	111
	4	高频	2 000~4 000	/ʃ/	111
	5	高频	3 500~7 000	/s/	111

(3)超音段分辨能力评估:方某在时长、强度、语速、频率 4 个部分的听觉分辨评估结果均达到 100%,听觉分辨能力基本正常,具体结果见表 4-2-11 所示。

表 4-2-11　听觉分辨能力评估结果

时长分辨	语速分辨	强度分辨	频率分辨	总分
100%	100%	100%	100%	100%

(4)语音均衡式识别能力评估:方某在语音均衡式的韵母识别、声母识别均达到 100%,对应方某重建效果对应的言语识别率进行分析,她充分利用了重建后的听力。

(5)音位对比式识别能力评估:方某韵母部分得分 96.74%,达到同龄听力正常儿童标准,需要监控;声母最小音位对比识别得分为 89.65%,达到同龄听力正常儿童标准,需要监控,强化训练卷舌音与非卷舌音的识别训练,评估结果见表 4-2-12。

表 4-2-12　听觉识别能力评估结果

语音均衡式识别			
韵母部分	100%	声母部分	100%
音位对比式识别			
韵母音位对		声母音位对	
总分	96.74%	总分	89.65%
相同结构不同开口	100%	擦音与无擦音	100%
相同开口不同结构	94.87%	浊辅音与清辅音	97.5%
相同开口相同结构	100%	送气音与不送气音	95.63%
前鼻音与后鼻音韵母	83.33%	相同部位、不同方式	90.59%
		相同方式、不同部位	81.48%
		卷舌音与非卷舌音	66.66%

（6）听理解：方某单条件词语理解能力评估均正确，双条件词语理解能力评估得分为 72.5%，达到同龄听力正常儿童标准，需要继续监控。其中，双条件主谓和介宾词组的理解能力较差，需要强化训练。三条件词语理解能力评估得分为 20%，未达到同龄听力正常儿童标准，均需要强化训练，具体结果见表 4-2-13。

表 4-2-13　听觉理解能力评估结果

单条件词语理解		双条件词语理解		三条件词语理解	
总分	100%	总分	72.5%	总分	20%
一类	100%	并列	75%	并列	12.5%
二类	100%	动宾	87.5%	动宾	25%
三类	100%	主谓	40%	主谓	0%
四类	100%	偏正	100%	偏正	25%
五类	100%	介宾	62.5%	介宾	37.5%

3. 方某应采用哪些康复训练方法？
　　A. 听觉察知的训练　　　　　　　B. 听觉分辨时长训练
　　C. 听觉识别词语识别训练　　　　D. 听觉识别最小音位对识别训练
　　E. 听觉理解词语理解训练　　　　F. 听觉理解短文理解训练

解析： 从评估结果来看，方某现在所处的听觉水平为听觉理解双条件词语向三条件词语过渡的阶段，其中双条件主谓、介宾词组以及三条件并列、主谓、动宾、偏正和介宾词组的理解能力均存在严重的问题。针对这些问题，可以采用词语理解和短文理解训练 2 部分进行循序渐进的训练，具体可采用以下几种训练方式进行训练：

（1）指令动作法：属于配声动作类活动，康复师将目标词配以相应的动作，帮助方某理解目标词含义。例如，学习双条件动宾词组"吃 / 洗苹果 / 香蕉"，通过动作指令"吃"和"洗"，让该儿童作出相应的动作，然后将"吃苹果""洗苹果""吃香蕉"和"剥香蕉"进行双条件动宾词组训练，最后通过增加水果的数目、颜色或位置等一个条件，从而达到三条件动宾词语理解的训练。

（2）属性归类法：属于听话选择类活动，康复师要求方某根据指定的分类方法,将物体放到指定位置,进行同一属性的归类活动。例如,在学习介宾词组"在什么上面""在什么下面"的时候,康复师准备与治疗室内物体对应的贴纸以及标有"向上箭头"和"向下箭头"的白板,康复师调整物体的上下位置,让方某根据各物体所在位置,将相应的贴纸贴到合适的位置。在学习偏正词组时,当教授颜色、大小、多少、软硬、长短等概念的时候,都可以采用属性归类的方式,将具有相同属性的物体归类在一起,在增加难度的时候,可以将 2 个属性联合在一起,让她同时将具有某两个属性的物体归类在一起,比如颜色和多少、软硬和长短等。

（3）上色法:属于听话选择类活动,在方某能够理解名词的基础上,根据康复师要求进行涂色,其基础是进行颜色的训练,也可将涂色活动与其他词组结合进行训练。例如,用上色法进行主谓词组的练习,词组的形式可以是"颜色 + 主语 + 谓语";进行动宾词组的练习,词组的形式可以是"动词 + 颜色 + 物品";进行介宾词组的练习,词组的形式可以是"颜色 + 物品 + 位置"等。

（4）物体移动法:属于听话选择类活动的一种,要求方某按声音指令移动物体到指定的位置,较多使用在介宾词组和方位词的学习,但也可以在此基础上,在名词前增加定语、动作指令的变化以及执行者（主语）的变化,进行更多条件词语理解的训练。

（5）图文版训练法:该方法需借助"听觉康复训练仪软件"中"词语理解"的模块,让方某根据目标音选择对应的图片（图 4-2-5）。当她在传统治疗的过程中能够完成,康复师可以借助现代化仪器设备中的训练形式,考察方某在平面图形的情况下是否能够进行迁移,设备中的机器声增加了儿童听取的难度。此外,康复师还可在设备中进行声音类型、备选项数量、背景噪声等方面的修改,在她完成安静环境训练的基础上,增加训练的难度,使方某的听觉能力更进一步提高。当方某出现疲乏状况的时候,还可以采用该设备中

图 4-2-5　词语理解图文版训练

的游戏板进行训练,增加趣味性,保持她听取的注意力和警觉性。

（6）角色扮演法:属于对话交流类活动的一种,通过角色演练,激发方某对话交流的兴趣,提高她主动聆听的意识并给予适当的回应。由于该儿童偶尔会出现注意力不集中的情况,因此治疗师可增加角色扮演的环节,让她在趣味情景下进行对话交流。此外,根据方某的听觉记忆能力,调整角色对话的内容和难度,这个方法在她有一定对话交流能力和任何听觉理解水平下都可以使用。

（7）故事问答法:属于听话选择类活动的一种,要求方某理解所听见的故事,并回答不同层次的问题。该儿童在双条件词语理解向三条件词语理解过渡的阶段,因此选择了一些儿童故事书,并根据她的听觉言语水平,对故事内容的表达进行了调整,使故事表达更简单,但同时包含了大量关键信息,要求方某在学习故事的同时回答主要情节以外的信息。

先进行双条件词语理解训练,再进行三条件词语理解训练,每次训练10~15min,训练10周左右,具体次数可以根据方某接受程度进行调整。

4. 如何评价方某接受的听觉康复效果?

    A. 儿童听觉察知能力评估(无意察知)

    B. 儿童听觉察知能力评估(有意察知)

    C. 儿童超音段分辨能力评估

    D. 儿童语音均衡式识别能力评估

    E. 儿童音位对比式识别能力评估

    F. 儿童听觉理解能力评估

解析: 根据康复前评估,方某的听觉察知、听觉分辨和听觉识别水平均达到同龄正常人水平,因此不作为康复后评估的项目;听觉理解的单条件词在康复前评估中也已经达到了同龄正常人水平,因此也不纳入康复后评估项目,由于方某目前所处水平为双条件词语理解向三条件词语理解过渡水平,训练过程中重点强化双条件、三条件及以上词语及语句的理解训练,康复后评估主要集中在听觉理解双条件、三条件词语理解的评估,疗效评估如表4-2-14。

表4-2-14 治疗前后对比

治疗前后对比		治疗前	治疗后
儿童理解能力评估(双条件)	双条件词语理解	72.5%	92.5%
	并列	75%	100%
	动宾	87.5%	100%
	主谓	40%	100%
	偏正	100%	100%
	介宾	62.5%	62.5%
儿童理解能力评估(三条件)	三条件词语理解	20%	95%
	并列	12.5%	100%
	动宾	25%	100%
	主谓	0%	87.5%
	偏正	25%	100%
	介宾	37.5%	87.5%

结果显示治疗前,该儿童的听觉理解双条件并列、主谓、动宾、偏正词组均有

了不同程度的进步，4 类双条件词组的训练后评估均达到了 100% 的正确率；三条件并列、动宾、主谓、偏正、介宾词组均有了不同程度的进步，其中并列、动宾和偏正词组均达到 100% 的正确率，主谓词组和介宾词组的正确率也在 85% 以上。说明训练方法有效，提高了方某听觉理解能力，缩短了她与同龄听力正常儿童之间的距离。

学习小结

听觉能力发展的各个阶段是"螺旋上升、各有侧重"。听觉理解是指能实现音义的结合，形成声音的概念。如果不借助其他手势、动作或非听觉线索就能够听懂语言，表明个体能够依靠听觉理解语言。听觉理解作为听觉能力发展阶段的最高水平，是听觉康复的最终目的。在训练的过程中，每一阶段在保证完成该阶段主要目标的同时，已不同程度地渗透听觉理解的内容，达到"螺旋上升、各有侧重"。

当有一定的听觉察知能力后，康复师可要求儿童采用指定的反应方式给予听觉察知的反应，正确反应方式的教授就是一种听觉理解的过程，其中可以涉及简单的动词、名词。当该儿童进入听觉分辨的过程后，可以利用不同大小、长短等视觉特征提示听觉信息的特征，这些提示过程中也教授了包括颜色、形状、数量等的认知，是单条件词语中形容词的教授。当该儿童进入听觉识别阶段，若该儿童还进行一定言语训练，那么可以采用拓展短句训练法进行听觉识别的辅助或拓展训练，还可以采用连续选择法增加儿童的听觉记忆广度。在这前三个阶段的训练中都可以为听觉理解的顺利开展打下基础。

听觉理解训练内容的难度由易到难分别是单条件词语、双条件词语、三条件词语。对人工耳蜗儿童来说，单条件词语中由易到难的顺序是一类、二类、三类、四类、五类。训练过程中，可以将二类词语与三类词语合并，分为 4 个难度等级进行训练。

双条件词语中由易到难的顺序是主谓最易，并列、偏正、介宾、动宾的难度相似，且显著难于主谓词组，而在听力正常儿童的表现中，介宾比其他 4 类词组显著更难。因此可以根据需要，先训练主谓词语，然后训练并列、偏正和动宾，最后进行介宾词组训练。在双条件词语训练的同时，还可以加入一定听觉记忆的训练，为三条件词语理解做铺垫。

三条件词语中得分较高的是主谓，其次是偏正，然后是并列、动宾、介宾。因此训练的时候，可以先从较易掌握的主谓词组和偏正词组开始，然后逐步发展该儿童对复杂短语的理解。此外，三条件词语理解中的句子长度更长，包含信息更多，因此可以将其与短文理解结合训练，促进该儿童的听觉理解能力进一步发展完善。

对于人工耳蜗植入的儿童训练，应该在遵循听力正常儿童的规律同时，也要注意听力障碍儿童的发展特征，遵循"螺旋上升、各有侧重"的原则。

四、成人听力障碍的康复案例分析

━━━━━━━━━━━ **学习目的** ━━━━━━━━━━━

通过本案例学习,掌握成人听力障碍评定与康复治疗的方法,了解听觉障碍伴耳鸣个案康复治疗的特殊性,奠定临床实践的理论基础。

━━━━━━━━━━━ **学习要点** ━━━━━━━━━━━

成人听力障碍的检查和评定方法;成人听力康复的原则和注意事项;成人与儿童听力障碍康复的差异。

刘某,55岁,因双耳听力下降5年,伴右侧耳鸣1年,于2011年10月在上海A医院耳鼻咽喉科耳鸣门诊就诊。刘某于5年前无明显诱因逐渐出现双耳听力下降,并逐渐加重,无耳鸣,无眩晕,无头痛、头昏等症状。曾多次到外院就诊,被诊断为"(双耳)感应神经性听力损失"或"(双耳)混合性听力损失"等,口服神经营养药(具体名称不详)、"六味地黄丸"等,听力无明显改善。近1年来出现右侧耳鸣,初起时程度不重,呈轻度吹风样,仅夜间安静时可以听到,此后耳鸣逐渐加重,呈持续性蝉鸣声,昼夜不停,夜间更甚,影响休息和睡眠,常睡眠多梦。白天由于听力下降和耳鸣影响工作,注意力不集中,经常感到焦虑不安。到医院就诊诊断为"耳鸣、耳聋",较长时间口服"耳聋左慈丸""六味地黄丸""甲磺酸倍他司汀片"等药物无效,遂于门诊就诊。刘某幼年时右耳曾患慢性化脓性中耳炎,常耳内流脓,至成年后耳流脓停止,多年未再流脓,自觉听力尚好。否认左耳流脓史。否认耳毒性药物接触史,否认明显噪声接触史。发现高血压1年,平时口服"硝苯地平控释片"等降压药,血压控制基本满意。否认糖尿病、血脂异常、甲状腺功能减退等疾病。全身体格检查基本正常。双侧耳廓及外耳道正常。左侧鼓膜完整,形态正常。右侧鼓膜紧张部中央型穿孔,直径约2.5mm,鼓膜上见散在钙化斑,鼓室内黏膜色泽正常,无异常分泌物。

1. 针对刘某的听力障碍,首先应做哪些检查?

    A.中耳乳突CT   B.音叉试验

    C.纯音听阈测试   D.声导抗测试

    E.听觉诱发电位测试

解析:对于主诉听力障碍的人群,首先接受的测试应是纯音听阈测试和声导抗测试。由于他们具备对声刺激做出正确判断的能力,因此主观听阈测试是临床最常用和最准确的评定听力障碍的方法。音叉试验也是一种主观听阈测试的方法,但其只能通过使用不同音叉改变测试音的频率而不能变换强度,因此只是一种粗略的判断听力障碍的方法,主要在纯音听阈测试设备条件不具备时应用,并非临床常规的检测方法。听觉诱发电位测试是一种客观听力测试方法,通过连续短纯音或click声刺激,从体表记录到听觉通路对刺激声信号的电反应,因此属一种客观测试方法。由于使用的是短纯音或click声,测试结果缺乏频率特异性,且结果受其身体状况、设备的条件和测试者的经验等影响,听觉诱发电位测试主要用于不能配合纯音听阈测试的儿童或智力障碍人群,或伪聋、精神性听力损失人群,以及一些特殊目的的检查,如排除听神经瘤、听神经病等。声导抗测试是一种客观检测鼓膜生理状况的方法,用于检测鼓膜的完整性、活动度等,由于方法便捷,临床上常与纯音听阈测试结果相结合,用于对听力障碍的程度和性质做出基本判定,是十分常用的检查方法。中耳乳突 CT 不是常规用于听力障碍人群的检查方法,只是在需要进一步了解中耳、内耳或内听道的情况下采用。

本例刘某纯音听阈检查结果显示,右耳气导平均听阈为 63.75 dB HL,骨导平均听阈为 51.25 dB HL;左耳气导平均听阈为 63.75 dB HL,气骨导听阈一致性下降(图 4-2-6)。声导抗检查结果显示,左耳鼓室压图为 A 型,右耳为 B 型。右耳外耳道容积扩大,左耳正常。耳鸣匹配为右耳 2 000Hz 5dB HL,不能掩蔽。中耳乳突 CT 示右耳乳突腔混浊,鼓室黏膜尚正常,听骨链似不完整,左侧中耳乳突腔气化正常。听性脑干反应测试结果示右耳 V 波反应阈 90dB HL,左耳 80dB HL。

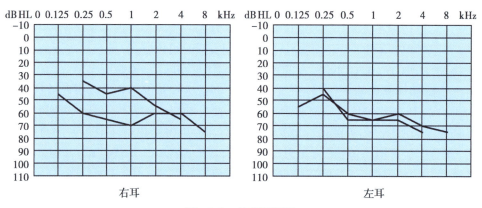

图 4-2-6　纯音听阈图

2. 刘某属何种类型的听力损失?

    A. 传导性听力损失　　　　　　B. 感音神经性听力损失

    C. 混合性听力损失　　　　　　D. 突发性聋

    E. 后天性听力损失

解析: 目前临床上最常用的听力损失的分类方法是依据听力损失发生的部位来划分的,通常分为传导性听力损失、感音神经性听力损失和混合性听力损失 3 类。其中感音神经性听力损失是最常见的听力损失的类型之一,其又可细分为感音性和神经性 2 类,由于临床上常不易区分而统称为感音神经性听力损失。造成感音神经性听力损失临床上较多见的原因为噪声性、老年性、药物中毒性、遗传性以及突发性听力损失等。

感音神经性听力损失的听力学特点有:①音叉试验:Rinne 试验阳性,Weber 试验偏向健侧;②纯音听阈测试:气、骨导听力曲线一致性下降,气骨导差距小于 10dB;③阈上听功能测试:重振试验阳性或异常听觉疲劳和听觉适应现象;④言语识别率降低;⑤鼓室压图基本正常。刘某纯音听阈测试显示左耳气、骨导听力均下降,差距小于 10dB,鼓室压图 A 型,符合感音神经性听力损失的听力特点,属感音神经性听力损失。

传导性听力损失则是由于外耳、中耳的病变,导致声波经鼓膜和听骨链到达内耳时声能减弱所致。传导性听力损失的听力学检测特点主要有:①音叉测试: Rinne 试验阴性,Weber 试验偏向患侧;②纯音听阈测试:骨导听阈基本正常,气导听阈提高,各频率气骨导听阈差距大于 10dB;③言语识别率基本正常;④鼓室压图常表现为 B 型、C 型、As 型和 Ad 型等异常图形。传导性听力损失常由发生在外耳、中耳的炎症、肿瘤、外伤、异物等引起。临床上分泌性或化脓性中耳炎是最常见的病因。此外,由于化脓性中耳炎长期的炎症刺激,有害毒素可能通过前庭窗或蜗窗损伤内耳,导致在传导性听力损失基础上出现感音神经性听力损失的特点,临床上就表现为混合性听力损失,特点为低频区存在明显的气 - 骨导差,高频区则气骨导听阈均下降。刘某右耳有慢性中耳炎病史,检查见鼓膜穿孔,纯音听阈测试符合混合性听力损失特点,鼓室压图为 B 型,外耳道容积扩大,故属于混合性听力损失。

3. 按照 WHO 的听力损失分级标准,刘某属何种程度听力损失?
    A.极重度   B.重度   C.中重度
    D.中度   E.轻度

根据《GB/T 26341—2010 残疾人残疾分类和分级》,听力残疾分为 4 级。用 500Hz、1 000Hz、2 000Hz、4 000Hz 4 个频率纯音听阈平均值来衡量:① >90 dB HL 属一级,极重度听力损失;② 81~90 dB HL 之间属二级,重度听力损失;③ 61~80 dB HL 之间属三级,中重度听力损失;④ 41~60 dB HL 之间属四级,中度听力损失。刘某双耳平均听阈为 63.75 dB HL,均属中重度听力损失。

4. 刘某适合采取何种听力康复措施?
    A.手术修补鼓膜、重建听骨链   B.佩戴助听器
    C.手术植入人工耳蜗   D.听觉康复适应训练
    E.植入骨锚式助听器

解析:所有听力康复措施,都需要建立在对刘某听力障碍的正确评估以及对其交流能力和康复需求的全面评估的基础上,不是千篇一律的,应针对不同个体的实际状况作出最适合和最有效的康复措施的建议。对于感音神经性听力损失人群,在其存在康复需求的情况下,选择合适的助听器是大多数情况下的选择。对于中度至重度听力损失的人群,通过助听器验配师的正确调试和指导,能够获得实用的听力以满足社交和工作的需要时,则应该选择通过助听器进行听力康复。对于双耳极重度听力损失,在助听器无法满足听力需要时,人工耳蜗植入是可以选择的途径,但由于其价格昂贵,并存在一定手术并发症,选择时应慎重,并向其充分解释疗效。

对于因中耳炎鼓膜穿孔、听骨链中断等导致的传导性或混合性听力损失人群,手术修复鼓膜并重建听骨链能够使部分人群提高听力,但提高听力只是手术的目的之一,主要目的还是治疗原发病。因此在选择手术提高听力时必须慎重,尤其是对唯一听力较好的耳进行手术,术前应向他们做好充分的解释工作。本例刘某虽然存在慢性中耳炎病史和一侧混合性听力损失,但由于已长期没有发作,

因此仍建议配戴合适的助听器,同时辅以适应性练习。

5. 针对刘某同时伴有的耳鸣可以采用哪些康复措施?

  A.心理咨询   B.助听器   C.人工耳蜗植入

  D.声治疗   E.耳鸣掩蔽器

解析:很多成人听力障碍人群常伴有耳鸣,因此在听力康复过程中还应重视耳鸣的影响。如果没有针对耳鸣进行有效的康复,则会影响听力康复的满意度。但耳鸣病因复杂,没有针对性的治疗措施,需要采用综合治疗方式来达到目的。本例刘某,伴有右耳听力损失的耳鸣,双耳使用助听器都能达到较好的助听效果,但左耳佩戴助听器时,耳鸣状况没有明显变化,右耳佩戴助听器时,耳鸣明显减轻甚至消失,这体现出助听器在提高听力的同时,也有良好的抑制耳鸣的效果。因此在只佩戴一只助听器的情况下,我们建议刘某右耳佩戴助听器。同时,还应给予刘某必要的听力损失耳鸣咨询及声治疗,以有效降低耳鸣带来的负面心理反应,改善助听器的康复效果。

学习小结

  成人听力康复是一个系统和复杂的过程,需要建立在对听力障碍人群正确的听力评估、交流能力评估和康复需求基础上,针对个体差异制订个体化的系统康复方案。与儿童不同,成人具备个人行为能力并具有较强的社会性和个体认知差异,并且存在较大的年龄跨度差异,因此针对成人制订的听力康复措施必须是个体化和针对性的,在此过程中,需要与个案进行密切的沟通和交流,以制订正确和最适合个案的康复计划,这是成人听力康复的关键。

  对成人个案进行正确的听力障碍的评估是制订听力康复计划的基础。从事听力康复的人员必须熟悉各种类型听力障碍的听力学特点和临床表现,各种听力学检查的意义和在听力综合分析中的作用,从而对听力损失的性质和程度进行准确的分析和评估。对于大多数成人个案而言,纯音听阈测试是临床最常用和最基本的听力评估方法,也是最准确的方法之一,应能准确判读听阈测试的结果,同时结合音叉试验、声导抗测试、耳声发射及诱发电位测试等方法,进行综合评定。本例刘某在纯音听阈测试中显示左耳为感音神经性听力损失,右耳为混合性听力损失,伴有鼓膜穿孔,均为中重度听力损失,右耳还有一定程度的耳鸣,以上检测结果为听力康复计划提供了基础。

  对个案康复需求的评估是成人听力康复的重要特点之一。由于各人社会状况和经济条件各不相同,康复需求亦存在显著差别,因此在制订康复计划前,了解其康复需求至关重要。深入了解个案的诉求,其需要达到的康复目标,可以选择的方法等,是制订成功的康复计划的前提,但这一点往往会被临床医师忽视。

  助听器仍然是目前最常用的听力康复的方法之一。助听器的选择应考虑个案听力损失的类型、严重程度,是否能够满足个案的社交需求,同时,还应考虑个案的工作生活环境、职业特点等,以根据实际情况选用助听器。具体选用何种类型的助听器时还应综合考虑个案的年龄特点、经济状况等,以使个案最大限度地利用其残余听力,促进康复。人工耳蜗由于价格高昂以及手术本身存在风险的原因，目前还主要用于极重度感音性听力损失的人群，尤其是儿童，在成人听力障碍的应用还很有限。但人工耳蜗具有助听器所不具备的优点，对于极重度听力损失或某些特殊类型的听力损失或同时存在中耳炎等特殊情况，助听器无法达到助听效果时，人工耳蜗将是合适的选择，随着人工耳蜗技术的不断进步和成本的降低，将来会有大量成人听力障碍人群接受人工耳蜗植入手术，受益先进的听力康复技术所带来的进步。

成人借助助听器、人工耳蜗等设备达到听力康复的过程中，仍然需要通过适应性练习，才能正确地和更好地使用听力康复设备。很多成人不愿意接受助听器等康复设备，很重要的原因就是因为在最初接触这些设备时，没有得到及时和专业的听力康复师的技术指导，缺少了适应性练习的过程，使其不能正确适应听力康复设备带来的改变，从而放弃了康复过程。及时的听觉适应练习，提高个案的聆听技巧，让个案借助助听设备充分利用环境条件，提高听觉理解能力是成人听力康复不可或缺的环节。

由于成人听力障碍群体受社会环境影响较大，常常除听力损失外，还伴有耳鸣、听觉过敏等特殊表现，这是在成人听力康复过程中需要特别注意的问题。忽视这些问题往往导致康复过程不满意或失败。另外，在听力康复设备（如助听器）基础上，配合心理咨询、声治疗等综合治疗方法，将有助于改善上述人群的听力康复效果。

（张剑宁　卢海丹　刘建菊）

第五章

吞咽障碍的康复实训

吞咽障碍是神经系统、颌面部肿瘤等疾病的常见并发症，可引起脱水、营养不良、误吸、吸入性肺炎甚至窒息等。因此，早期诊查患者是否存在吞咽障碍，及时进行科学的康复治疗，减少并发症，改善其自身的摄食吞咽功能显得尤其重要。

本章首先对吞咽障碍 X 光吞钡透视检查技术加以介绍，并简单讲解在临床实际中的应用。然后，为了帮助学生更好地掌握吞咽康复的理论知识与实践技能，将重点介绍 4 个案例，分别为：脑卒中吞咽障碍、鼻咽癌放疗后吞咽障碍、脑瘫患儿吞咽障碍，以及脑外伤吞咽障碍，依次介绍这些吞咽障碍案例的临床表现、评定、康复方案的制订，以及如何评价其疗效。

第一节　吞咽康复实训

本节主要介绍吞咽康复实验中的 X 光吞钡透视检查技术，所涉及的仪器为 X 线遥控透视摄影系统。下面将详细介绍其临床实训过程。

【实验目的】

通过 X 光吞钡透视检查技术（video fluoroscopic swallowing study，VFSS）的实验，让学生学会进行吞咽障碍的器械评估，能够依据这项检查技术，制订吞咽训练方案。

【实验内容】

1. VFSS 检查前准备工作。

2. VFSS 参数评定数据提取。

3. 评定总结指导吞咽治疗。

【实验仪器及用品用具】

1. 诊断 X 线遥控透视摄影系统。

2. 食物增稠剂。

3. 硫酸钡 Ⅱ 型干混悬剂。

4. 3ml 和 / 或 5ml 汤匙，纯净水和一次性水杯。

【实验步骤】

X 光吞钡动态造影适应证：各种病因引起的吞咽障碍。

1. 造影前准备工作

（1）调制三种稀稠程度的钡剂：稀（50ml 水 + 10g 钡粉）、花蜜状为 50ml 水 +5g

增稠剂 + 10g 钡粉、布丁状为 50ml 水 +7.5g 增稠剂 + 10g 钡粉）、在固体食物（如面包、饼干）上涂前述的稠钡剂（用于检查咀嚼功能）。

（2）造影视频调试：将造影视频对比度调至中度，以更好地显示口咽部软组织的轮廓（如会厌、喉黏膜、咽后壁等）。

（3）造影过程通知家属配合（可自备酸奶，针对有一定咀嚼功能的患者，可备面包或饼干）。

2. X 光吞钡动态造影操作步骤

（1）侧位片拍摄：令患者先后做三次吞咽动作，依次为稀钡剂、稠钡剂、与固体食物混合的钡剂，观察动态的吞咽过程，重点观察会厌谷、梨状窝是否有钡剂滞留，环咽肌是否开放、喉入口是否有渗入、是否有误吸入气管的风险等。

（2）正位片拍摄：重点观察吞咽过程中会厌谷和梨状窝是否对称，是否存在单侧钡剂残留现象。

3. 报告内容

（1）报告患者在吞咽稀钡剂时的吞咽情况：依次为侧位片和正位片观察到的钡剂残留和 / 或误吸等情况。

（2）报告患者在吞咽稠钡剂时的侧位及正位观察钡剂残留和 / 或误吸情况。

（3）报告患者在咀嚼时的侧位观察到的吞咽情况。

（4）如患者存在误吸现象，则可发现到呼吸系统钡剂显影情况。

【实验结果】

通过观察患者的 VFSS 视频结果，填写表 5-1-1。

表 5-1-1　VESS 结果记录

拍摄位置	吞咽物质	观察项目	记录观察结果
正位片	稀钡剂	是否有呛咳	
		吞咽时会厌谷或梨状窝是否对称	
		有无单侧或双侧钡剂残留	
	稠钡剂	是否有呛咳	
		吞咽时会厌谷或梨状窝是否对称	
		有无单侧或双侧钡剂残留	
	沾钡固体食物	是否有呛咳	
		吞咽时会厌谷或梨状窝是否对称	
		有无单侧或双侧钡剂残留	
侧位片	稀钡剂	溢出口外或鼻外，在口中滞留	
		口腔顶部有残留物	
		会厌谷、梨状窝是否有钡剂滞留	
		是否误吸入气管	
		喉入口是否渗入，环咽肌是否开放	

续表

拍摄位置	吞咽物质	观察项目	记录观察结果
侧位片	稀钡剂	咽期起始迟缓	
		咽壁是否有残留	
	稠钡剂	溢出口外或鼻外,在口中滞留	
		口腔顶部有残留物	
		会厌谷、梨状窝是否有钡剂滞留	
		喉入口是否渗入,环咽肌是否开放	
		是否误吸入气管	
		口期时长	
		咽期时长	
		咽期起始迟缓	
		咽壁是否有残留	
	沾钡固体食物	咀嚼困难	
		溢出口外或鼻外,在口中滞留	
		口腔顶部有残留物	
		会厌谷、梨状窝是否有钡剂滞留	
		是否有误吸入气管	
		喉入口是否渗入,环咽肌是否开放	
		口期时长	
		咽期时长	
		咽期起始迟缓	
		咽壁是否有残留	

【实验讨论】

1. 患者的吞咽问题是什么?

2. 治疗策略包括哪些? 请按治疗先后顺序排列。

第二节 吞咽障碍康复案例分析

一、脑卒中后吞咽障碍的康复治疗案例分析

学习目的

通过本案例的学习,巩固脑卒中吞咽障碍的功能评定与康复治疗技术的理论知识,启发临床思路。

学习要点

脑卒中吞咽障碍的临床表现;吞咽评定技术;吞咽康复治疗技术;动态评价吞

咽治疗的效果。

殷某,77岁,退休工程师。2011年7月22日晚上6点饭后散步时突发头晕,视物旋转,当时无意识丧失,无头痛耳鸣,无恶心呕吐,无大、小便失禁,伴有左侧肢体乏力,站立不稳。家人发现后急忙将其送至A医院急诊就诊。上海交通大学医学院附属第三人民医院急诊头颅CT示两侧基底节半卵圆中心多发腔梗,老年性脑改变、脑白质变性。立即转院至当地某三甲医院。殷某入院后不久出现吞咽障碍,医生随即给其插入胃管。经内科药物治疗后症状逐渐好转,肢体乏力改善,但遗留吞咽障碍。为了缓解吞咽障碍,殷某来我院寻求进一步康复治疗,针灸科拟诊断为"脑梗死(恢复期)"收治入院,并请求康复科会诊协助治疗。刻下殷某滴水难进,吞咽口水呛咳,痰多咳嗽。

1. 言语康复师在吞咽诊疗前通常需要先采集病史,病史应包括哪些内容?

A.有无与吞咽相关的病史　　　　B.吞咽困难发生的部位

C.食物和/或液体的种类　　　　D.进行性或间歇性、症状持续时间

E.与吞咽困难相关的伴随症状

解析: 言语康复师需要详细地询问殷某的病史包括:①有无与吞咽相关的病史,如牙列不齐、口腔溃疡、口腔干燥、体重下降等;②重点询问部位、食物和/或液体的种类、进行性或间歇性、症状持续时间,从而判断吞咽困难发生部位;③询问与吞咽困难相关伴随症状的有无,如引发吞咽动作困难、鼻内容物反流、咳嗽、鼻音重、咳嗽反射减弱、噎塞、构音障碍等。

本案例中殷某由脑卒中引起吞咽障碍,此次为首次发病,病变为两侧基底节半卵圆中心多发腔梗。自发病第二日至今不能吞咽任何食物、饮料和水,以留置胃管给予营养,经常因唾液呛咳。自觉口腔干燥,喉部异物感。频繁咳嗽咳痰,痰质稀薄。说话鼻音较重,声音嘶哑,常需清嗓。

2. 殷某需要做哪些床前评估?

A.详细询问与吞咽有关的病史　　B.一般体格检查

C.咽部形态结构检查　　　　　　D.喉功能评定

E.吞咽临床评定

解析: 一般在入院24小时内应由康复师做床旁检查(如饮水试验),筛查殷某吞咽功能,包括:①观察患者的状态,殷某留置胃管,可独立坐在椅子上,神志清楚,对答如流,有强烈的康复愿望,问诊、检查配合,无口腔分泌物,能够屏住呼吸达8s;②检查口腔的瘢痕组织和口部结构的对称性,观察唇、硬腭、软腭和咽后壁的结构是否正常,腭弓形态正常,舌尖略萎缩,口前侧和外侧沟的大小未见异常改变,牙列整齐,未见口腔分泌物,口底结构正常;③检查唇的运动能力,可以交替展唇、圆唇,速度减慢,吞咽唾液费力,需紧闭双唇,张口正常,下颌运动自如,味觉正常,对质地、温度的敏感度降低;④检查舌前部和舌后部的运动功能,殷某舌前伸、后缩,舔左右口角可,交替舔左右口角速度减慢,可用舌清理面颊两侧沟,可在张口的情况下用舌尖舔硬腭上部,舌尖上下交替运动速度减慢,可上抬舌后部连续发"克"的音,速度略减慢;⑤检查咀嚼功能,咀嚼功能正常,可以用舌头

把纱布块挪到两侧牙齿；⑥ 检查软腭和咽后壁功能，要求殷某连续发几秒的"啊"声，软腭上抬受限。快速多次重复"啊"音，软腭抬起和回落缓慢，用硬匙接触软、硬腭交接处或者软腭和悬雍垂的下缘，腭反射减弱，接触舌后部、咽后壁无呕吐反射；⑦ 检查口腔灵敏度，令殷某闭眼，用一个棉签轻轻触碰口腔和舌部的各个位置，殷某诉舌前部较后部感觉敏锐，两侧颊部灵敏，腭弓及周边组织、咽后壁感觉略麻木；⑧ 检查喉部功能，殷某的声音有气息音，怀疑其声门闭合不全。殷某快速地发出"哈""哈""哈"音，声音较弱，用力咳嗽和清嗓子，咳嗽较有力，唱音阶喉内肌力略减弱，深吸气然后发 /s/ 音，和深吸气后发的 /z/ 音做比较，/s/ 音略长于 /z/ 音，存在声门闭合不全；⑨ 观察进食，由于殷某自述吞咽不能，为防误吸，未做进食检查，嘱殷某吞咽唾液，康复师用四指法来估计口期时长和咽期延迟，把手指分开放在颌下，示指放在下颌，中指放在舌骨，第三指放在甲状软骨上缘，第四指放在甲状软骨下缘。观察到从示指到其他 3 指的时间间隔长于 1s，估计殷某有咽期延迟。需进一步检查是否有误吸的可能。

3. 哪些方法有助于判断殷某是否存在误吸？

    A. 洼田饮水试验　　　　　　B. 脉搏血氧饱和度监测
    C. 改良吞钡试验　　　　　　D. 电生理检查
    E. 内镜检查或压力计检查

解析：洼田饮水试验是一种筛查吞咽障碍的方法。试验中需要殷某像平常一样喝下 30ml 水，观察和记录饮水时间、有无呛咳等，并记录他是否会出现如含饮、水从嘴唇流出、边吃边要勉强接着喝等情况。根据殷某的吞咽时间可以分级：① Ⅰ 级为≤ 5s 一次喝完，无噎呛；② Ⅱ 级为 6~10s，分 2 次以上喝完，无噎呛；③ Ⅲ 级为 11~15s，能一次喝完，但有噎呛；④ Ⅳ 级为≥ 16s，或不能咽下，分 2 次以上喝完，且有噎呛；⑤ Ⅴ 级为常常噎呛，难以全部喝完。

诊断：① Ⅰ 级 5s 以上和 Ⅱ 级为可疑；② Ⅲ 级、Ⅳ 级、Ⅳ 级为异常。这个筛查方法虽然可以很方便地观察到患者饮水的情况，但仅可作为能否进行吞咽造影检查的筛选方法。

脉搏血氧饱和度监测与饮水试验联合应用可提高对无症状误吸的发现率。

改良吞钡试验（modified barium swallow，MBS）是一种 X 线检查，目前被认为是诊断吞咽障碍的黄金标准。此方法可对整个吞咽过程进行详细的评估和分析。下图为本案例殷某侧位的稠钡剂吞咽检查，结果发现殷某存在吞咽后误吸的现象，误吸量为 5%（图 5-2-1）。

电生理检查可以提供吞咽过程中兴奋肌肉的实时收缩的肌电图波形及肌电活动振幅，可用于吞咽困难的筛查和早期诊断，从而定量评估吞

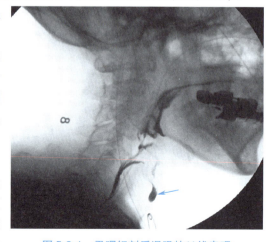

图 5-2-1　吞咽钡剂后误吸的 X 线表现

咽困难。内镜评估的方法较多,检查也比较客观,缺点是大多只能提供吞咽和误吸的间接信息。压力计检查可记录口咽、喉入口、咽食管中段和颈部食管的压力。

4. 从 X 光检查结果发现殷某存在吞咽后误吸,说明:

A. 环咽肌失弛缓　　　　　　B. 喉上抬不充分(正常值上抬2cm)

C. 舌根力量减弱　　　　　　D. 咽期迟缓

E. 声门闭合能力减弱

解析:误吸是指食物或液体通过喉前庭进入气道、肺。环咽肌失迟缓是吞咽过程中环咽肌不能松弛或不以协调的方式、顺序松弛,导致吞咽后食物不能由咽向下传递进入食管。口咽不能把持食物,导致食物向鼻咽或喉内反流,从而增加误吸的可能性。吞咽时喉上提和声门闭合是对气道的保护机制,当喉上提不充分、声门闭合不全导致食物落入气道。舌根将食物向后运送推入咽部,抵住咽后壁,形成向下压力将食物送入食管,若舌根力量减弱,将导致咽腔向下推动食物的压力不足。咽期起始迟缓是食团通过激发点时,咽期吞咽还没有启动,结果因喉入口未来得及闭合,部分食团落入气管内形成吞咽前误吸。若声门闭合不全,易出现吞咽中误吸。

5. 针对殷某目前的情况,需要进行哪些治疗?

A. 电刺激疗法

B. 口面、下颌及舌的运动训练

C. 感觉促进综合训练配合冰刺激

D. 门德尔松吞咽训练法

解析:根据评定结果,我们将吞咽康复的目标定为酌情鼻饲营养,积极接受吞咽功能康复训练(3 周内以间接吞咽训练为主),逐渐恢复经口进食。主要治疗方案如下:

(1)电刺激疗法:本案例电刺激疗法采用 Vitalstim 电刺激吞咽障碍治疗仪。Vitalstim 电刺激吞咽障碍治疗仪是根据神经促通技术和神经元再塑原理,利用电刺激通过口唇、面颊、舌体的主动、被动运动及感觉刺激,促进吞咽器官血液循环,改善局部肌肉的灵活性和协调性,产生肌肉收缩从而使喉腔上抬引发吞咽动作。防止吞咽肌群的失用性萎缩,减少误吸及吸入性肺炎的发生。治疗仪有两个通道连接两片电极片。通常的放置方法是将通道 I 电极 1、2 水平放置于舌骨上方,通道 II 电极 3、4 沿正中线垂直置于甲状软骨切迹。操作方法是先打开电源,同时增加两通道振幅,要求殷某反馈刺激感觉,以其能够忍受的最大刺激量为宜,保持该水平刺激30min 并同时做吞咽动作,该治疗的目的是增加喉上抬的距离,改善吞咽功能。

(2)口面、下颌及舌的运动训练

1)下颌运动训练:①放松咬肌,轻柔按摩使咬肌放松,嘱殷某尽量张口,通过主动及被动运动体会下颌的开闭,然后进行松弛下颌向两侧运动的训练;②强化咬肌能力,让殷某做以白齿咬紧压舌板的练习。

2)口唇运动训练:交替发"乌"音和"衣"音,鼓腮,脸颊吸入,吸吮手指,体验吸吮的感觉,直到中度吸吮力量。此项训练有助于改善食物或水从口中漏出。另外,让殷某做口唇突出与旁拉、嘴角上翘做微笑状、抗阻鼓腮等运动。

3）舌的运动训练：促进对食团的控制及向咽部输送的能力。让殷某主动伸舌、后缩、舔左右口角、挤压脸颊内部使之膨胀、舔上下唇、往软腭方向卷起，通过舌尖舔吮口唇周围，练习舌的灵活性；用压舌板抵抗舌根部，使殷某做抵抗运动，练习舌根抬高或用节拍器进行速度训练。

（3）感觉促进综合训练：用各种感觉刺激增加口腔感觉，帮助吞咽动作的触发。

1）毛刷刺激口唇肌群、口腔内黏膜、舌肌，增加感觉输入。

2）给予感觉较强的食物：如冰冻食团和/或有强烈酸甜苦辣味道的食团，刺激吞咽的启动。

3）给予需要咀嚼的食物，增加口腔刺激，促进口舌对食团的控制能力。

（4）冰刺激：由于从 X 光动态吞钡检查发现殷某的咽期起始时间超过 1s（正常值为 0s），考虑殷某存在咽期起始迟缓，说明咽感知能力下降。故治疗时用冰棉棒刺激舌腭弓、腭咽弓，同时发 /a/ 音。刺激以前腭弓为中心，包括后腭弓、软腭、腭弓、咽后壁及舌后部，接触应大范围（上下、前后），长时间地碰触刺激部位并慢慢移动棉棒前端，左右相同部位交替，上、下午各进行 20~30 次。咽部冷刺激可增强吞咽前感觉冲动的传入，降低口咽运动启动的阈值，缩短口咽反应的延迟时间，加速吞咽运动。同时冷刺激使得触发吞咽反射的区域变得敏感，可很好地刺激咽反射所必需的咽部压力感受器，从而强化咽反射效果。

（5）门德尔松吞咽训练法：目的是增加喉部上抬的幅度与时长并借此提升舌肌和喉肌，增加环咽肌开放的时长与宽度，使食管上端开放。同时该方法还可以改善整体吞咽的协调性。

当吞咽唾液时，让殷某示指置于甲状软骨上方，中指置于环状软骨上，感觉喉上提并设法保持喉上提位置数秒。因殷某喉上提无力，康复师用手上推其喉部来促进吞咽。门德尔松吞咽训练法可以配合唱调法，方法是让殷某深吸气后唱"do，re，mi……"，同时要求殷某将手置于喉结部位，感觉随着音阶依次增高的同时喉逐渐上抬的过程，让殷某有意识地上抬喉部并在高位保持。

经过 1 个月的吞咽治疗，殷某已拔除鼻饲管，可经口进食，采用少食多餐的方法。出院后随访，殷某仍遗留流涎问题，建议采用冰块敷下颌下腺。

───────────────　学习小结　───────────────

吞咽障碍是脑卒中后的常见症状，可导致误吸及进食减少，进而引起吸入性肺炎、脱水、营养不良等并发症。这些并发症将增加患者的致残和死亡的风险，影响患者的功能康复和生活质量。

对殷某吞咽功能的评定，除了病史问诊、口面部吞咽器官检查、呼吸和音质判断和洼田饮水试验评定外，还引进了目前公认为诊断吞咽障碍黄金标准的改良吞钡试验检查方法。病史问诊可初步断定是否存在吞咽障碍以及吞咽障碍的病因、部位、程度；口面部吞咽器官检查了解相应吞咽器官的结构和功能是否正常；呼吸和音质判断是否存在咽部积聚物；洼田试验初步筛查吞咽功能是否异常。采用 MBS 检查，动态观察了整个吞咽过程，了解病变部位、障碍程度及代偿情况，能够发现患者是否存在误吸或隐性误吸。可以有效地指导治疗方案的制订并及时防止误吸，尤其是隐性误吸的发生。

现代吞咽技术冰刺激可以促进吞咽动作的发生，可加强皮层兴奋和抑制过程作用，使患者的条件反射和行为恢复正常水平，从而促进咽部肌肉神经支配，加速了吞咽反射弧的恢复和重建。Vitalstim 吞咽障碍治疗可对喉部肌肉进行功能性刺激，防止肌肉萎缩，强化肌肉的协调性，改善吞咽功能，建立和恢复吞咽反射的皮质控制功能。门德尔松吞咽训练法针对喉可上抬者效果较好，对于喉上抬无力者可用被动手法帮助其上抬喉部，目的是帮助患者感受喉上抬的动作，以及在高位保持，有利于正常吞咽动作的恢复。本案殷某接受吞咽康复治疗 1 个月，取得了比较理想的治疗效果，值得临床进一步推广和应用。

二、鼻咽癌放疗后吞咽障碍的康复治疗案例分析

学习目的

通过本案例的学习，加深对口面部肿瘤放疗后出现的吞咽障碍的评定与康复治疗技术的理解，启发临床思路。

学习要点

鼻咽癌放疗后吞咽障碍的临床表现；吞咽评定，尤其是电视透视下吞咽检查方法；康复治疗方法；评价吞咽治疗效果的方法。

言某，1941 年 8 月生。1998 年 11 月在 A 医院检查，诊断鼻咽癌。1999 年 3 月 5 日在 B 医院接受放射治疗 1 月余（4 月 22 日结束放疗）。以后除感觉咽干、味觉减退外，吞咽无明显异常。由于舌苔发黑，于 2000 年开始吃中药（3 年），舌苔转红。2005 年 2 月 18 日出现吞服药片困难服现象，且咳嗽、痰多，在 B 医院检查，气管及食管未见异常，开始能吃一点软米饭，以后逐渐变差。2006 年 10 月开始在针灸科接受治疗。2007 年 5 月去美国一年多，2008 年 5 月回国继续接受针灸治疗（2年）。2010 年仍感觉吞咽困难，于 2010 年 8 月 18 日在 C 医院耳鼻咽喉科接受吞咽诊治。

1. 言某的吞咽困难有哪些具体的临床表现？

　　A. 吞咽之前、期间或之后呛咳　　　B. 吞咽之后分泌物增加

　　C. 每次食团分多次吞咽　　　　　　D. 吞咽之后嗓音改变（汩汩的发声）

　　E. 有不同程度的构音障碍　　　　　F. 呼吸困难

解析：分析言某的病史，首先了解她的吞咽困难是由于鼻咽癌放疗后出现的远期并发症，通过与言某交谈，发现言某存在一定的构音问题，治疗者需要言某多次重复表达确认；观察言某的吞咽过程，她在吞咽之后出现偶尔的呛咳，无呼吸困难，吞咽后未出现湿润的嗓音，表明言某吞进的食物未明显进入气道；言某的吞咽症状主要是食物难以下咽，每次食团需小口多次的吞咽，且吞咽之后分泌物明显增加，需要不断地吐出。

2. 言某应接受哪些相关的吞咽功能检查？

　　A.胸部正侧位片　　　　　　B.口腔功能检查（感觉及运动功能）

　　C.喉内镜检查　　　　　　　D.声学测量

　　E.食管镜检查　　　　　　　F.电视透视吞咽检查

　　解析：根据言某的主诉及吞咽症状，怀疑言某可能存在声门闭合的问题、环咽肌开放的问题、口咽腔感知觉和运动障碍以及口咽腔腺体分泌异常等，完成以下检查：①口腔功能检查，包括咽反射检查，口腔感知觉检查（酸、甜、苦等味觉、温度觉、触觉等），口腔运动功能检查（下颌、唇、舌、软腭运动）等；②喉镜检查和声学测量，以排除声门闭合不全出现的吞咽呛咳，通过喉镜检查言某吞咽后食物梗阻的部位，或是否存在咽喉部阻碍食物下咽的肿物的存在等，如果不存在肿物的影响，那么采用电视透视吞咽检查来观察吞咽功能障碍的病因，如此类吞咽障碍的类型、口咽通过时间、滞留，以及误吸等X光表现。结果如下：

　　（1）口腔感知觉检查：口腔咽反射减弱（左侧明显），余感觉功能尚正常。

　　（2）口腔运动功能检查：下颌、唇、软腭运动可，舌的运动功能明显受限，舌左右运动、上抬运动、伸舌运动、舌根后缩运动均不利，舌肌力Ⅳ级，舌与下颌存在联动现象。

　　（3）喉镜检查及声学测量：令言某饮用少量水之后，然后采用喉镜检查，发现水在两侧梨状窝处有滞留，食管入口呈闭合状态，发音时声门闭合可，未见明显声带麻痹（图5-2-2），声学测量结果正常（图5-2-3）。

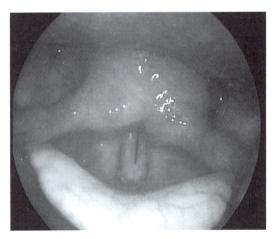

图 5-2-2　梨状窝液体滞留，声门闭合可

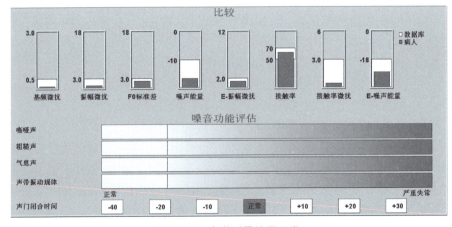

图 5-2-3　声学测量结果正常

　　（4）电视透视吞咽检查：吞咽稠钡剂时，环咽肌未充分开放，钡剂呈线状入食

管,全过程未出现渗入或误吸(图5-2-4)。

3. 言某应采用哪些针对性的治疗方法?

　　A.环咽肌球囊扩张术

　　B.半吞咽法

　　C.舌根后缩训练

　　D.喉上抬训练

　　E.舌腭弓冰刺激

解析: 从检查结果看,言某的核心问题是环咽肌失弛缓,引起该问题的病因有:舌运动障碍尤其是舌根后缩运动受限、喉上抬无力、环咽肌张力过高等。治疗方面应就以上3个方面开展功能训练。

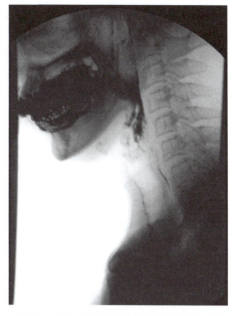

图5-2-4　X线透视下可见钡剂呈线状入食管

(1)环咽肌球囊扩张术:采用14号导尿管,经口插入食管(同时令言某吞咽),确定导尿管进入食管;用该注射器向导尿管内慢慢注入蒸馏水,让她逐渐适应,开始注入4ml,然后去掉注射器,慢慢向外拉导尿管,有卡住感觉时,在口外导尿管处做一记号,证明管盲端已到达食管入口处,继续缓慢向外牵拉导尿管,直至被完全拉出口外;待言某慢慢适应之后,逐渐增加注水剂量(依次递增1ml,最后达到10ml)。

(2)舌根后缩训练:右手示指抵住廉泉穴CV23,同时引导言某发以/g,k/开头的单音节,如:哥、高、骨、狗、渴等,旨在增加舌根向上向后运动抵住软腭以及咽后壁的力量,继而增加口腔后方下压食团的力量。

(3)喉上抬训练:采用唱调的方式,逐渐抬高喉部,然后采用门德尔松吞咽训练法,将喉部稳定于高位一段时间(如5s),其目的是增加喉上抬的高度与力量,以提高环咽肌开放的能力。

由于言某口咽腔感知觉未明显减弱,咽期迟缓不明显,因此舌腭弓冰刺激的治疗方法并不重要。

4. 如何评价言某接受的吞咽治疗效果?

　　A.喉镜检查　　　　　　　B.声学测量

　　C.电视透视吞咽检查　　　D.洼田饮水试验

　　E.言某的自我评价　　　　F.食管镜检查

解析: 由于言某咽喉部肿瘤以及声门闭合障碍均已排除,喉内镜检查尽管能够检查食物滞留的情况,但不能检测食物排空时间,因此不是评价治疗效果的首选工具;声学测量以及食管镜检查同样如此;洼田饮水试验可以进行治疗前后的比较,但由于评价较为主观,不利于客观评价治疗效果,即在研究中无法重复操作,因此通常作为吞咽疗效评价的辅助工具;电视透视吞咽检查是国际公认的吞咽评价的"金标准",通过此项检查可获取一些客观参数数据,如口咽通过时长(口期时长 + 咽期时长,其中口期时长指舌尖舌体顶住上颚起食团开始向后运动至食团头部到达下颌骨下颌支下缘的时间,口期时长正常值为 1~1.5s;咽期时长指提咽开始到食团头部通过食管上括约肌的时间,咽期时长正常值不超过 1s)、喉上抬距离(咽期开始时食团下尖部所在的水平至喉逐渐抬高至环咽肌开放时食团尖部水平之间的距离)、会厌谷及梨状窝滞留量(一次吞咽后,会厌谷及梨状窝残留物占吞咽前咽部食团总量的百分比)。通过这些参数值的治疗前后对比(治疗前后分别取 3 次平均值),结合言某的吞咽自我评价,以客观评价上述综合治疗方法的疗效(表 5-2-1)。

表 5-2-1　治疗前后的电视透视吞咽检查对比

治疗前后对比 电视透视(侧位)			治疗前	治疗后
稀钡	喉上抬均值 /cm		0.6	0.65
	口期时长 /s		0.66	0.66
	咽期时长 /s		0.66	0.66
	咽期起始时间 /s		0	0
	钡剂 滞留	口腔	有	有
		会厌谷	33%	40%
		梨状窝	33%	30%
	环咽肌开放		开放不完全	开放不完全
稠钡	喉上抬均值 /cm		0.9	1.23*
	口期时长 /s		0.99	0.99
	咽期时长 /s		1.32	0.99*
	咽期起始时间 /s		0	0.66
	钡剂 滞留	口腔	80%	80%
		会厌谷	80%	70%*
		梨状窝	80%	70%*
	环咽肌开放		开放不完全	开放不完全
固食	喉上抬均值 /cm		0	0
	口腔钡剂滞留		100%	100%
	环咽肌开放		无开放	无开放

注:* 表示较前有所改善

结果显示治疗前比较严重的稠钡吞咽障碍,治疗后有了略微的改善,具体表现在喉上抬距离比治疗前提高了 36.7%,口咽通过时间较治疗前缩短了 14.3%,会厌谷及梨状窝的滞留量减少了 10%;这些数据说明言某在吞咽功能改善方面并不明显,目前言某的进食时间仍较长,且以半流质饮食为主,由于她的体重较稳定,除了进食时间仍较长之外,无误吸及吸入性肺炎的并发症,故仍维持经口进食的方式。

鼻咽癌放疗后吞咽障碍的病因包括：①放疗后咀嚼肌及颞颌关节纤维化，引起下颌运动受限，致咀嚼困难；②X 光射线在颈静脉孔周围重叠，剂量较高，且放疗一般为双侧，容易造成一侧或双侧后组脑神经（IX、X、XII）的放射性损伤（迷走神经与舌下神经同时损伤最为多见），引起咽部感觉功能减退甚至消失、咽喉肌肉萎缩纤维化、声带麻痹、上食管括约肌失迟缓和舌运动障碍；③放疗破坏了口腔和咽喉部的腮腺、颌下腺唾液分泌减少，不利于食物的搅拌和下咽。因此这类吞咽障碍的治疗策略主要包括针灸治疗、环咽肌球囊扩张术、喉上抬训练和口运动治疗（强调舌根后缩训练），这种康复治疗的目标是帮助患者改善吞咽功能。

本案例从治疗前电视透视吞咽检查的结果，重点选用了 3 个可测量的病理学参数：口咽通过时间（口期时长 + 咽期时长，反映吞咽效率），会厌谷及梨状窝滞留（间接反映环咽肌开放的程度），喉上抬距离（正常值为 2cm，也可以间接反映环咽肌开放的程度，即喉上抬越高，环咽肌开放越大），这些参数在电视透视检查上均可进行衡量，得出具体的参数值，因此能够进行治疗前后比较。同时本研究采用喉内镜观察声门闭合良好，声学测量也反映音质正常，这些均反映通过长期的吞咽针灸和中药治疗，患者的舌咽神经以及迷走神经功能有了较大恢复，因而在接受现代康复治疗时未出现口腔感知觉异常以及声带麻痹的表现。

言某出现吞咽障碍之后，一直只接受针灸治疗，4 年后才接受现代康复治疗（包括环咽肌球囊扩张术等），此时咽喉部肌肉多数纤维化，使喉上抬受限，舌肌亦纤维化，运动不利，舌根后缩与咽后壁接触的力量减弱，无法形成有效的口腔下压力量，与下颌出现联动反应，环咽肌长期处于痉挛失弛缓状态，即使进行了 44 次的环咽肌球囊扩张术，言某的食管入口即使出现明显的松弛，但由于吞咽时喉仍未达到正常的上抬距离（2cm），故环咽肌充分开放的能力仍不充分。通过本案例得出的诊治教训是无论何种原因导致吞咽神经机制的病变时，应尽早接受中西医结合的康复训练。国外对于颌面部肿瘤患者的治疗原则是，患者在手术后 4~6 周开始接受为期 6 周的放射治疗，患者在手术后、整个放疗过程，以及放疗之后均接受预防性的颌面咽喉部的言语及吞咽功能锻炼，减少局部肌肉纤维化和运动障碍等，使手术和（或）放疗对患者吞咽言语功能的副作用降至最低，这一点值得国内相关领域治疗工作者借鉴。

三、脑瘫儿童吞咽障碍的康复治疗案例分析

通过本案例的学习，加深对脑瘫患儿吞咽障碍的评定与康复治疗技术的理解，启发临床思路。

脑瘫患儿吞咽障碍的临床表现；评定方法；康复治疗方法；动态评价康复治疗的效果。

肖某，男，2岁1个月，吞咽障碍。早产（胎龄28周），出生体重0.85kg。出生时Apgar评分5分。出生后遂于新生儿重症监护病房治疗2个月，其间有癫痫发作，2次肺炎，多次吞咽误吸和胃食管反流，药物治疗。肖某出生后2天开始鼻饲喂养，1个月后吞咽功能没有改进，改为经皮胃造瘘管饲喂养，不久即出现葡萄球菌感染，重新改为鼻饲管喂养。在葡萄球菌感染被控制以后继续经皮胃造瘘管饲。其营养都是通过胃饲获得。1岁时行颅脑磁共振，示假性侧脑室枕角扩大畸形和脑白质体积减少，为典型的脑室周白质软化症，同时显示扩散型多小脑回和胼胝体变薄（图5-2-5）。

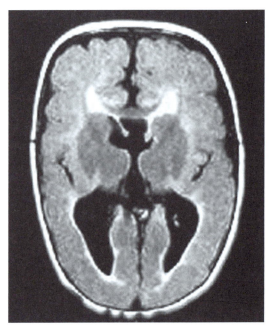

图5-2-5　患儿的颅脑磁共振结果

1. 针对该脑瘫儿童，应进行哪些方面的相关检查评定？

　　A. 粗大运动功能评定　　B. 口部运动功能评定

　　C. 言语功能评定　　　　D. 吞咽功能评定

　　E. 认知功能评定

解析： 脑性瘫痪儿童常伴发吞咽障碍，且主要表现为口咽期吞咽障碍，由于神经系统疾病，全身及局部肌力及肌张力障碍，继而可导致口咽部感知觉及运动功能障碍，出现相应的吞咽障碍。因此，在评价肖某的吞咽障碍时，首先应明确肖某的肌力及肌张力障碍，这样在进行针对性吞咽治疗时，会充分针对此类病因进行干预，并给予相应治疗；在吞咽评价方面，应仔细观察肖某的进食症状，口腔感觉及运动功能检查，吞咽评定量表以及改良吞咽检查，以明确吞咽障碍的部位，为制订吞咽治疗方案提供充分依据。

2. 肖某的粗大运动功能有哪些具体的症状？

　　A. 手部精细运动受损，左手比右手更严重

　　B. 由于左侧肢体较弱，当肖某躺下时只能向左侧翻身

　　C. 下肢肌张力增高，脚尖伸直现象

　　D. 腰部和颈部无力，坐立不稳

　　E. 四肢协调能力不好

　　F. 不能站立或行走

解析： 2岁时肖某的粗大运动功能是严重受损的。肖某下肢肌张力偏高，扶站时有脚尖伸直现象，腰部和颈部无力，四肢协调能力差，因此患儿虽已2岁，但不能独坐、站和行走。根据中国版的脑瘫粗大运动功能分级系统，康复师根据粗大运动的受损程度把肖某的粗大运动功能归类为Ⅴ级。此级的定义是：生理上的损

伤限制了其对随意运动的控制以及维持身体和头部抗重力的能力,各方面的运动功能都受到限制,特殊器械和辅助技术并不能完全补偿其在坐和站能力上的功能限制,没有办法独立行动,需要转运。部分孩子能使用进一步改造后的电动轮椅进行活动。肖某的粗大运动功能符合痉挛性四肢瘫 V 级。

3. 口部运动检查包括哪些内容?

    A. 下颌运动功能检查   B. 唇的运动功能检查

    C. 舌的运动功能检查   D. 软腭运动功能检查

    E. 言语运动功能检查

解析:肖某的身高、体重、体重指数、上臂周长和皮褶厚度都是同年龄正常儿童的3%。口运动检查结果如下表所示(表5-2-2)。

表 5-2-2　肖某的口部运动检查结果

口运动检查项目	肌肉强度	运动范围	协调性
下颌张开	2	2	3
下颌闭合	3	3	3
下颌左侧移	2	2	3
下颌右侧移	2	2	2
下颌前伸	3	3	3
唇外展	2	2	2
唇嘬拢	3	3	3
唇闭合	3	3	3
舌外伸	2	2	2
舌左侧摆	3	3	3
舌右侧摆	3	3	3
舌上抬	2	2	2
软腭上抬	2	2	2

注:正常0分,轻度受损1分,中度受损2分,重度受损3分

肖某能够理解非常简单的单字和词组,但是没有任何实际的言语表达能力。

4. 肖某应接受哪些相关的吞咽功能检查?

    A. 观察日常饮食情况   B. 观察进食情况

    C. Sheppard 吞咽障碍调查   D. 改良吞钡检查

解析:言语语言康复师观察肖某吃 20ml 水(稀液体)、6 勺酸奶(非咀嚼食物)、4 块香蕉(软咀嚼食物)、6 块饼干(硬咀嚼食物)。肖某需要康复师用勺喂。在喂食中观察到下列症状:①喂食时,肖某的身体会变得僵硬和弓起;②喂食时开始大哭;③用奶瓶喂液体时开始呛咳;④用勺子喂酸奶时,肖某用舌把大部分酸奶推出口外;⑤用手指放一小块香蕉在肖某嘴里,肖某的舌不能把香蕉移动到磨牙的位

置来咀嚼，香蕉最后需要康复师用手指从嘴里取出；⑥肖某口腔分泌物较多，唇难以完全闭合，分泌物流出口外；⑦肖某哭的声音有湿音。

喂食的结果参照 Sheppard 吞咽障碍调查（dysphagia disorders survey）对肖某的吞咽问题进行了评估。评估结果如表 5-2-3 所示。

表 5-2-3　吞咽障碍调查（儿童版）

第一部分　有关因素

观察项目	评分标准：0= 正常，1= 有缺陷	得分
1. 体重（kg）和身高^2（m^2）	身高 60.5cm　正常范围 <10%，<5% 体重 7.5kg　正常范围 <25%，<10%	1
2. 日常饮食	切开 / 完整碾碎菜泥胃饲管喂养 正常液体有限制的液体	1
3. 独立进食	自己进食需要帮助进食 依赖别人喂养鼻胃饲管喂养	1
4. 改装的喂食器具	无勺子杯子管饲	1
5. 喂食姿势	直立自己进食直立帮助进食躺着进食	1
6. 体位控制	躯干稳定不稳定 头颈稳定不稳定	1
7. 喂养技巧 / 监督	正常适应的不适应的	1

第二部分　喂食和吞咽能力

	非咀嚼	咀嚼	液体	得分
8. 定向（对食物注意，向食物移动，张嘴）	见到食物头移开		见到奶瓶肖某头移开	1
9. 接纳食物（从勺上取下，咬，用杯子喝水，咬下合适的量，时间）	不会从勺上取下食物，不会咬食物			1
10. 口部运送食物（吞咽后口部没残留物，食物运送效率高）	口部有大量残留物，分散在各个位置			1
11. 咀嚼（咀嚼正常，不需要把食团放在特殊位置）		肖某不会咀嚼		1
12. 口咽吞咽（迅速连续的液体吞咽，无窒息或多次吞咽）	肖某需要多次吞咽			1
13. 吞咽后（无咳嗽、湿的呼吸音、湿的声音），家长报告或者观察	肖某吞咽液体时有咳嗽			1
14. 胃食管功能（无呕吐和返流）家长报告或者观察	没有观察到胃食管返流			0

肖某第一部分和第二部分总得分分别为 7 和 6。

由于怀疑肖某有误吸，建议肖某去做改良吞钡检查。吞钡检查包括肖某用奶瓶喂食牛奶和钡餐的混合液和用勺喂食少量混合的钡餐酸奶。检查结果发现（图5-2-6），肖某口期有吞咽障碍，舌启动延迟，运送食物减慢，口部残留物在舌上、口前部、腮两侧、腭上部。咽期起始延迟，喉上抬减弱。在会厌谷和梨状窝有食物残留。检查结果没有发现液体和糊状食物的误吸。由于肖某没有误吸，可以安全地进行吞咽治疗。

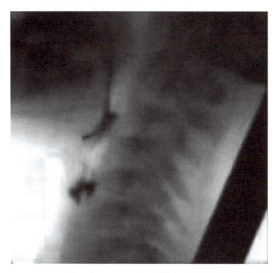

图 5-2-6　X 线透视下可见会厌谷和梨状窝有钡剂残留

5. 针对上述的检查评定结果，肖某应接受哪些相关的康复治疗？
　　A. 口腔感知觉检查　　　　B. 口部运动训练
　　C. 吞咽治疗的间接策略　　D. 吞咽治疗的直接策略

解析：由于肖某一直是胃饲管喂养，吞咽治疗间接策略应先于直接策略。肖某的感觉和运动系统需要做好准备来接受食物。由于肖某有口期起始延迟和舌推出食物的症状，怀疑肖某有口感觉敏感性异常。针对他的口期起始延迟，采用冷刺激吞咽反射区及口周。具体方法为用 3% 葡萄糖溶液蘸湿的棉签冰冻后，蘸少许水，刺激肖某的前腭弓、后腭弓、软腭、咽后壁及舌后部，促进吞咽反射，做吞咽动作 5~6min，棉签停留时间不超过 5s。用冰块有节律地叩击唇周皮肤及按摩齿龈，按摩齿龈是由切牙部开始向磨牙方向进行，每日餐前进行，有利于患者形成条件反射。葡萄糖的微甜可以刺激口腔的腺体分泌。

为了降低口部对食物的过敏反应，采用了下列的训练：按摩牙槽、牙齿侧面、舌面，每次按摩后都应跟随进行上下颌骨的合并，诱导其吞咽动作的出现。并予温度觉、味觉等感觉刺激，改善口腔感觉，每天 2~3 次。指导家长对肖某进行进食技能的训练包括用杯饮水、用匙进食和咬合咀嚼等训练。

肖某在改良吞钡检查中表现出唇闭合不严，舌部肌力减弱，舌运动范围减少和协调性减弱。为了帮助肖某改善他的口舌部功能，开始口运动练习。包括以下内容：

（1）被动训练：包括用手法机械刺激唇部和舌部肌肉。具体方法如下：带一次性手套，反复揉捏，按压和轻推舌头，按摩口周肌肉，并按压上唇引起下唇上抬，使唇闭合，轻轻叩击下颌拍打颊部，放松肌肉。治疗应该每次10min，每天1~2次。

（2）主动训练：包括让肖某张口做唇外展，唇噘拢和唇闭合，主动将舌体努力前伸，收回，舔上下唇，左右口角及软腭部，然后缩回，反复10~15次，咬紧左右磨牙10~15次，最好在下颌角前方摸到咬肌的收缩。如果肖某不能理解康复师的指令，可以用棒棒糖让肖某来舔。将糖分别放于唇中央、左右口角、上下腭处诱发舌头运动。以上3项每天进行4次，餐前进行，其中2次由言语康复师指导进行，另2次由监护人进行。

肖某的吞咽功能检查显示有咽期吞咽障碍，其咽部肌肉的肌力需要增强。被动训练包括轻揉舌骨下气管周围的小肌肉。主动训练包括咽部内收运动训练，鼓腮10次，吮吸10次，深呼吸5次。被动和主动咽部训练一天需要进行4次。

随着肖某吞咽功能的改善，以阶梯式推进的方法开始进行直接训练，同时准备吸引器、氧气、抢救器材避免误吸。需要注意以下几点：

（1）体位：吞咽的合适体位应是肖某躯干稍后倾而颈部前倾，通过这一姿势可使食物易于移送而咽下。由于肖某的躯干和头颈部都不稳定，物理治疗师需要指导进行异常姿势纠正。姿势控制加强头部、躯干的控制，保持头部中线位，建议家长把肖某放在有靠背或扶手的椅子上维持坐位姿势。

（2）食物：根据肖某在吞咽检查中的表现，最先练习的食物应是糊状食物。这种食物不需要咀嚼而且易于控制。家长可以准备好果冻、布丁、蛋羹、豆腐等，其质地能很好地刺激口腔触压觉和唾液分泌，且易变形，有利于吞咽。当肖某能够安全地吞咽糊状食物（半流食）后，可以过渡到需要咀嚼的固体食物。当肖某开始吃需要咀嚼的食物时，食物应放在口腔前庭。然后家长用手指在面颊做环形运动帮助肖某咀嚼。如果肖某需要帮助咬下食物，把食物放在他的上、下牙之间，把嘴闭合，微向上推患儿下颌，但应注意不要造成其头后仰。

（3）器具：喂食糊状食物最好用勺子，家长应坐在肖某的对面或侧面。如果肖某不用他的唇包住勺子，建议家长用手指使嘴唇接触勺子，慢慢地把勺子拿出来，不要让勺子刮牙齿。如果肖某有困难握住勺子，家长可以改装勺子的柄，康复师可以帮助家长改装喂食的器具如勺、盘子和杯子。

（4）一口量：每口食物量从少量开始，先从1~2ml开始，摸索适合的一口量。食物量过多，难以通过咽峡而积存在咽部，将增大误吸的危险，量过少则无法激发吞咽反射。肖某的家长在喂食时应该保持安静的进食环境。肖某在喂食时要充分放松，先空咽几次再开始训练。随着患儿吞咽功能的改善，进食量增多即可拔除胃管，并可增加食物种类。吞咽治疗的过程需要言语康复师进行直接训练，并不断观察、评价，以调整训练。

由于肖某的年龄比较小，提供肖某安全的营养途径对肖某的成长发育非常重要。如果肖某能够通过口部进食来摄取足够的营养，肖某的身高、体重指标会逐渐向正常儿童靠拢。随着肖某吞咽功能的增强,他能够逐渐增加摄取食物的量和种类。在喂食过程中肖某不再出现呛咳,且吞咽后食物没有残留,发音没有湿音。如怀疑肖某有大量的咽部残留物而造成吞咽后误吸,可以建议肖某再做一次吞钡检查。如果肖某能够安全地、有效地通过口腔进食,证明吞咽治疗是成功的。

学习小结

肖某是一名 2 岁 1 月龄的男孩,他的医疗诊断是痉挛型四肢瘫。他的口运动功能是严重受损的,包括唇和舌的肌力、运动范围和协调性。吞咽检查显示严重的口期和咽期吞咽障碍,但是肖某没有误吸。经过吞咽评估,治疗侧重于口舌运动训练,当肖某的口舌运动功能增强后,开始喂食训练。喂食从糊状食物开始,经过半年的治疗,肖某能够吃足够的糊状食物,家长决定停止胃饲喂养。肖某的咀嚼功能的改善是下一步治疗的目标。

四、脑外伤后吞咽中误吸的康复治疗案例分析

学习目的

通过本案例的学习,巩固脑外伤致吞咽中误吸的评定与康复治疗的理论知识,启发临床思路。

学习要点

脑外伤吞咽障碍的临床表现;吞咽评定技术;吞咽康复治疗技术;动态评价吞咽治疗的效果。

张某,男性,46 岁。2015 年 11 月 13 日入院前 16 小时在渔船上站立不稳,头面部撞在船舷上,患者当即神志不清,头部出血,由 120 送入上海市某医院。行头胸腹 CT 提示脑肿胀,脑干周围池显示不清,考虑天幕裂孔疝,外伤性蛛网膜下腔出血,颅底骨折,左侧上颌窦前壁及外侧壁骨折、左侧额骨骨折,左侧颜面部皮下出血。胸部 CT 提示左侧创伤性湿肺,上腹部未见明显外伤性改变。急诊血氧饱和度下降伴血压下降,予以气管插管,呼吸机辅助通气,无外科手术指征,以"特重度开放性颅脑外伤"收入 ICU。经抗感染等治疗后,患者于 2015 年 12 月 7 日转入康复科。2015 年 12 月 21 日开始接受吞咽及言语治疗。接受治疗时患者神清,认知功能正常,不能维持坐位平衡,但能控制头部平衡,气管插管已封管,留置鼻饲胃管,右侧面瘫,无失语,嗓音听感知评估为重度气息声和嘶哑声,2015 年 12 月 24 日纤维喉镜检测显示左侧声带位于旁中位固定。

1. 张某需要进行哪些评估检查?

    A. 饮水试验   B. 染料试验

    C. 临床床旁吞咽功能评估   D. 视频透视吞咽检查

    E. 纤维内镜吞咽功能检查

解析：

（1）视频透视吞咽检查

本研究采用数字减影血管造影 X 线机进行吞钡透视检查（VFSS）。该透视系统能够实时采集透视过程的数字图像（7 帧 /s），可随时反复播放，测量吞咽各个阶段的时间。采用硫酸钡 II 型干混悬剂 5g 及固体饮料 5g 配合 50ml 水制备稠糊状液体。令患者在治疗前、治疗中及治疗后分别做改良吞钡检查。治疗前 VFSS 结果如表 5-2-4 所示。

表 5-2-4　治疗前 VFSS 的检测参数值

VFSS（侧位）观察参数	治疗前（均值 ± 标准差）
DLE/mm	16.56 ± 2.58
ILC/s	0.48 ± 0.07
LCD/s	0.49 ± 0.15
OTT/s	1.63 ± 0.31
PTT/s	10.33 ± 2.08
PDT/s	0
会厌谷滞留	3% ± 2%
梨状窝滞留	5% ± 0%
环咽肌功能障碍	有 5ml 咽 5 次
误吸量	21% ± 3%

注：DLE. 喉上抬距离；ILC. 喉前庭关闭起始时间；LCD. 喉前庭关闭持续时间；OTT. 口腔运送时长；PTT. 咽期运送时长；PDT. 咽期启动延迟时间

本案例脑外伤患者自发病以来一直接受鼻饲营养，2 个月之后转康复科治疗，2015 年 12 月 29 日接受吞咽治疗前进行了视频透视吞钡检查（VFSS）检测，发现患者存在安静误吸现象，且主要为吞咽中误吸，误吸量平均值为 21%，结合患者存在左侧声带麻痹导致发声或吞咽过程中声门闭合不全，更加证明了吞咽中误吸。另外，MBS 检查发现该患者 OTT、PTT 均远超出正常值范围，即患者需要将一次完整的吞咽动作平均分成 5 个小动作依次将 95% 的咽部停留食团排入食管，由于患者能基本排空梨状窝停留的食团，加上脑部 CT 检查显示脑干周围池模糊（考虑天幕裂孔疝），考虑为下运动神经元损伤，综合排除环咽肌失弛缓的可能，但因舌根及咽缩肌收缩力量的减弱，喉上抬不及时（本研究患者的喉上抬距离属于正常范围）以及环咽肌开放不及时等综合因素的影响，患者仍存在环咽肌功能障碍。

（2）纤维内镜吞咽功能检查：2015 年 12 月 24 日检测见患者双侧梨状窝有大量唾液积存，且用镜头触碰会厌时，患者无咳嗽或吞咽反射，可以证明患者咽喉部的感知觉减弱。

2. 根据张某的情况,应进行哪些康复治疗?

A. 舌根训练　　　　　B.Shaker 训练　　　　　C.门德尔松吞咽训练法

D. 唱调训练　　　　　E. 球囊扩张

解析:患者首次吞钡透视检查显示吞咽中误吸明显,口期时长 1.63s,咽期时长 10.33s,考虑患者吞咽效率低下,声门闭合不全,出于安全考虑,采用 2 个阶段治疗。

第一阶段继续鼻饲营养,进行间接吞咽策略(非摄食训练),从上述咽部吞咽反射弧的角度分析,患者在吞咽感知方面存在更明显的障碍,故重点采用环咽肌冰球囊刺激(咽部感觉刺激:温度觉和机械牵拉力量感知觉的双重输入刺激,旨在诱导吞咽反射),辅以舌的运动及舌根后缩力量训练、门德尔松吞咽训练法以及唱调法(促进声门闭合)。前两周采用的治疗方法包括:环咽肌冰球囊扩张术,每周 3 次,每次进行 8 趟环咽肌冰球囊扩张术,共 6 次,同时辅以唱调法、门德尔松吞咽训练法、舌根后缩训练,康复师每周 3 次指导治疗,其余每天患者由家属辅助治疗(环咽肌冰球囊扩张技术除外)。

治疗后于 2016 年 1 月 12 日 VFSS 复查(见表 5-2-5),显示患者口期时长为 1s 左右,且会厌谷无残留,可见患者舌根肌力恢复正常,因此向下推挤食团的力量较前增强。比较第一阶段治疗前后 VFSS 的检查结果发现,患者的 ILC 较前明显缩短,说明患者吞咽感知功能有了明显的恢复,且患者舌根与咽缩肌收缩力量的增强,使得咽期运送时间缩短。患者虽仍存在 12% 的吞咽中误吸量,但较之治疗前有明显减少(治疗前误吸量为 21%)。该阶段重点采用冰球囊扩张技术进行治疗的同时,笔者辅助使用了门德尔松吞咽训练法、唱调法等,目的是增加声门闭合的能力;但从实际治疗的效果看,患者的 OTT、PTT,以及舌根咽缩肌的收缩运动有了明显改善,这说明该患者吞咽的协同性有了明显的改进,吞咽效率有所提高;但是左侧声带麻痹的现象仍旧存在,尽管采用了唱调等方法促进声门闭合,但是 LCD 无明显改善,患者仍存在 12% 的误吸。

第二阶段纳入直接策略,即在唱调法、门德尔松手法、舌根后缩训练的基础上,采用均质糊状食物进行前低头位吞咽训练(chin-down)10 口,每口 5ml,患者出现呛咳时停止进食练习,同样康复师每周 3 次指导治疗,其余每天患者由家属辅助治疗;整个疗程共 3 周。

患者于 2016 年 1 月 19 日再次接受 VFSS 检查(表 5-2-5),整个检查过程中均采用低头位吞咽。误吸量由 12% 降低至 0%,说明前低头位可以增加喉前庭关闭持续的时间,从而有效地防止吞咽中误吸。尽管由于患者左侧声带麻痹,通过治疗后声带麻痹的性质仍未明显改善,但前低头位吞咽可以将前咽壁往后推,舌根部及会厌软骨会被推近后咽壁,并将会厌软骨推往后方,使呼吸道能受更多保护;缩小喉部入口.借由外力增加声带闭合的力量和时间。同时可以扩大会厌谷以防止食团进入呼吸道,因此对于舌根部后缩不足及喉部闭合不足的患者有很大的帮助。但本研究发现采用了前低头位吞咽姿势之后,患者的 PTT 又出现了较显著地延长,可能是因以往误吸的那部分食团重新回到食管中所需花费吞咽时间的体现。由于 PTT 延长,吞咽问题仍旧部分存在,本研究认为患者年龄不大,也可以通过今后的吞咽进食活动的增加而得到不断地改善,采用电话联络的方式进行跟踪随访得出患者吞咽已基本正常,体重也较前增加。

表 5-2-5 治疗前、中、后 VFSS 的检测参数值

VFSS(侧位)观察参数	治疗前($\bar{x} \pm s$)	治疗中	治疗后
DLE/mm	16.56 ± 2.58	12.92 ± 1.94	14.77 ± 2.22
ILC/s	0.48 ± 0.07	0.24 ± 0.32	0.25 ± 0
LCD/s	0.49 ± 0.15	0.45 ± 0.38	0.67 ± 0.11
OTT/s	1.63 ± 0.31	1.03 ± 0.20	0.94 ± 0.25
PTT/s	10.33 ± 2.08	2.35 ± 0.29	3.17 ± 2.20
PDT/s	0	0	0
会厌谷滞留	$3\% \pm 2\%$	$1\% \pm 2\%$	$3\% \pm 2\%$
梨状窝滞留	$5\% \pm 0\%$	$5\% \pm 1\%$	$5\% \pm 3\%$
环咽肌功能障碍	有 5ml 咽 5 次	有 5ml 咽 2 次	有 5ml 咽 2 次
误吸量	$21\% \pm 3\%$	$12\% \pm 3\%$	0%

注:DLE. 喉上抬距离;ILC. 喉前庭关闭起始时间;LCD. 喉前庭关闭持续时间;OTT. 口腔运送时长;PTT.咽期运送时长;PDT.咽期启动延迟时间

综上所述:①脑外伤所导致的严重的误吸,需要采用 VFSS 和 FEES 明确误吸的多重原因,采用系统的,综合的康复治疗技术,方可得到有效缓解;②环咽肌冰球囊扩张技术也是一种好的感知刺激技术,包括温度刺激和机械牵拉双重刺激,有助于缓解咽喉感知减弱为主导的环咽肌功能障碍;③前低头吞咽姿势有助于增加喉前庭关闭持续的时间,进而有效防止吞咽中误吸。

---- 学习小结 ----

脑部严重受伤患者通常会表现为吞咽障碍,影响经口进食,这类患者存在严重的症状之一是出现误吸,其中吞咽中误吸的发生率最高。出现吞咽中误吸的原因在于喉部在吞咽过程中没有充分闭合,或者单侧声带运动麻痹,食团会在吞咽过程中落入呼吸道,声门闭合不全是发生吞咽中误吸现象的主要原因。临床上常会使用改变姿势的方法——前低头吞咽来缓解脑损伤吞咽障碍导致的误吸问题,这种补偿策略是通过改变食物和/或液体的流动方向来防止误吸和消除残留,从而保证患者能安全地吃喝,这个康复策略旨在加快恢复过程。严重的误吸通常伴随复杂多样的原因,在喉腔闭合不严的情形下,食团在咽腔停留的时间延长会加重误吸。本案例通过这名脑外伤后出现严重的吞咽中误吸患者的诊断与治疗工作,采用冰球囊扩张技术有效地改善了患者咽喉部感知的问题,改善环咽肌功能障碍等咽期吞咽障碍,缩短 OTT 和 PTT,进而提高吞咽效率,之后结合前低头位姿势等多种治疗方法,以消除严重误吸,患者可以恢复经口进食。

(丁瑞莹 万 萍 黄 立)

参考文献

1. 黄昭鸣, 杜晓新. 言语障碍的评估与矫治. 上海: 华东师范大学出版社, 2006
2. 卢红云, 黄昭鸣. 口部运动治疗学. 上海: 华东师范大学出版社, 2010
3. 朱长庚. 神经解剖学. 北京: 人民卫生出版社, 2002
4. 高幼奇, 漆琼瑶, 李明智, 等. 急性脑梗死梗死灶体积对脑半卵圆中心代谢作用的探讨. 中国临床神经科学, 2011, 19 (4): 337-341
5. 王丽敏, 安爱荣, 陈艳妮, 等. 脑梗死后构音障碍分析. 中华临床医师杂志, 2010 (9): 1667-1670
6. 李胜利. 语言治疗学. 北京: 人民卫生出版社, 2008
7. NANCIE R F.Handing the young child with cerebral palsy at home.Singapore: Elservier, 2008, 113-118
8. 李树春. 小儿脑性瘫痪. 郑州: 河南科学技术出版社, 2000
9. 侯梅, 于荣, 赵荣安, 等. 脑瘫儿童的语言特征初探. 中华物理医学与康复杂志, 2003, 25 (4): 232-234
10. 陈静, 谌筱晗, 刘卫, 等. 综合治疗小儿脑瘫语言功能障碍 31 例总结. 湖南中医杂志, 2011, 27 (3): 37-40
11. 曹建国, 郭新志, 何晓蕊, 等. 脑性瘫痪合并症的临床研究. 中国康复医学杂志, 2001, 16 (1): 21-23
12. 李晓捷. 实用小儿脑性瘫痪康复治疗技术. 北京: 人民卫生出版社, 2009
13. 马晶. 儿童孤独症致言语功能障碍分析. 听力学及言语疾病杂志, 2005, 13 (5): 377
14. MILLER R A, KLELNHANS N, KEMMOTSU N, et al.Abnormal variability and distribution maps in autism: an MRI study of autism.Am J Psychiatry, 2003, 160 (10): 1847-1862
15. ALLEN G, COURHESNE E.Attention function and dysfunction in autism.Front Biosci, 2001, 6 (1): 105-119
16. RUBINA L, MEELA B.Effect of visual strategies on development of communication skills in children with autism.Asia Pacific Disability Rehabilitation Journal, 2007, 8 (2): 120-130
17. 焦振岗, 彭虹, 曹静. 自闭症儿童语言矫正训练 1 例. 中国康复理论与实践, 2007, 13 (8): 783-784
18. 李雪荣, 陈劲梅. 自闭症诊断学. 长沙: 中南大学出版社, 2004
19. 李峰. 语言功能训练对腭裂术后恢复正常语言功能的价值. 中国临床康复, 2002, 6 (9): 1336
20. VAN LIERDE K M, DE BODT M, BAETENS I, et al.Outcome of treatment regarding articulation, resonance and voice in flemish adults with unilateral and bilateral cleft palate.Folia Phoniatr Logop, 2003, 55 (2): 80-90
21. 郑钦, 沈敏, 何龙文, 等. 低频电刺激治疗脑瘫儿童流涎症的疗效观察. 中华物理医学与康复杂志, 2012, 34 (11): 848-849
22. 郑钦, 沈敏, 何龙文, 等. 口部运动治疗对脑瘫患儿构音障碍的疗效观察. 中国康复理论与实践, 2012, 18 (4): 360-361.
23. 贾革红, 李爱霞. 唐氏综合征儿童的言语训练. 中国康复理论与实践杂志, 2013, 19 (3): 288-289
24. WEIJERMAN M E, DE WINTER J P.Clinical practice.The care of children with down syndrome.European journal of pediatrics.2010, 169 (12): 1445-1452

25. 黄昭鸣,万萍.嗓音声学参数与嗓音音质的相关研究.临床耳鼻喉科头项外科杂志,2008,22(6):251

26. 梅祥胜.针刺、推拿结合语音发声训练治疗变声期假声18例.中医研究,2008,21(8):53

27. CURTIS H K.单一被试者设计与分析.蔡美华,译.台中:五南图书出版公司,1999

28. 徐文,韩德民,侯丽珍等.痉挛性发音障碍诊断及治疗的研究.中华耳鼻咽喉头颈外科杂志,2005,40(4):352

29. 陈党红,黄培新.脑卒中后肌张力增高的基础及中西医临床研究现状.中国临床康复,2004,8(16):3096

30. 陆美萍,徐洁洁,陈曦.计算机声学测试在功能性发音障碍诊断和治疗中的应用.南京医科大学学报(自然科学版),2008,28(11):1465-1467

31. 周涛,雷培香,屈季宁,等.心理疗法并呼吸训练治疗痉挛性发声障碍.中国临床康复,2005,9(12):224-225

32. 鲁敏.脑梗死运动性失语患者的语言康复训练.实用医技杂志,2007,14(16):2220

33. 高素荣.失语症.2版.北京:北京大学医学出版社,2006

34. 谢欲晓,沈抒,赵玉华,等.Token测验在失语症诊断中的作用.中国康复医学杂志,2004,19(7):509-511

35. 陆静波.基底节性失语的表现与疗效观察.中国康复理论与实践,2009,15(5):453-454

36. 隆昱洲,柳华,艾青龙.基底节性失语.国际脑血管病杂志,2008,16(12):913-915

37. 万萍.言语治疗学.北京:人民卫生出版社,2012

38. CHEN S H K, HILL K,孙克兴,等.辅助沟通系统概要.中国康复理论与实践,2012,18(9):898-900

39. BILLY T, OGLETREE H, KATHLEEN P.AAC for individuals with severe intellectual disabilities:Ideas for nonsymbolic communicators.J Develop Physical Disabilities,2010,22:273-287

40. JONES S.Augmentative and alternative communication:Management of severe communication disorders in children and adults.J Applied research in Intellectual Disabilities,2004,17(2):133-134

41. 张庆苏,纪树荣,李胜利.失语症检查研究进展.中国康复理论与实践,2005,11(8):628-630.

42. 张小丽,杨新苗,王晓荣.9例完全性失语的言语康复.中国康复理论与实践,2010(16):1186-1187

43. 卫冬洁,李胜利.音乐音调治疗法对重度失语症患者的疗效观察.中国康复理论与实践,2008,14(5):483-484

44. 何怡.完全性失语症2例的语言转归.中国康复理论与实践,2008,14(5):486-487

45. REILLY S, WAKE M, BAVIN E L, et al.Predicting language at 2 years of age:A prospective community study.Pediatr,2007,120(6):1441-1449

46. 张瑞芳,周凤娟,章依文.语言发育迟缓儿童的发育水平剖析.临床儿科杂志,2010,28(8):718-720

47. 章依文,金星明,马骏,等.儿童语言发育迟缓的早期干预研究.中华儿科杂志,2007,45(1):51-54

48. VAN AGT H M E, VAN D S H A, DE RIDDER-SLUITER H, et al.A cluster-randomized trial of screening for language delay in toddlers:effects on school performance and language development at age.Pediatr,2007,120(6):1317-1325

49. 邹小兵.儿童心理行为及其发育障碍.中国实用儿科杂志,2002,17(6):381-382

50. 徐光兴.关于自闭症的临床、实验心理学的研究.心理科学,2000,23(1):38-39

51. 曾淑萍,周翔,胡惠金,等.儿童自闭症及其语言训练探讨.中国儿童保健杂志,2004,12(5):373-375

52. 艾戎,王宁,童雪涛.儿童自闭症的早期临床表现.实用儿科临床杂志,2010,25(12):913-915

53. BARBARO J, DISSANAYAKE C.Autism spectrum disorders in infancy and toddlerhood:a review of the evidence on early signs, early identification tools, and early diagnosis.J Dev Behav Pediatr,2009,30(5):447-459

54. 王成美,穆朝娟,王延祜.关于儿童自闭症治疗现况的思考.中国行为医学科学杂志,2002,11(4):468-469

55. 周惠嫦,张盘德.奖励法语言训练自闭症儿童的语言交流障碍.中国临床康复,2006,10(10):69-71

56. 杨炽康.辅助科技:原则与实行.台北:心理出版社,2007

57. 林宝贵.沟通障碍理论与实务.台北:心理出版社,2004

58. 林欣怡,杨宗仁.图卡兑换沟通系统对改善国小低功能自闭症学生自发性沟通行为类化之成效.特殊教育研究学刊,2005(29):199-224

59. SCHLOSSER R W, WENDT O.Effects of augmentative and alternative communication intervention on speech production in children with autism: a systematic review.Am J Speech Lang Pathol.2008(17):212-230

60. RISPOLI M J, FRANCO J H, LARAH V D M, et al.The use of speech generating devices in communication interventions for individuals with developmental disabilities: A review of the literature.Developmental Neurorehabilitation, 2010, 13(4):276-293

61. 韩德民.听力学基础与临床.北京:科学技术文献出版社,2003

62. 孙喜斌.听力障碍儿童听觉能力评估标准及方法.2版.北京:三辰影库音像出版社,2010

63. 梁巍,高卫华,王树峰.聋儿康复启蒙课堂.北京:中国社会科学出版社,2007

64. 刘巧云,黄昭鸣,孙喜斌.听觉康复的原理与方法.上海:华东师范大学出版社,2008

65. 黄昭鸣,周红省.聋儿康复教育的原理与方法.上海:华东师范大学出版社,2007

66. NANCY T M.Foundations of aural rehabilitation: Children, adults, and their family members.2nd ed.Washington: Washington University School of Medicine, St.Louis: Thomson Learning, Thomson Delmar Learning, 2004

67. JACK KATZ.临床听力学.5版.韩德民,译.北京:人民卫生出版社,2006

68. 孔维佳,王斌全.耳鼻咽喉头颈外科学.北京:人民卫生出版社,2008

69. 李明,黄娟.耳鸣诊治的再认识.中华耳鼻咽喉头颈外科杂志,2009,44(8):701-704

70. 尚克中,程英升.吞咽障碍诊疗学.北京:人民卫生出版社,2005

71. 张敏.脑卒中后吞咽困难的临床评估、仪器评估和综合康复治疗.中国实用神经疾病杂志,2006,9(5):100

72. 张婧,王拥军,张姗姗.脑卒中后吞咽困难的临床及影像学表现对不良结局的预测价值.中国康复理论与实践,2004,10(9):536-539

73. 李胜利.神经性吞咽困难的评定与治疗.中国康复理论与实践,1998(4):178

74. 窦祖林,兰月,万桂芳.神经性吞咽障碍的康复治疗及其进展.中华物理医学与康复杂志,2006(28):788-791

75. 张婧,王拥军.脑卒中吞咽困难异常表现与影像学表现的相关性分析.中华物理医学与康复杂志,2006,28(3):172-175

76. 崔燕,元小冬.急性脑卒中患者乔咽障碍早期康复.中国康复理论与实践,2009,15(3):256

77. Logemann J A.Evaluation and treatment of swallowing disorders.2nd ed.Austin: RRO-ED, Inc, 1998

78. 陈伟雄,王跃建,张剑利.鼻咽癌放疗后吞咽困难的外科治疗初探.中国耳鼻咽喉颅底外科杂志,2010,16(3):200-205

79. 黄晓明,卢星,彭解人,等.手术治疗鼻咽癌放射性后组颅神经麻痹的严重吞咽困难—附15例经验.中国神经肿瘤杂志,2007,5(3):186-189

80. 窦祖林,万桂芳,王小红.导尿管球囊扩张治疗环咽肌失弛缓症2例报告.中华物理医学与康复杂志,2006,28(3):166-121

81. 陈艳,王璇,潘翠环,等.导尿管球囊扩张治疗环咽肌失迟缓临床观察.广东医学,2010,31(7):857-

860

82. STEELE C M，BAILEY G L，MOLFENTER S M，et al.Pressure profile similarities between tongue resistance training tasks and liquid swallows.2010，47（7）：651-660

83. 李承基，东贵荣.针刺治疗鼻咽癌放疗后真性延髓麻痹 1 例.针灸临床杂志，2008，24（4）：19-20

84. 周惠嫦，张盘德.吞咽训练配合针灸治疗鼻咽癌放疗后吞咽障碍.中国康复理论与实践.2006，12（1）：58-59

85. 丁瑞莹，LOGEMANN J A.利用录像 X 线透视技术评价吞咽障碍（英文）.中国康复理论与实践，2007，13（9）：819-821

86. ARVEDSON J C，BRODSKY L.Pediatric Swallowing and Feeding：Assessment and Management.San Diego：SIngular Publishing Group，2001

87. WAN P，CHEN X，ZHU L，et al.Dysphagia post subcortical and supratentorial stroke.J Stroke Cerebrovascular Dis，2015，25（1）：74-82.

88. STEELE C M，CICHERO J A.Physiological factors related to aspiration risk：a systematic review.Dysphagia，2014，29（3）：295-304

89. TERRÉ R，MEARIN F.Effectiveness of chin-down posture to prevent tracheal aspiration in dysphagia secondary to acquired brain injury.A videofluoroscopy study.Neurogastroenterol Motil，2012，24（5）：414-419

90. LEE K L，KIM D Y，KIM W H，et al.The influence of sour taste on Dysphagia in brain injury：blind study.Ann Rehabil Med，2012，36（3）：365-370

91. DOU Z，ZU Y，WEN H，et al.The effect of different catheter balloon dilatation modes on cricopharyngeal dysfunction in patients with dysphagia.Dysphagia，2012，27（4）：514-520

92. YABUNAKA K，KONISHI H，NAKAGAMI G，et al.Videofluoroscopy-guided balloon dilatation for treatment of severe pharyngeal dysphagia.Diagn Interv Radiol，2015，21（2）：173-178

附　录

附录 1　言语参数的参考标准值

附表 1-1　不同年龄不同性别最长声时的参考标准范围($m-2\sigma$, $m+2\sigma$)/s

年龄 / 岁	男					女				
	$m-2\sigma$	$m-\sigma$	m	$m+\sigma$	$m+2\sigma$	$m-2\sigma$	$m-\sigma$	m	$m+\sigma$	$m+2\sigma$
4	1.7	2.8	3.9	5.0	6.1	1.3	2.5	3.7	4.9	6.1
5	4.1	4.7	5.3	5.9	6.5	4.1	4.6	5.1	5.6	6.1
6	6.4	6.9	7.4	7.9	8.4	5.9	6.4	6.9	7.4	7.9
7	7.7	8.5	9.3	10.1	10.9	7.7	8.3	8.9	9.5	10.1
8	7.4	8.9	10.4	11.9	13.4	7.7	8.7	9.7	10.7	11.7
9	8.4	9.8	11.2	12.6	14.0	9.0	9.9	10.8	11.7	12.6
10	8.8	10.5	12.2	13.9	15.6	8.4	9.9	11.4	12.9	14.4
11	9.9	10.7	11.5	12.3	13.1	9.6	10.9	12.2	13.5	14.8
12	10.8	11.8	12.8	13.8	14.8	9.6	10.9	12.2	13.5	14.8
13	11.3	12.9	14.5	16.1	17.7	10.6	12.2	13.8	15.4	17.0
14	10.7	13.7	16.7	19.7	22.7	11.5	13.4	15.3	17.2	19.1
15	11.8	14.8	17.8	20.8	23.8	10.2	13.3	16.4	19.5	22.6
16	20.2	22.0	23.8	25.6	27.4	14.6	15.7	16.8	17.9	19.0
17	21.2	23.4	25.6	27.8	30.0	14.5	15.6	16.7	17.8	18.9
18~40	22.4	23.6	24.8	26.0	27.2	14.8	15.7	16.6	17.5	18.4

年龄/岁	男					女				
	$m-2\sigma$	$m-\sigma$	m	$m+\sigma$	$m+2\sigma$	$m-2\sigma$	$m-\sigma$	m	$m+\sigma$	$m+2\sigma$

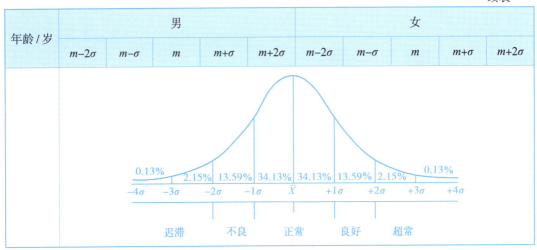

附表 1-2　不同年龄不同性别人群最大数数能力的参考标准范围

年龄/岁	MCA($m\pm\sigma$)		MCA 的最小要求		MCA 的训练目标	
	男	女	男	女	男	女
4	3 ± 1	3 ± 1	2	2	3	3
5	4 ± 1	4 ± 1	3	3	4	4
6	5 ± 2	5 ± 2	3	3	5	5
7	6 ± 1	6 ± 1	5	5	6	6
8	7 ± 2	7 ± 2	5	5	7	7
9	7 ± 1	7 ± 1	6	6	7	7
10	8 ± 1	8 ± 1	7	7	8	8
11	8 ± 1	8 ± 1	7	7	8	8
12	8 ± 1	8 ± 1	7	7	8	8
13	10 ± 2	9 ± 1	8	8	10	9
14	10 ± 2	9 ± 1	8	8	10	9
15	10 ± 2	9 ± 1	8	8	10	9
16	14 ± 2	12 ± 2	12	10	14	12
17	16 ± 3	12 ± 2	13	10	16	12
18~40	14 ± 3	10 ± 2	18	12		

附表 1-3　中国人不同年龄不同性别平均言语基频的参考标准范围($m-2\sigma$, $m+2\sigma$)/Hz

年龄/岁	男					女				
	$m-2\sigma$	$m-\sigma$	m	$m+\sigma$	$m+2\sigma$	$m-2\sigma$	$m-\sigma$	m	$m+\sigma$	$m+2\sigma$
1	259	420	580	741	901	167	383	600	817	1 033
2	272	411	550	689	828	193	357	520	683	847
3	356	378	400	422	444	324	352	380	408	436
4	326	353	380	407	434	294	324	355	386	416
5	306	330	355	380	404	301	328	335	382	409
6	268	297	325	353	382	254	275	295	315	336
7	241	268	295	322	349	236	259	282	305	328
8	248	272	295	318	342	239	257	275	293	311
9	205	232	260	288	315	235	252	270	288	305
10	200	223	245	267	290	233	249	265	281	297
11	168	196	225	254	282	232	248	265	282	298
12	157	184	210	236	263	232	246	260	274	288
13	144	170	195	220	246	211	228	245	262	279
14	124	152	180	208	236	200	218	235	253	270
15	102	136	170	204	238	182	201	220	239	258
16	106	128	150	172	194	179	197	215	233	251
17	96	118	140	162	184	178	194	210	226	242
18~40	83	104	125	146	167	182	206	230	254	278
41~50	85	98	110	122	135	178	189	200	211	222
51~60	95	110	125	140	155	150	170	190	210	230
61~70	86	98	110	122	134	135	163	190	217	245
71~80	109	122	135	148	161	134	154	175	196	216
81~90	104	127	150	173	196	132	154	175	196	218

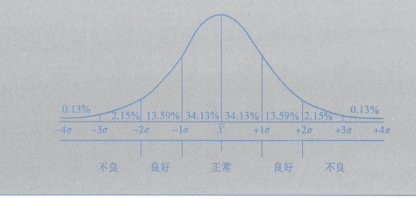

附表 1-4　中国人不同性别不同年龄核心韵母 ɑ 的共振峰频率参考标准($m \pm 2\sigma$)/Hz

性别	年龄(岁)	第一共振峰频率 F_1/Hz					第二共振峰频率 F_2/Hz				
		$m-2\sigma$	$m-\sigma$	m	$m+\sigma$	$m+2\sigma$	$m-2\sigma$	$m-\sigma$	m	$m+\sigma$	$m+2\sigma$
男	3	977	1 097	1 217	1 337	1 457	1 478	1 658	1 837	2 017	2 197
	4	979	1 083	1 188	1 292	1 397	1 480	1 623	1 767	1 910	2 053
	5	914	1 053	1 193	1 333	1 473	1 373	1 564	1 754	1 945	2 136
	6	964	1 090	1 216	1 343	1 469	1 377	1 561	1 744	1 928	2 112
	7	1 016	1 100	1 184	1 268	1 352	1 436	1 578	1 720	1 862	2 004
	8	586	838	1 090	1 341	1 593	1 309	1 495	1 682	1 868	2 054
	9	863	988	1 112	1 237	1 361	1 187	1 467	1 747	2 026	2 306
	10	928	1 030	1 133	1 235	1 338	1 266	1 465	1 664	1 863	2 062
	11	655	821	987	1 153	1 318	1 114	1 316	1 519	1 722	1 925
	12	630	780	930	1 080	1 230	1 104	1 251	1 399	1 546	1 694
	13	706	792	879	965	1 052	1 186	1 287	1 389	1 491	1 593
	14	727	791	855	920	984	1 016	1 200	1 384	1 568	1 752
	15	545	657	769	882	994	978	1 133	1 288	1 444	1 599
	16	486	612	739	865	992	915	1 086	1 258	1 429	1 600
	17	601	680	758	837	916	1 065	1 155	1 244	1 334	1 424
	18~40	600	671	743	815	886	1 034	1 108	1 181	1 255	1 329
女	3	950	1 105	1 259	1 414	1 569	1 602	1 741	1 881	2 020	2 160
	4	946	1 108	1 270	1 432	1 594	1 433	1 667	1 902	2 137	2 371
	5	968	1 095	1 223	1 351	1 479	1 563	1 695	1 826	1 958	2 090
	6	913	1 090	1 267	1 444	1 621	1 334	1 619	1 905	2 190	2 475
	7	988	1 104	1 219	1 335	1 450	1 583	1 729	1 874	2 020	2 166
	8	720	965	1 209	1 454	1 699	1 589	1 732	1 875	2 018	2 161
	9	785	979	1 173	1 366	1 560	1 455	1 637	1 819	2 001	2 183
	10	815	981	1 148	1 314	1 481	1 457	1 610	1 763	1 916	2 069
	11	736	900	1 065	1 230	1 394	1 287	1 462	1 637	1 812	1 987
	12	815	938	1 060	1 183	1 305	1 371	1 490	1 610	1 729	1 849
	13	789	911	1 032	1 154	1 275	1 310	1 452	1 595	1 738	1 880
	14	727	791	855	920	984	1 016	1 200	1 384	1 568	1 752
	15	810	936	1 062	1 188	1 314	1 445	1 557	1 670	1 782	1 895
	16	738	858	978	1 098	1 218	1 346	1 472	1 599	1 725	1 852
	17	678	834	990	1 146	1 302	1 427	1 536	1 645	1 754	1 863
	18~40	723	835	948	1 061	1 173	1 156	1 310	1 465	1 620	1 775

附表 1-5　中国人不同性别不同年龄核心韵母 i 的共振峰参考标准($m \pm 2\sigma$)/Hz

性别	年龄 / 岁	第一共振峰频率 F_1/Hz					第二共振峰频率 F_2/Hz				
		$m-2\sigma$	$m-\sigma$	m	$m+\sigma$	$m+2\sigma$	$m-2\sigma$	$m-\sigma$	m	$m+\sigma$	$m+2\sigma$
男	3	174	284	394	503	613	2 821	3 080	3 339	3 599	3 858
	4	155	254	354	453	553	2 743	3 018	3 293	3 567	3 842
	5	210	253	296	339	382	2 723	3 033	3 343	3 653	3 964
	6	231	256	281	306	331	2 819	3 103	3 388	3 672	3 956
	7	249	292	335	378	421	2 766	2 957	3 148	3 339	3 529
	8	229	278	327	376	425	2 695	2 925	3 156	3 386	3 617
	9	175	254	332	410	489	2 423	2 714	3 004	3 295	3 585
	10	231	271	311	351	391	2 652	2 890	3 128	3 366	3 605
	11	189	242	296	350	403	2 413	2 632	2 850	3 068	3 286
	12	181	228	276	323	370	2 257	2 544	2 832	3 119	3 407
	13	162	200	239	277	315	2 263	2 445	2 627	2 808	2 990
	14	172	212	251	291	331	2 337	2 466	2 596	2 725	2 855
	15	193	222	251	279	308	2 003	2 240	2 477	2 714	2 951
	16	151	203	254	305	357	1 681	2 028	2 374	2 721	3 067
	17	133	198	264	330	395	1 919	2 133	2 346	2 560	2 774
	18~40	205	240	276	311	346	1 825	2 000	2 174	2 349	2 524
女	3	139	251	364	476	589	2 450	2 941	3 432	3 923	4 415
	4	210	265	321	377	433	3 053	3 333	3 614	3 894	4 174
	5	242	268	294	320	346	2 951	3 214	3 477	3 741	4 004
	6	233	256	278	301	323	2 974	3 206	3 439	3 671	3 903
	7	294	319	343	367	391	2 980	3 206	3 432	3 658	3 884
	8	218	280	341	403	464	2 935	3 144	3 352	3 561	3 770
	9	271	295	320	344	369	2 937	3 156	3 376	3 595	3 815
	10	247	288	329	369	410	2 866	3 070	3 275	3 479	3 684
	11	210	260	310	360	411	2 582	2 806	3 031	3 255	3 480
	12	226	256	286	316	346	2 467	2 733	2 998	3 263	3 528
	13	221	243	265	286	308	2 429	2 697	2 964	3 232	3 499
	14	226	243	259	275	292	2 589	2 733	2 877	3 022	3 166
	15	160	227	293	360	426	2 371	2 676	2 981	3 286	3 591
	16	184	237	289	342	395	2 177	2 518	2 860	3 201	3 543
	17	183	239	295	351	408	2 605	2 850	3 095	3 340	3 585
	18~40	226	244	261	279	297	2 469	2 639	2 809	2 979	3 149

附表 1-6　中国人不同年龄不同性别核心韵母 u 的共振峰参考标准($m\pm2\sigma$)/Hz

性别	年龄 / 岁	第一共振峰频率 F_1/Hz					第二共振峰频率 F_2/Hz				
		$m-2\sigma$	$m-\sigma$	m	$m+\sigma$	$m+2\sigma$	$m-2\sigma$	$m-\sigma$	m	$m+\sigma$	$m+2\sigma$
男	3	180	309	438	566	695	267	622	978	1 333	1 689
	4	198	284	369	455	540	361	578	794	1 011	1 227
	5	170	251	332	413	494	223	499	774	1 049	1 325
	6	165	243	322	400	478	419	554	688	823	958
	7	189	260	330	401	472	388	550	713	876	1 039
	8	236	285	334	383	432	457	587	718	848	979
	9	220	272	324	376	428	338	520	702	884	1 066
	10	211	284	357	430	502	283	546	810	1 073	1 336
	11	190	255	321	386	451	392	552	711	871	1 031
	12	201	246	292	338	384	226	460	695	929	1 164
	13	179	236	294	351	408	415	543	670	797	925
	14	192	243	294	345	396	459	669	880	1 091	1 301
	15	185	245	306	367	428	414	616	817	1 019	1 221
	16	201	247	293	340	386	402	560	718	876	1 033
	17	145	211	276	342	407	445	553	662	771	880
	18~40	232	276	320	363	407	532	630	729	827	925
女	3	195	312	428	545	661	427	669	911	1 153	1 395
	4	188	285	382	479	576	386	610	834	1 057	1 281
	5	167	255	343	431	519	250	537	825	1 112	1 400
	6	165	274	383	493	602	478	652	826	1 000	1 174
	7	165	263	361	459	557	484	595	705	816	926
	8	254	291	328	366	403	507	591	675	760	844
	9	212	267	322	377	432	454	556	657	758	859
	10	198	292	386	480	574	293	563	832	1 102	1 371
	11	189	264	338	413	487	447	576	705	834	963
	12	216	291	366	441	517	423	615	807	999	1 191
	13	159	240	320	401	482	489	594	699	805	910
	14	227	250	272	295	318	496	585	674	763	852
	15	187	240	293	346	399	416	527	637	748	859
	16	214	263	313	362	411	335	513	690	868	1 045
	17	218	272	326	380	433	512	602	692	782	872
	18~40	186	248	311	373	436	474	588	702	815	929

附表 1-7 中国人各年龄段口腔轮替运动速率的参考标准（$m \pm \sigma$）/次·4s^{-1}

年龄	性别	DR（pɑ）	DR（tɑ）	DR（kɑ）	DR（patɑkɑ）
4 岁	男	21.33 ± 1.67	21.87 ± 1.89	21.53 ± 1.74	5.53 ± 0.63
	女	21.27 ± 1.66	21.33 ± 1.92	21.63 ± 1.79	5.63 ± 0.56
5 岁	男	20.50 ± 1.55	20.80 ± 1.77	20.40 ± 1.87	5.40 ± 0.56
	女	20.40 ± 1.54	20.07 ± 1.60	21.63 ± 1.76	5.27 ± 0.52
6 岁	男	21.40 ± 1.50	21.27 ± 1.78	22.03 ± 1.63	5.67 ± 0.55
	女	22.07 ± 1.57	21.17 ± 1.80	21.07 ± 1.86	5.63 ± 0.56
7 岁	男	22.73 ± 1.55	22.40 ± 1.65	22.97 ± 1.79	5.97 ± 0.49
	女	22.73 ± 1.41	22.50 ± 1.81	22.90 ± 1.16	6.13 ± 0.43
8 岁	男	22.13 ± 2.08	21.90 ± 1.90	21.93 ± 2.18	5.83 ± 0.65
	女	21.43 ± 1.81	22.90 ± 1.90	21.43 ± 2.22	5.63 ± 0.49
9 岁	男	22.00 ± 1.39	21.73 ± 1.41	21.93 ± 1.08	5.77 ± 0.50
	女	22.20 ± 1.32	21.83 ± 1.42	22.23 ± 1.14	5.80 ± 0.41
10 岁	男	21.67 ± 1.56	21.37 ± 1.59	21.53 ± 1.74	5.67 ± 0.55
	女	21.27 ± 1.80	21.63 ± 1.59	21.53 ± 1.96	5.70 ± 0.47
11 岁	男	22.03 ± 1.35	22.03 ± 1.59	22.00 ± 1.39	5.83 ± 0.38
	女	21.77 ± 1.41	21.73 ± 1.26	22.23 ± 1.36	5.83 ± 0.53
12 岁	男	23.03 ± 1.45	23.10 ± 1.49	22.80 ± 1.40	6.20 ± 0.55
	女	22.93 ± 1.39	23.43 ± 1.38	23.17 ± 1.32	6.17 ± 0.38
13 岁	男	24.23 ± 1.33	23.13 ± 1.46	24.00 ± 1.41	6.30 ± 0.47
	女	24.20 ± 1.49	24.03 ± 1.13	23.90 ± 1.56	6.50 ± 0.51
14 岁	男	21.10 ± 1.67	21.27 ± 1.76	21.50 ± 1.72	5.60 ± 0.56
	女	21.43 ± 1.79	22.10 ± 1.67	21.60 ± 1.65	5.87 ± 0.63
15 岁	男	23.17 ± 1.64	22.63 ± 1.63	22.47 ± 1.61	6.03 ± 0.49
	女	22.57 ± 1.76	22.67 ± 1.58	22.70 ± 1.68	6.03 ± 0.41
16 岁	男	21.77 ± 2.06	21.67 ± 2.01	21.73 ± 1.87	5.63 ± 0.61
	女	23.00 ± 1.85	22.57 ± 2.10	21.70 ± 2.00	5.93 ± 0.52
17 岁	男	22.50 ± 1.83	22.83 ± 1.78	22.40 ± 1.71	5.83 ± 0.65
	女	22.27 ± 1.46	22.30 ± 1.90	22.70 ± 1.76	6.00 ± 0.64
18 岁	男	22.83 ± 2.12	21.50 ± 2.05	22.27 ± 2.10	6.00 ± 0.59
	女	22.27 ± 2.46	22.50 ± 2.43	22.80 ± 2.20	5.93 ± 0.64

附录2　构音器官运动训练——发音词表设计

一、下颌的上下运动设计

（一）音节间的上下运动设计

1. 单元音上下运动过渡（结合重读治疗法）

o-u-o　　　［o-U-o］　　　［o-U-O-O］　　　［u-O-u］　　　　［u-O-O-O］

a-o-a　　　［a-O-a］　　　［a-O-A-A］　　　［o-A-o］　　　　［o-A-A-A］

a-i-a　　　［a-A-i］　　　［a-A-I-I］　　　［i-I-a］　　　　　［i-I-A-A］

a-u-a　　　［a-A-u］　　　［a-A-U-U］　　　［u-U-a］　　　　［u-U-A-A］

2. 双音节上下运动过渡

枇杷 pi-pa　　　　大鱼 da-yu　　　　阿姨 a-yi　　　　爬坡 pa-po

发须 fa-xu　　　　大叔 da-shu　　　　大哥 da-ge　　　　沙子 sha-zi

3. 三音节上下运动过渡

大哥大 da-ge-da　　洗卡车 xi-ka-che　　　洗抹布 xi-ma-bu　　　搭石塔 da-shi-ta

吃辣鸡 chi-la-ji　　取蜡笔 qu-la-bi

4. 多音节上下运动过渡

爸爸喝茶 ba-ba-he-cha

婆婆妈妈 po-po-ma-ma

大哥哥洗卡车 da-ge-ge-xi-ka-che

弟弟爬土坡 di-di-pa-tu-po

阿姨洗抹布 a-yi-xi-ma-bu

姨妈洗乌发 yi-ma-xi-wu-fa

我妈妈去打车 wo-ma-ma-qu-da-che

（二）音节内的下颌上下运动设计

1. 单音节上下运动（训练顺序由近至远）

e-i-ei　　　　［ei-EI-ei］　　　　［ei-EI-EI］　　　　［ei-EI-EI-EI］

i-e-ie　　　　［ie-IE-ie］　　　　［ie-IE-IE］　　　　［ie-IE-IE-IE］

v-e-ve　　　　［ve-VE-ve］　　　　［ve-VE-VE］　　　　［ve-VE-VE-VE］

a-o-ao　　　　［ao-AO-ao］　　　　［ao-AO-AO］　　　　［ao-AO-AO-AO］

a-i-ai　　　　［ai-AI-ai］　　　　［ai-AI-AI］　　　　［ai-AI-AI-AI］

i-a-ia　　　　［ia-IA-ia］　　　　［ia-IA-IA］　　　　［ia-IA-IA-IA］

u-a-ua　　　　［ua-UA-ua］，　　　［ua-UA-UA］　　　　［ua-UA-UA-UA］

i-a-o-iao　　　［iao-IAO-iao］　　　［iao-IAO-IAO］　　　［iao-IAO-IAO-IAO］

u-a-i-uai　　　［uai-UAI-uai］　　　［uai-UAI-UAI］　　　［uai-UAI-UAI-UAI］

2. 双音节上下运动设计

（1）50%上下运动过渡

黑马 hei-ma　树叶 shu-ye　月色 yue-se　打牌 da-pai　大海 da-hai　特好 te-hao　大

炮 da-pao   挖地 wa-di   不哑 bu-ya   外婆 wai-po   教室 jiao-shi

（2）100% 上下对称过渡

欧洲 ou-zhou   爷爷 ye-ye   姐姐 jie-jie   黑煤 hei-mei   宝宝 bao-bao   跑道 pao-dao

拜拜 bai-bai   白菜 bai-cai   海带 hai-dai   买卖 mai-mai   奶奶 nai-nai

（3）100% 的上下综合过渡

落叶 luo-ye   爱我 ai-wo   好坏 hao-huai   海洋 hai-yang   月亮 yue-liang   号外 hao-wai   在家 zai-jia   戴帽 dai-mao   小鸭 xiao-ya   小猫 xiao-mao   背包 bei-bao

3. 三音节上下运动设计

抢跑道 qiang-pao-dao   喂饱猫 wei-bao-mao   鱼娃娃 yu-wa-wa   小花猫 xiao-hua-mao   黑猫跑 hei-mao-pao   爱宝宝 ai-bao-bao   摘白菜 zhai-bai-cai   过家家 guo-jia-jia

4. 多音节上下运动设计

妹妹戴帽 mei-mei-dai-mao

姐姐买背包 jie-jie-mai-bei-bao

老爷爷卖白菜 lao-ye-ye-mai-bai-cai

奶奶给宝宝脱棉袄 nai-nai-gei-bao-bao-tuo-mian-ao

二、唇部的圆展运动设计

（一）音节间的圆唇运动设计

1. 无意义单音节的圆展运动过渡（结合重读治疗法）

i-ü   ［i-Ü-i］   ［i-Ü-I］   ［i-I-Ü-Ü］   ［i-Ü-Ü-I］

o-e   ［o-O-e］   ［o-O-E］   ［o-O-E-E］   ［o-E-E-O］

2. 双音节唇圆展运动过渡

衣服 yi-fu   母鸡 mu-ji   福气 fu-qi   礼物 li-wu   桌椅 zhuo-yi   手机 shou-ji   蜘蛛 zhi-zhu   气球 qi-qiu   西部 xi-bu   父母 fu-mu   哭泣 ku-qi   淤泥 yu-ni   玉器 yu-qi

3. 三音节唇圆展运动过渡

脱衣服 tuo-yi-fu   鸡啄米 ji-zhuo-mi   一条鱼 yi-tiao-yu   五只猪 wu-zhi-zhu   出租车 chu-zhu-che   五角星 wu-jiao-xing   玻璃球 bo-li-qiu

4. 多音节唇圆展运动过渡

我不出去玩 wo-bu-chu-qu-wan

我替弟弟脱衣服 wo-ti-di-di-tuo-yi-fu

宝宝洗澡 bao-bao-xi-zao

母鸡咕咕叫 mu-ji-gu-gu-jiao

我和你去踢球 wo-he-ni-qu-ti-qiu

（二）音节内的唇圆展运动过渡

1. 无意义音节的唇圆展运动过渡

iou   ［iou-IOU-iou］   ［iou-IOU-IOU］   ［iou-IOU-IOU-IOU］

uei   ［uei-UEI-uei］   ［uei-UEI-UEI］   ［uei-UEI-UEI-UEI］

ua   ［ua-UA-ua］   ［ua-UA-UA］   ［ua-UA-UA-UA］

ao   ［ao-AO-ao］   ［ao-AO-AO］   ［ao-AO-AO-AO］

iao　　［iao-IAO-iao］　　　　［iao-IAO-IAO］　　　　　［iao-IAO-IAO-IAO］

uan　　［uan-UAN-uan］　　　　［uan-UAN-UAN］　　　　　［uan-UAN-UAN-UAN］

uang　　［uang-UANG-uang］　　　［uang-UANG-UANG］　　　［uang-UANG-UANG-UANG］

2. 双音节的唇圆展运动过渡

（1）无圆唇转换

危险 wei-xian　伟大 wei-da　大雁 da-yan　山羊 shan-yang　海洋 hai-yang

（2）有 50% 的圆唇转换

鲜花 xian-hua　回家 hui-jia　夜晚 ye-wan　英雄 ying-xiong　英语 ying-yu

喝水 he-shui　外婆 wai-po　树叶 shu-ye　月亮 yue-liang　忘记 wang-ji

游戏 you-xi　欢迎 huan-ying　坏蛋 huai-dan　原点 yuan-dian

（3）100% 的圆唇转换

娃娃 wa-wa　弯弯 wan-wan　圆圆 yuan-yuan　黄黄 huang-huang　关窗 guan-chuang

温暖 wen-nuan　玩具 wan-ju　优秀 you-xiu　云朵 yun-duo　黄昏 huang-hun

3. 三音节唇的圆展运动训练

白头翁 bai-tou-weng　闻花香 wen-hua-xiang　汪汪汪 wang-wang-wang

玩游戏 wan-you-xi　王叔叔 wang-shu-shu　灰溜溜 hui-liu-liu

4. 多音节的唇圆展运动训练

圆圆的气球 yuan-yuan-de-qi-qiu

熊宝宝的窝 xiong-bao-bao-de-wo

汪洋大海 wang-yang-da-hai

我喜欢跳舞 wo-xi-huan-tiao-wu

宝宝喜欢灰色的小熊 bao-bao-xi-huan-hui-se-de-xiao-xiong

三、舌的前后运动训练设计

（一）音节间的舌前后运动设计

1. 无意义音或音节中的舌前后运动（结合重读节奏训练）

i-u　　　　［i-I-U］　　　　［i-U-U］　　　　［i-I-U-I］

u-i　　　　［u-U-I］　　　　［u-I-I］　　　　［u-U-I-I］

2. 双音节词的舌前后运动

（1）舌的前后运动

衣裤 yi-ku　皮肤 pi-fu　屁股 pi-gu　迷雾 mi-wu　溪谷 xi-gu

积木 ji-mu　鱼骨 yu-gu　西湖 xi-hu

（2）舌的后前运动

哭泣 ku-qi　骨气 gu-qi　努力 nu-li　苦役 ku-yi　客气 ke-qi　物理 wu-li　故里 gu-li

河西 he-xi　出息 chu-xi

3. 三音节词前后运动

（1）舌的前后前运动

迷雾里 mi-wu-li　必哭泣 bi-ku-qi　去不去 qu-bu-qu

去故居 qu-gu-ju　鸡啄米 ji-zhuo-mi

（2）舌的后前后运动

努力出 nu-li-chu　　出气口 chu-qi-kou　　鼓励我 gu-li-wo

女护理 nü-hu-li　　勿欺负 wu-qi-fu

4. 多音节词句设计

我洗裤子 wo-xi-ku-zi

礼物齐了 li-wu-qi-le

细腻的皮肤 xi-ni-de-pi-fu

母鸡咕咕叫 mu-ji-gu-gu-jiao

（二）音节内的舌前后运动设计

1. 单音节内的舌前后运动

u-e-i-uei　　〔uei-UEI-uei〕　　〔uei-UEI-UEI〕　　〔uei-UEI-UEI-UEI〕

i-o-u-iou　　〔iou-IOU-iou〕　　〔iou-IOU-IOU〕　　〔iou-IOU-IOU-IOU〕

2. 双音节前后运动过渡

（1）50%的舌前后运动

1）前后运动

秀气 xiu-qi　　气球 qi-qiu　　犀牛 xi-niu　　丢失 diu-shi　　柳树 liu-shu　　游戏 you-xi

柚子 you-zi　　牛马 niu-ma　　舅舅 jiu-jiu　　优秀 you-xiu　　牛油 niu-you　　丢球 diu-qiu

2）后前运动

危急 wei-ji　　伟大 wei-da　　自卫 zi-wei　　喂食 wei-shi　　围棋 wei-qi　　秋色 qiu-se

回去 hui-qu　　水杯 shui-bei　　荟萃 hui-cui

（2）100%的舌前后综合运动：

流水 liu-shui　　吹球 chui-qiu　　酒水 jiu-shui　　秋水 qiu-shui　　球队 qiu-dui　　队友 dui-you

3. 三音节前后运动过渡

溜溜球 liu-liu-qiu　　灰溜溜 hui-liu-liu　　救火队 jiu-huo-dui

4. 多音节前后运动过渡

舅舅会吹牛 jiu-jiu-hui-chui-niu

优秀的球队会救球 you-xiu-de-qiu-dui-hui-jiu-qiu

秀气的妞妞丢溜溜球 xiu-qi-de-niu-niu-diu-liu-liu-qiu

队友休息时，喝酒水，下围棋 dui-you-xiu-xi-shi-he-jiu-shui-xia-wei-qi

四、软腭运动训练设计

（一）音节间的软腭运动设计

1. 无意义音或音节转换训练

m-b　　　〔m-M-be〕　　〔be-M-m〕

n-d　　　〔n-N-de〕　　〔de-N-n〕

2. 双音节词软腭训练（配合重读节奏训练）

（1）0%的软腭交替运动

英雄 ying-xiong　　声音 sheng-yin　　饭碗 fan-wan　　芯片 xin-pian　　风筝 feng-zheng

棉农 mian-nong　农民 nong-min

（2）100% 的软腭交替运动

1）软腭开 – 闭

面包 mian-bao　慢跑 man-pao　满意 man-yi　棉花 mian-hua　忙碌 mang-lu
盲人 mang-ren　蟒蛇 mang-she

2）软腭闭 – 开

思念 si-nian　黏土 nian-tu　囊泡 nang-pao　凝结 ning-jie　难题 nan-ti

（3）三音节词训练

1）软腭闭 – 开 – 闭

吃面包 chi-mian-bao　风满楼 feng-man-lou　白棉絮 bai-mian-xu
回娘家 hui-niang-jia　血囊泡 xue-nang-pao

2）软腭开 – 闭 – 开

满意面 man-yi-mian　忙着粘 mang-zhe-nian　农家明 nong-jia-ming
念书难 nian-shu-nan　棉花暖 mian-hua-nuan

（4）多音节词的训练

小李啃冰棒 xiao-li-ken-bing-bang

刘宁吃面条 liu-ning-chi-mian-tiao

乌龟慢慢爬 wu-gui-man-man-pa

（二）音节内的软腭运动设计

1. 无意义音节的软腭运动设计

i–in–ing　［i–I–IN］　［in–IN–in］　［ing–ING–ing］　［i–I–IN–IN］　［i–I–IN–ING］

a–an–ang　［a–A–AN］　［an–AN–an］　［ang–ANG–ang］　［a–A–AN–AN］　［a–A–AN–ANG］

u–un–uan–uang　［u–U–UN］　［un–UAN–UAN］　［uan–UAN–UAN］　［uan–UAN–UANG–UANG］

2. 双音节内的软腭运动设计

（1）50% 的软腭交替运动

毛笔 mao-bi　抹布 ma-bu　泥地 ni-di　挪步 nuo-bu　美丽 mei-li　白猫 bai-mao　薄木 bao-mu　伯母 bo-mu　闭目 bi-mu　拔木 ba-mu　爆米 bao-mi　奔跑 ben-pao　邦迪 bang-di　朋友 peng-you　庞大 pang-da　风车 feng-che　吃饭 chi-fan　奋斗 fen-dou　音乐 yin-yue　飞翔 fei-xiang　花粉 hua-fen　笔芯 bi-xin　毛囊 mao-nang　卖弄 mai-nong　酿蜜 niang-mi

（2）100% 的软腭交替运动

妹妹 mei-mei　眉毛 mei-mao　牛奶 niu-nai　奶妈 nai-ma　猫咪 mao-mi　拿帽 na-mao　买米 mai-mi　猫腻 mao-ni　麻木 ma-mu　买卖 mai-mai　木棒 mu-bang　木琴 mu-qin　米饼 mi-bing　模仿 mo-fang　蜜蜂 mi-feng

3. 三音节软腭运动设计

买白猫 mai-bai-mao（软腭开 – 闭 – 开 – 闭）　白毛豹 bai-mao-bao（软腭闭 – 开 – 闭）
拿皮帽 na-pi-mao（软腭开 – 闭 – 开 – 闭）　马背猫 ma-bei-mao（软腭开 – 闭 – 开 – 闭）

买奶牛 mai-nai-niu（软腭开 - 闭 - 开 - 闭 - 开 - 闭）

玩电脑 wan-dian-nao（软腭开 - 开 - 开 - 闭）

4. 多音节软腭运动设计

妈妈不买大米 ma-ma-bu-mai-da-mi

妹妹闭目拿笔帽 mei-mei-bi-mu-na-bi-mao

弟弟替妈妈拿包 di-di-ti-ma-ma-na-bao

弯弯的眉毛 wan-wan-de-mei-mao

蜜蜂酿蜜 mi-feng-niang-mi

灿烂的光芒 can-lan-de-guang-mang